Matthias Jacob Schleiden

Salz. Seine Geschichte, seine Symbolik und seine Bedeutung im Menschenleben.

SEVERUS Verlag

Schleiden, Matthias Jacob: Salz. Seine Geschichte, seine Symbolik und seine Bedeutung im Menschenleben. 2018
Neuauflage der Ausgabe von 1875
ISBN: 978-3-96345-156-0

Korrektorat: Katharina J. Muhr
Satz: Katharina J. Muhr

Umschlaggestaltung: Annelie Lamers, SEVERUS Verlag

Bibliografische Information der Deutschen Nationalbibliothek: Die Deutsche Nationalbibliothek verzeichnet diese Publikation in der Deutschen Nationalbibliografie; detaillierte bibliografische Daten sind im Internet über https://dnb.de abrufbar.

Der SEVERUS Verlag ist ein Imprint der Bedey & Thoms Media GmbH,
Hermannstal 119k, 22119 Hamburg

SEVERUS Verlag, 2018
http://www.severus-verlag.de
Gedruckt in Deutschland

Matthias Jacob Schleiden

Salz

Seine Geschichte, seine Symbolik und seine Bedeutung im Menschenleben

SEVERUS

Editorische Notiz:
Der Text der vorliegenden Edition beruht auf der Ausgabe:
Matthias Jacob Schleiden: Salz. Seine Geschichte, seine Symbolik und seine Bedeutung im Menschenleben, Verlag von Wilhelm Engelmann, Leipzig, 1875. Die Orthographie wurde behutsam modernisiert, grammatikalische Eigenheiten bleiben gewahrt. Die Interpunktion folgt der Druckvorlage. Der Inhalt ist im historischen Kontext zu lesen.

Inhalt

Vorwort

Vor etwa einem halben Menschenalter kam mir der Gedanke einmal den Einfluss der Natur auf die Kulturgeschichte der Menschheit an drei Beispielen aus den sogenannten drei Reichen der Natur zu entwickeln. Ich wählte dazu das Salz, die Rose und das Pferd. Die Rose wurde zuerst fertig und erschien 1873, das Salz erscheint hier, das Pferd wird aber wohl vorläufig zurück gelegt werden müssen, denn ich glaube zurzeit nichts geben zu können, was der Arbeit von Victor Hehn über dieses Thema in seinen »Kulturpflanzen und Haustieren« würdig an die Seite treten könnte.

Seit vielen Jahren habe ich für die vorliegende Arbeit gesammelt und wenn ich sie jetzt der Öffentlichkeit übergebe, so geschieht das nicht, weil ich sie für vollendet ansehe, sondern weil sie doch einmal an das Licht treten muss und weil ich nicht glaube, dass ich in kurzer Zeit wesentlich der Vollendung näher rücken würde, eine längere Zeit ist mir aber schwerlich noch vom Geschick bestimmt. Es sind im Laufe der letzten Jahre mehrere Schriften unter demselben Titel erschienen. Ich meine, dass dadurch diese Arbeit nicht überflüssig wird, weil sich keiner meiner Vorgänger die vollständige Aufgabe als Ziel setzte und alle namentlich für das, was ich in dem ersten Teil gegeben habe, nur flüchtige Andeutungen oder eng begrenzte Fragmente mitteilten. Die mir zugänglich gewordenen Schriften sind folgende:

1. Dr. Ludwig Meyn, Das Salz im Haushalt der Natur und des Menschen. Leipzig 1857. XII und 241 S. Nach einer sehr kurzen allgemeinen Betrachtung des Salzes (40 Seiten) enthält das Werk reiche Schilderungen über Vorkommen und Gewinnungsweise desselben. Die Sprache ist blühend, geht zum Teil fast in Phrase über, was ich gerne mit dem warmen Anteil, den der Verfasser an seinem Gegenstande nimmt, entschuldige, gut heißen kann ich es nicht.

Nach meiner Ansicht ist in einem wissenschaftlichen Wert eigentlich jeder Schmuck, der sich nicht von selbst aus einer reinen, klaren und bestimmten Sprache ergibt, ein Übel, das oft die Wirkung, die es machen sollte und könnte, beeinträchtigt. Wissenschaft und Poesie sollen sich nicht vermählen. Die Poesie soll nur wachen, dass die Wissenschaft nicht hässlich wird – die Wissenschaft ist schön gerade in ihrer ungeschminkten Einfachheit –; die Wissenschaft soll nur warnen, dass die Poesie nicht unwahr wird – die höchste Poesie kann bestehen ohne wissenschaftlichen Unsinn. Beides bleibt freilich zur Zeit noch eine bloße Aufgabe, deren Lösung wir uns nur allmählich nähern können und es wird noch lange dauern, bis beim Menschenwerk so wie am Sternenhimmel alles Schöne wahr und alles Wahre schön ist.

2. Viktor Hehn, Das Salz, eine kulturhistorische Studie. Berlin 1873, 74 S. Allerdings nur eine Studie, ein kleiner Abschnitt aus der Geschichte des Salzes, aber dieser mit so viel Gründlichkeit und Umsicht angegriffen, dass auf gar viele Punkte ein neues Licht geworfen wird. Ich bin dem Verfasser für viel Tatsächliches und sehr viele Anregung unendlich dankbar.

3. Dr. Alfred Schmidt, Das Salz, eine volkswirtschaftliche und finanzielle Studie. Leipzig 1874. XII und 145 Seiten. Der angegebene Zweck, die volkswirtschaftliche und finanzielle Beziehung des Salzes ins Auge zu fassen, ist mit Ernst verfolgt und mit umfassender Kenntnis fast erreicht. Auch diesem Werke verdanke ich sehr viel. Die allgemeinere Bedeutung des Salzes tritt fast zu sehr in den Hintergrund; das naturwissenschaftliche Urteil ist nicht überall sicher. Sehr dankenswert ist die S. VII bis XII gegebene reiche Übersicht über die Literatur, wenn auch, was kaum zu vermeiden, lange nicht vollständig.

4. Dr. I. Möller, Über das Salz in seiner kulturgeschichtlichen und naturwissenschaftlichen Bedeutung. Berlin 1874 (Samml. gemeinverständlicher wissenschaftlicher Vorträge von Virchow und Holtzendorf) 32 Seiten. »Saul unter den Propheten!« Was lässt sich auf 32 Seiten über ein solches Thema sagen. Ich weiß von Herrn Möller gar nichts. Der Eindruck aber, den die Broschüre auf mich machte war, dass es eine mit einigen flüchtig zusammengerafften Notizen aufgeputzte Reklame eines Badearztes sei. Der mildtätige Zweck mag die Mangelhaftigkeit der Arbeit decken.

Noch kam mir, schon nach Abdruck meines Büchleins, ein Aufsatz von Th. Benfey zu Gesicht: »Die Indogermanen hatten schon vor ihrer Trennung sowohl Salz als Ackerbau« (Augsb. Allg. Zeitg. vom 27. und 28. Juli 1875). Ich finde aber nichts darin, was mich bestimmen könnte, das von mir gesagte zurückzunehmen, oder zu modifizieren.

Im Übrigen habe ich eigentlich nichts weiter zu sagen. Ich bin nach meinen Kräften gründlich zu Werke gegangen und habe nur das Wahre gesucht, und glaube daher auch nirgend weiter gegangen zu sein, als ich es vertreten kann. Dankbar gedenke ich der Männer, die mich auch dieses Mal mit Rat und Tat unterstützt haben und deren sind viele. Das Werk selbst muss wohl wie viele die Inschrift tragen, die über dem Eingang eines sächsischen Gymnasiums steht: Praesens imperfectum, perfectum futurum[1].

M.J.S. Dr.

---

1 Die vier Zeiten der lateinischen Konjugation, aber auch so zu übersetzen: Das Gegenwärtige ist unvermeidlich unvollkommen, das Vollkommene liegt nur in der Zukunft.

Erster Teil

Das Salz in den Anfängen der Kultur

Es ist im Ganzen wohl richtig, wenn man sagt, dass viel höhere Tiere und die Menschen nur von organischen Stoffen leben, denn leicht kann es dem, der nicht mit chemisch forschendem Auge die Sache betrachtet, so scheinen. Allerdings isst der Mensch keine Steine und die Erde essenden Ottomaken wie die Norweger, die Bergmehl in ihr Brot backen, tun das wohl, um das Gefühl der Leere in ihrem Magen abzustumpfen, aber Nahrungsmittel ist ihnen das, was sie genießen, nicht[1]. Dagegen ist es keinem Zweifel unterworfen, dass der Mensch den kohlensauren und phosphorsauren Kalk, aus dem seine Knochen bestehen, nicht in sich schaffen kann, sondern von außen her aufnehmen muss. Auch andere unorganische Stoffe wie Kali, Natron, Schwefel, Chlor usw. sind wesentliche Bestandteile in der Zusammensetzung seiner körperlichen Gebilde und müssen ihm zugeführt werden, da er sie als chemische Elemente nicht selbst bilden kann. Aber alle diese Stoffe finden sich in geringerer oder größerer Menge in den Pflanzen und in tierischen Teilen, die der Mensch verzehrt, so dass er nicht nötig hat, Kalkwände zu benagen, um Material für seinen Knochenbau zu erhalten, wie das Huhn dieselben anpickt, um den Bildungsstoß für seine Eierschalen zu gewinnen. Umso auffälliger ist es, dass der Mensch schon sehr früh angefangen hat, ein Mineral in seiner rohen, unorganischen Gestalt als eine notwendige Zugabe seinen Nahrungsmitteln hinzuzufügen, nämlich das Salz, und es hat zum Mindesten nicht lange gedauert, bis die Menschheit das Salz als eins der wichtigsten und unentbehrlichsten Zusätze zur Nahrung betrachten lernte.

Wer lehrte den Menschen Salz genießen? Das ist eine Frage, die wohl noch lange unbeantwortet bleiben wird und geschichtlich überhaupt unbeantwortbar ist. Schon die äußeren lokalen Lebensverhältnisse müssen es anfänglich vielen Menschen unmöglich gemacht haben, das Salz in den Kreis ihrer Genussmittel zu ziehen. Binnenländer ohne Salzquellen und zu Tage liegendes Steinsalz machten es unmöglich, dass der Bewohner auf Salzgenuss verfallen konnte. Es ist also gewiss, dass Salz nicht ein unbedingt notwendiger Stoff für die Erhaltung eines gesunden und kräftigen Lebens ist. Auch haben wir noch aus verhältnismäßig neuer Zeit Zeugnisse dafür, dass es Völker gab, welche den Salzgenuss nicht kannten. Homer singt in der Odyssee:

»Wandere ... bis du kommst zu Sterblichen, welche das Meer nicht kennen, und nimmer mit Salz gewürzte Speisen genießen.«,

und dieselben Worte wiederholt er später noch einmal[2]. Es sind damit die Epiroten gemeint[3]. Andeutungen, dass vielen Völkern das Salz ursprünglich fehlte, da sie es noch in historischen Zeiten sich von fern her erhandeln mussten, finden sich mehrere. So erzählt Suidas, dass man Salz ins Binnenland führte und dafür Sklaven einhandelte[4] und noch Arnulph (892) verlangte von den Bulgaren und ihrem König Wladimir, dass sie den Mähren kein Salz verkaufen sollten[2] [5]. Auch die Numidier genossen nach Sallust alle ihre Speisen (hauptsächlich aus Milch und Wild bestehend) ohne Salzzusatz[6]. Noch jetzt gibt es im Innern Afrikas Gegenden, wo der Salzgenuss, wenn auch nicht gänzlich ausgeschlossen, doch ein seltener Luxusartikel ist, wo das Wort: »er nimmt Salz zu seiner Speise« gleichbedeutend ist mit: »er ist ein reicher Mann«[7]. In mehreren Gegenden des tropischen Amerika war vor Ankunft der Europäer der Salzgenuss unbekannt[8]. Ebenso kannten die Tuda in den Nilgerries das Salz nicht, als die Europäer zu ihnen kamen[9].

Auf Neuguinea werden die Anwohner der Speelmannsbai und der Humboldtsbai als Menschen genannt, die den Salzgenuss nicht kennen und dasselbe gilt von den Bewohnern von

2 Also damals waren die unerschöpflichen Salzlager Galiziens noch nicht ausgeschlossen. Selbst 906 scheint man von Wieliczka noch nichts gewusst zu haben, da die Mähren ihr Salz von Reichenhall bezogen. Erst 1136 und 1145 kommt urkundlich »das große Salz bei Krakau« vor (Victor Hehn, das Salz, S. 37.).

Neusüdwales[10]. Und selbst in neuester Zeit erzählt Adolf von Wrede[11]: »Die Beduinen (im Innern Arabiens) essen das Fleisch ohne Salz und scheinen sogar den Gebrauch desselben lächerlich zu finden. Wenigstens machte einer den anderen darauf aufmerksam, dass ich mich desselben bediente und alle lachten herzlich darüber, aus welchem Grunde, konnte ich nicht erfahren. Die Sheriffe versicherten mir übrigens, dass die Beduinen zu keiner ihrer Speisen Salz gebrauchen«. Etwa um den Durst in dem wasserarmen Lande nicht zu vermehren? Im Verfolg dieser Untersuchung werden noch viele Beispiele vorkommen von Völkern, die das Salz nicht kannten oder selbst, wenn sie es kannten, keinen Gebrauch davon machten.

Wohl oder übel müssen wir zugeben, dass unsere Urväter, die Indogermanen, in ihren Stammsitzen entfernt vom Meere und ohne Steinsalz den Gebrauch des Salzes noch nicht gekannt haben, denn im Sanskrit, wie in den nächstverwandten Sprachstämmen fehlt eine gemeinschaftliche Wurzel für das Wort »Salz«[12]. Auf der anderen Seite können dann auch später manche Stämme durch ihre Wanderungen in Gegenden geführt, die ihnen kein natürliches Salz darboten, das Wort mit dem Gebrauch wieder verloren haben.

Ungewiss bleibt der Ursprung der Sitte des Salzgenusses wohl noch lange, vielleicht aber können wir dasselbe in eine nähere Beziehung zu einem wesentlichen Kulturfortschritt der Menschheit setzen. Es unterliegt wohl keinem Zweifel, dass die ersten Erdbewohner, die man als Menschen bezeichnen kann, naturhistorisch wohl ohnehin noch den Raubtieren näher stehend, Fleischfresser waren, dass sie dem Hungerbedürfnisse ihres Körpers durch das abhalfen, was dem Stoffe des eigenen Leibes am ähnlichsten erschien, durch das Fleisch der Jagdtiere, denen sie im Fall der Not wohl auch das ihrer eigenen Gattung und nur im äußersten Fall und ungern Wurzeln und Früchte substituierten. Bei allen rohen Nationen und in der Geschichte, je weiter wir bei den einzelnen Völkern zurückgehen können, finden wir Anthropophagie als Sitte. Ein Fortschritt in der Gesittung war es schon, dass man anfing, sich die Tiere in Herden zu erziehen, um sich von dem immer nur zufälligen Ausfall der Jagd unabhängig zu machen. Längst ist es anerkannt, dass Jäger- und Hirtenleben die beiden ersten Stufen in der Entwicklung menschlicher Zivilisation gewesen sein müssen. In beiden Verhältnissen aber war die Hauptnahrung animalisch: Milch, Blut und Fleisch (dieses gebraten[3]). In diesen Nahrungsmitteln erhält der Mensch aber die unorganischen Bestandteile und namentlich auch das Kochsalz in derselben Menge, als es in seinem eigenen Körper vorkommt, also genügend, um sein Bedürfnis zu befriedigen. Erst bei gesteigerter Bevölkerung auf gegebenem Areal, bei damit sich verbindender höherer Gesittung erfand sich der Mensch die Kunst, passenden Nahrungsstoff aus Pflanzen zu ziehen und dieselben zu dem Zwecke in großer Menge auf kleinem Areale zu kultivieren. Der zuerst den Eigentumsbegriff herbeiführende Ackerbau war die Grundlage jeder weiteren Entwicklung der Menschheit[4]. Aber hier trat ein bis dahin nicht empfundenes Bedürfnis ein. Die zur menschlichen Nahrung tauglichen Pflanzen und Pflanzenteile enthalten auf eine gleiche Menge von Nahrungsstoffen eine auffallend geringere

---

3 Das Kochen, wodurch der Salzgehalt des Fleisches wesentlich vermindert wird, setzt schon Kunstbildung (Töpferei) voraus und gehört wohl auch erst der dritten Bildungsstufe an.

4 Ich gestehe, dass ich mit Victor Hehns Entwicklung (Victor Hehn, Kulturpflanzen und Haustiere, unv. 2. Auflage Berlin 1874, S. 103 f.) nicht ganz übereinstimmen kann. Dass der Übergang von Hirtenleben zum Ackerbau kein plötzlicher war, ist selbstverständlich; er wurde erst allmählich, vorzüglich durch die steigende Bevölkerung bedingt. Aber der Begriff des Eigentums knüpft sich doch, wie mir scheint, an den Ackerbau, er ist Schutz einer Bodenbedeckung mit Nahrungspflanzen, die man nicht durch die eigenen Tiere abweiden lässt, die man aber auch nicht fremden Preis gegeben sehen will. Gerade, dass man Baumpflanzungen in ältesten Zeiten und auch noch jetzt oft einhegt, beweist, dass ihnen der Schutz des Eigentumsbegriffs ursprünglich nicht zukam. Der Wald blieb, wie die natürliche Weide am längsten der Auffassung als Gemeineigentum unterworfen. Auch ließen sich die, anfänglich natürlich kleinen, Obstgärten wohl einzäunen, aber nicht die notwendig großen Flächen Kornland, die daher allein durch allgemeine, wenn auch stillschweigende Anerkennung, d.h. durch den sich entwickelnden Eigentumsbegriff, im Gegensatz zu dem natürlichen, ursprünglichen des Besitzes (der deutschen Wehre) geschützt wurden.

Menge von Kochsalz. Es musste zur Erfindung des Ackerbaues auch die Erfindung des Salzgenusses gemacht werden, wenn der Ertrag des Kulturbodens dem Nahrungsbedürfnis der Menschen entsprechen sollte. Bei den Chinesen scheint sich eine dunkle Erinnerung an die Zusammengehörigkeit von Ackerbau und Salzgenuss erhalten zu haben, denn Ackerbau und Salzbereitung stehen bei ihnen auf gleicher Stufe der Heiligkeit. Ob hier der sogenannte Instinkt wirkte, ob ein Zufall die Menschen auf den Salzgenuss führte, ob man den Tieren das Geheimnis ablauschte, lässt sich nicht entscheiden. Gewiss ist, dass sich der Drang, Salz zu sich zu nehmen, nur bei den Pflanzenfressern, aber nicht bei den fleischfressenden Raubtieren findet, wodurch uns die Natur einen Wink gibt, dass nur bei Pflanzenkost der Salzzusatz ein wirkliches Bedürfnis ist[13].

Das Salz wirkt hierbei in doppelter Weise. Die Pflanzenstoffe haben nämlich einesteils einen zu geringen Natrongehalt für den Bedarf der menschlichen Ernährung, der durch das Kochsalz ausgeglichen wird. Andererseits haben dieselben ein großes Übermaß an Kalisalzen, deren zu große Menge im menschlichen Körper schädlich werden würde. Durch Zusatz von Kochsalz aber werden die Kalisalze in solcher Weise zersetzt, dass dieselben in unschädlicher Verbindung leicht aus dem Körper entfernt werden können[14]. Diese Ansicht wird nun bestätigt durch das, was uns die Geschichte durch den frühesten Salzgebrauch aufbewahrt hat. Homer, der nur selten andere Opfer als Tieropfer erwähnt, nennt bei denselben niemals das Salz. Daran schließt sich das Zeugnis des Agathion (Athenion) bei Athenäus[15] wenn er sagt: »dass man auch zu seiner Zeit im Andenken an die Vorzeit, das Eingeweide der Opfertiere den Göttern verbrenne ohne Salz hinzuzutun, da dieses zu solchem Gebrauch noch nicht erfunden war; als aber später das Salz den Menschen zu ihrer Speise gefiel, da blieben sie doch in der Art des Opferns bei der väterlichen Sitte.« Und nun nehme man noch dazu, dass bei den Alten niemals Salz und Fleisch zusammen genannt werden, während »Mehl und Salz«, »Brot und Salz« seit den ältesten Zeiten, in denen überhaupt Salz erwähnt wird, geradezu bei allen Schriftstellern, Dichtern und Prosaikern ein geflügeltes Wort ist[16].

Anders stellte sich die Sache vielleicht bei dem semitischen Volksstamm. Soweit wir ihn rückwärts geschichtlich verfolgen können, bewegt sich sein Leben in Gegenden, die reich sind an Salzsteppen und Steinsalz. Bei ihnen finden wir daher das Salz sogleich in seiner Bedeutung anerkannt und in das ganze Leben verflochten. So finden wir denn auch Salz und Brot häufig bei ihnen gepaart und bei den Speise- (Brot-)opfern den Gebrauch des Salzes vorgeschrieben[17], aber auch bei Tieropfern wird das Salz angewendet[18]. Den Gegensatz zu beiden, sowohl den Semiten als Grecoromanen bilden die germanischen Völkerschaften. Als sie ihre asiatischen Stammsitze verließen, waren sie auch unbekannt mit dem Salz und blieben es, da es scheint, dass ihr Wanderzug sie an den Salzsteppen vorbeiführte, ohne dass diese Einfluss auf ihre Lebensweise gewonnen hätten. In mitteleuropäischen Wäldern, in denen sie sich ansiedelten, fehlte Meeresküste, zu Tage tretendes Steinsalz und um Salzquellwasser zu versieden, waren sie anfänglich noch nicht geschickt. Das Wort Salz erhielten sie wohl von den südlicher gezogenen Goten, wie diese es nebst den übrigen südeuropäischen Völkern von den Kelten überkommen hatten. Dem Bedürfnis, welches sich wohl nach beginnendem Ackerbau bei den Germanen geltend machte, halfen sie anfänglich durch Pflanzenasche ab, worin freilich viel unbrauchbares oder gar schädliches, aber bei passender Auswahl der Pflanzen dann auch wohl kohlensaures Natron oder gar salzsaures, also Kochsalz, sich vorfand. Der Zufall führte sie wahrscheinlich auf die Pflanzen in der Umgebung der Salzquellen und dann an der Ost- und Nordsee auf die Strandpflanzen, was schon Aristoteles und Plinius (nach Theophrast)[19] von den Umbrern erzählen. Varro, Tacitus, Plinius usw. geben, wenn auch nur dürftige Nachrichten über diese erste rohe Gewinnung eines Salzsurrogates[5] [20].Von Gallien, Germanien und Skandinavien erzählen Plinius und Nonnus bestimmt, dass man Salz gewann, indem man Meerwasser auf glü-

5 Noch gegenwärtig werden am Tschad in Afrika die Wurzeln von Capparis (spinosa?) ausgegraben, verbrannt und das Auslaugewasser der Asche zu Salz verdunstet. Im Miltu wird Salz auf ähnliche Weise aus Hirse und Sorghum gewonnen (Dr. H. Barth, Reisen in Afrika. Bd. III, (Gotha 1858) S. 40 f. De Lacombe, voyage à Madagascar 1840. Bd. II. S. 43.). In Madagaskar gewinnt man aus der Asche einer Palmenart ein Salz, welches dem Seesalz sogar vorgezogen wird.

hende Kohlen goss[21]. Hier konnte man aus klimatischen Gründen die Abdunstung des Meerwassers durch Sonnenwärme nicht anwenden.

Sehr nahe lag natürlich den Völkerstämmen, die am Rande von Salzsteppen oder in Gegenden wohnten, wo Steinsalz zu Tage tritt, der Gewinn des Salzes. Schon in den älteren Schriftstellern finden wir zahlreiche Hinweisungen auf diese Salzschätze und ihre Benutzung In den alten Schriften der Juden wird des Salzbodens in Syrien vielfach gedacht, freilich fast nur um seine Unfruchtbarkeit hervorzuheben[22]. Aber auch auf die Benutzung dieser natürlichen Schätze zur Salzgewinnung wird hingedeutet[23]. Plinius erwähnt in einer wenig beachteten Stelle des kaspischen Sees und des Aral als großer Salzwasserbecken[24]. Von Herodot an wird vor allem der Reichtum von Nordafrika an Steinsalz gerühmt. Er erwähnt zehn größere Becken, bei denen allen er die Merkwürdigkeit einer Süßwasserquelle mitten im Salzboden hervorhebt[6]. Die beiden ersten sind die noch jetzt bekannten Oasen, das Hammonium (Siwah) und Augila, dann folgen mehrere andere; ganz im Westen sollen sogar die Menschen in der vollkommenen regenlosen Wüste ihre Häuser von Salzklumpen bauen[25]. Gleiches erwähnt Plinius von den Anwohnern des Sirbonis bei Gerrha. Noch jetzt errichten sich die Arbeiter in den Chilisalpeterwerken von Atacama und Copiapo ihre Hütten von Salzschollen. Auch in Persien (in den Sirdarpässen zwischen Teheran und Kischlak) wird das Steinsalz als Baustein benutzt[26]. Strabo spricht von dem Salzreichtum Afrikas und schließt richtig aus dem Vorkommen des Salzes und der Muscheln, dass die nordafrikanische Wüste früher vom Meere bedeckt gewesen sei[27]. Herodot nennt dann reiche Salzabsätze an den Mündungen des Borysthenes (Dniepr). Aulus Gellius erzählt nach Cato von einem Salzberg in Spanien[7], Plinius ähnliches von Indien[28], und sagt, hier werde das Salz bergmännisch gewonnen und bringe dem König größere Abgaben ein als

6 In der nächsten Umgebung des salzigen Eltonsees in Russland sind 14 Brunnen gegraben, die alle das klarste und schönste Trinkwasser geben (Dr. Fr. Göbel, Reise in die Steppen des südlichen Russlands, Tl. 1, S. 316.).

7 Noch jetzt bekannt bei Cardona in der Provinz Lerida.

Gold und Perlen. Er nennt den Berg Oromenos in Indien; dies ist wohl die Insel Ormuz am Eingange des persischen Meerbusens, die nach einigen Angaben sehr reich an Steinsalz sein soll[29]. Salzige Landseen nennen Strabo und Plinius[30]. Die älteste Nachricht von der Benutzung des Seesalzes aus abgedunstetem Meerwasser finde ich bei Dioscorides. Nach Plinius würde von Ancus Martius zuerst die Einrichtung gemacht sein, Meerwasser in geschlossene Bassins, sogenannte »Salinen« zu leiten und dasselbe zur Gewinnung des Salzes verdunsten zu lassen. Er erwähnt solcher Salinen von vielen Orten: Tarent, Sizilien, Kreta, Utica, Ägypten usw.[31] Am spätesten scheint man die Salzquellen benutzt zu haben. Erst musste das natürliche Abdampfen des Meerwassers in zufällig abgeschlossenen Lachen beobachtet, es musste in künstlich hergestellten Bassins (Salinen) das Abdampfen durch die Sonnenwärme eingeführt sein, ehe man auf den Gedanken kommen konnte, auch bei den salzigen Quellen des Binnenlandes die Einwirkung künstlicher Erwärmung zu versuchen. Plinius sagt uns, dass man in Kappadokien das Salz aus den Wassern der Salzquelle durch freiwilliges Verdunsten des Wassers in Salinen gewann[32]. Wir müssen darauf verzichten, je zu erfahren, wer als Ancus Martius der nordamerikanischen Indianer oder der Einwohner von Hawaii diese die Anlegung von Salzreichen lehrte; um daraus Salz durch Verdampfung des Wassers an der Luft zu gewinnen, was bei ihnen seit unvordenklichen Zeiten gebräuchlich war. Jedenfalls wurde anfänglich das Salz der Quellen noch dadurch gewonnen, dass man das Wasser auf glühende Kohlen goss, was Plinius auch von den Spaniern berichtet, erwähnend, dass sie das Wasser salziger Quellen »muria« nannten[33].

Salzflüsse erwähnt Plinius in Kleinasien sowie den Ochus und Oxus (Amu-Derja) in Asien. Als warme Salzquellen nennt er die Pagasäischen. Bestimmt endlich sagen Aristoteles und Plinius, dass man in Epirus (Chaonia) das Salz aus Quellwasser durch Abkochen gewinne[34].

Um zu begreifen, warum der Fortschritt ein so langsamer war, weshalb mangelhafte Methoden oft lange beibehalten wurden, muss man sich deutlich machen, dass die Alten keinen Begriff von dem hatten, was wir jetzt Auflösen und Abdampfen nennen. Das Steinsalz war ihnen ein fertig gegebenes, das See- und Solsalz aber erschien ihnen fast als ein gemachtes und künstlich erzeugtes. Pythagoras soll schon gesagt haben: »es würde von den reinsten Eltern erzeugt, von der Sonne und dem Meere«[35]. Auch Tacitus scheint das Salz als ein Produkt der widerstrebenden Elemente des Feuers und des Wassers anzusehen, aus deren Kampf es sich niederschlägt[36]. Deshalb konnten auch die Spanier auf den Glauben kommen, dass es bei der Salzgewinnung aus der auf brennendes Holz gegossenen Sole für das Resultat auch sehr auf die Auswahl des Holzes ankomme und dass dabei auch die Kohle in Salz verwandelt werde[37]. Dagegen sagt Hippokrates [38] vom Seesalze schon etwas klarer: »Die Sonne zieht den feinsten und leichtesten Teil des Wassers an sich und führt ihn mit in die Höhe, die Salzigkeit bleibt wegen ihrer Dicke und Schwere zurück und so entsteht (γίγνεται) das Salz«. Aber auch hier ist das Salz noch ein entstandenes, nicht fertiges.

Wenn wir nun fragen, wer kam zuerst auf den Gedanken, das Salz vom Wasser durch Absieden zu trennen, so werden wir wohl keine bestimmte Antwort darauf finden. Wer die Salzsieder in Epirus waren, wissen wir nicht mit Sicherheit. Aber gewiss ist, dass sonst sehr allgemein die sprachlichen Forschungen in Europa darauf führen, das Gewerbe des Salzsiedens einem auch anderweitig bei bergmännischem Betrieb schon oft genannten Volksstamm zuzuschreiben. Es sind die Kelten, die sich hier unserer Kenntnisnahme aufdrängen. Man braucht nicht Keltomane zu sein, um einzusehen, dass (nächst den fast sagenhaften Iberern) die Kelten aus der indogermanischen Völkerfamilie die erste und älteste Schicht bilden, die sich auf dem europäischen Boden ablagerte, die in sehr früher Zeit, die uns schon als nebelhafte Sage erscheint, sich noch einmal von Nordwesten aus bis Kleinasien ausbreiteten, dann aber allmählich von nachrückenden Völkerstämmen bis auf den äußersten nordwestlichen Winkel unseres Kontinents zusammengedrängt wurden. Es gibt fast keine europäische Sprache, die nicht keltische Elemente in sich aufgenommen[8] und bewahrt hat[39].

8 Ist doch selbst unser zärtliches »Kuss« und »Küssen« keltisch nach Grimms Wörterbuch.

Wenn auch das Wort Hallore nicht unmittelbar von einem keltischen Hallwr, den Leo fingiert hat, abgeleitet werden kann, denn es gibt nur im Cornischen das Wort haloiner und im Welschen halenwr (»Salzmann«) Worte, denen niemals das »n« fehlt[40], so sind doch die hallischen Halloren, welche nach Körperbildung, Geist und Sitte weder Slawen noch Deutsche sein können, wahrscheinlich als ein eingewanderter kleiner Keltenstamm zu betrachten und ihr Name hängt jedenfalls mit ihrer Beschäftigung und dem Worte »Salz« zusammen, das nur im Keltischen, nicht aber im Germanischen das anlautende h hat. Ptolemäus nennt das Volk, welches das jetzige Salzkammergut inne hatte »Alauner«. Zeuß (kelt. Grammat.) erkennt darin das keltische haloin, halein, »Salz«. Alauner wären also wörtlich auch Halloren und wirklich ein keltischer Stamm. Aber auch die dunklen Kasluchim des ersten Buches Moses scheinen hierher zu gehören. Dieser Volksstamm heißt in der Septuaginta Chasmonieim und das bedeutet nach Ebers »Salinenleute« also auch Halloren von chasm, hasm, hasmon – »Natron, Salz«. Sie wohnten am Sirbonissee (also wohl Lybophöniker), von wo aus auch heute noch viel Salz nach Süden verführt wird. Herodot erwähnt der Tarichaia (Salinen oder Einsalzstätten) in dieser Gegend und das Salz bei Pelusium wird auch von Plinius angeführt. Endlich könnte man auch das hindustanische malangi (Salzbereiter) hierher ziehen, um zu beweisen, wie allgemein man die Salzbereitungskunst zur Bezeichnung einer bestimmten Menschenklasse wählte[41]. Dass man übrigens nicht nur der ersten Gewinnung des Salzes, sondern auch der weiteren Behandlung (zweckmäßigen Aufbewahrung, Reinigung, Zerkleinerung usw.) große Aufmerksamkeit schenkte, sehen wir daraus, dass in dem Hausstande der Römer ein besonderer Salzdiener »salinator« erwähnt wird[42].

Zerstreute Worte ohne inneren Zusammenhang mögen leicht einen Anklang an diese oder jene Sprache darbieten, ohne dass die Zusammenstellung mehr wird als ein unbewiesener Einfall. Anders stellt sich die Sache in dem uns vorliegenden Falle, wo ein ganzer Komplex von Wörtern, die einem und demselben Anschauungskreis angehören, auf die Verwandtschaft mit einer bestimmten Sprache hinweist. Nicht nur der Hallore, sondern unbedingt fast alles, was sich auf seinen Beruf, sein Leben, seine Sitte bezieht, wird mit Worten bezeichnet, die nur oder doch am einfachsten in der keltischen Sprache ihre Erklärung finden. Der Hallore entnimmt das Salzwasser, »die Sole«[43], der Salzquelle »dem Salzborn«[9] (gälisch heißt burn »Wasser«). Er versiedet sein Salzwasser in der Pfanne, die in der Salzkote steht; beide Worte sind keltisch. Vom Salz soll er seinen Gewinn ziehen, sein Geränte (franz. rente, engl. rent) alles abgeleitet vom Wälschen rhan = abgemessenes Maß, Anteil; damit alles gerecht dabei zugehe, hat er seinen Schreiber, den Salzschreiber oder Salzgreven und Greve, Graf ist auch nur vom keltischen grabn oder crav (Runen) »einschneiden«, »schreiben«, abzuleiten[44]. Ja auch der Ort, wo die Salzbereiter arbeiten und so auch die Stadtnamen Hal, Hall, Hallein (Klein-Hall im Gegensatz zu Reichenhall[10] eine Urkunde aus dem XIV Jahrhundert hat den Ausdruck: »zum armen Hällin«), Halle, haben ohne Frage ihren Namen von der keltischen Bezeichnung des Salzes. Damit soll der deutschen »Halle« nicht zu nahe getreten sein. Aber der wäre doch sehr unwissend, der zweien Worten deshalb gleichen Ursprung zuschriebe, weil sie jetzt zufällig aus gleichen Buchstaben bestehen[11]. Schon dass die Benennungen hal, hall, hallum, halla (ursprünglich alle neutral) und halle ausschließlich nur zur Bezeichnung eines Ortes, wo Salzgewinnung stattfindet, aber nie in Beziehung auf einen Ort, der sich irgendwie durch ein Bauwerk, das man »eine Halle« nennen könnte, ausgezeichnet hätte angewendet werden, dass das Wort »Salzhalle« gar nicht vorkommt[12], sagt dem schlichten Menschenverstand, dass

---

9 vgl. Salzbrunn in Schlesien.

10 Ähnlich wie Reichenhall heißt Wieliczka in einer Urkunde von 1145 »das große Salz« und einer der Brunnen in Halle führt den Namen Dobregora, d.h. »guter Ertrag« und danach heißt Halle noch in einer Urkunde Kaiser Konrad II.: »sulcia Dobresoolensis« (W.H.G. Eisenach, Das Sulzer Tal usw. S. 10).

11 Man vgl. ago latein. und ago engl. - born deutsch und born engl. - come italien und come engl, main franz. und main engl. und unzählige ähnliche Beispiele.

12 Höchstens im späteren verdorbenen Literatendeutsch, wie das oben erwähnte »Salzsole«. Nicht einmal auf eine Salzniederlage oder Kaufhalle wurden die Worte hal, hall, halle, je bezogen, sondern ausschließlich auf die Salzbereitungsstätten.

diese Worte mit »dem Hall« und nicht mit »der Halle« zusammenhängen müssen. Die älteste Urkunde von 788 hat hal zur Bezeichnung des Umkreises der Salzquellen; im XI. Jahrhundert kommt erst hall in demselben Sinne vor. Daneben findet sich seit 837 hallum. Hier ist auch noch anzuschließen, dass das kambrische helez[45] sich in Halazestadt (jetzt Hallstadt bei Bamberg), Halesprunnen (jetzt Heilbronn[46]) usw. wiederfinden lässt[47]. Hall findet sich in zahllosen Zusammensetzungen, die sich auf das Salzwesen beziehen: hall-asch (Salzschiff), hallklotz, hallhaus[13] usw. Im Schwäbischen heißt noch jetzt der Platz der Siedehäuser »das Hall«. Seit 908 findet man auch halla, aber ebenfalls als Neutrum. Aus einfachem Missverständnis wurde dann leicht das halla zu Halle abgeschwächt[48]. Wie das Wort Halle aber nach Norddeutschland und mit der Saale, an der die Stadt liegt, nach Thüringen kam, wo wir von ursprünglichen Keltensitzen keine bestimmten Nachrichten haben, ist noch später zu erklären. Übrigens ist es nicht das einzige Halle in Norddeutschland. In Westfalen ist ebenfalls eine Stadt Halle, die ehemals eine sehr alte Saline besaß und daneben heißt ein großes Grundstück noch das »Salzland«[49]. Unzählig sind die Orte, deren Namen von ihrem Hauptprodukt mit Salz zusammengesetzt sind. Bei vielen Salzstätten ist das anlautende s oder h ganz weggefallen und nur das all geblieben[14], so bei Allendorf an der Werra, Allendorf bei Salzungen. Ähnlich nach Hehn auch bei dem Namen des früher häufig eingesalzenen Fisches alausa, alosa, »Alse«, »Else«, der schon im Mittelalter, wie jetzt der Hering, Speise des gemeinen Mannes war.

»Zischend brät die Alse am Herd, des Dürftigen Speise«[50].

Die von Zentralasien, wo sie vom Meere und vom Salz abgeschieden waren, nach Westen wandernden Kelten kamen am Aral und Kaspisee zuerst in Gegenden, die damals wahrscheinlich noch weniger ausgetrocknet als jetzt, ihnen am Rande großer, salziger

---

13 Also keineswegs »Salzhalle«. Als die Salzsieder in Lüneburg den Verkauf des Salzes selbst in die Hand nahmen, legten sie zum Zweck des Handels im Gildehause eine »Salzbude« an, aber keineswegs eine Salzhalle (Manecke, Gesch. u. Beschr. von Lüneburg, S. 75.).

14 Gerade wie bei dem griechischen »alix« und dem lateinischen »allec«- oder »alec«.

Sümpfe auch schon Salzkrusten darboten. Sie kosteten und fanden den Zusatz des Salzes zu allen Nahrungsmitteln angenehm für den Gaumen und vorteilhaft für das Wohlbefinden des ganzen Körpers. Ein bereits vorhandener Wortstamm ihrer Sprache bezeichnete ihnen: »Wasser«, »Moor«, »Sumpf«, »Lache« und diese Wurzel wendeten sie, wenig verändert, auch auf das Produkt dieser Salzsümpfe an. Aus ihren indogermanischen Ursitzen brachten sie irgend eine Form der Wurzel s a r mit, die im Sanskrit zunächst »gehen«, »fließen« usw., dann aber abgeleitet als s a r a auch »Fluss«, »Wasser«, »See«, »Pfuhl« heißt[51]. Weder in den V e d e n, noch in der A w e s t a, noch in den K e i l s c h r i f t e n findet sich ein solches s a l z bedeutendes Wort, aber im A r m e n i s c h e n kommt es als a g h vor (g h ist gewöhnlicher Vertreter für l) und bildet so eine Vermittlung zwischen s a r a »Wasser« und dem griechischen h a l s (ἅλς) »Meerwasser« und »Salz«. Dazu stimmt nun recht gut der Flussname H a l y s (armenisch a g h i u), der von H e r o d o t angeführt wird und wie S t r a b o ausdrücklich bemerkt, nach den Salzlagern in seiner Nähe benannt ist[52]. An die ursprüngliche Bedeutung jenes Stammwortes als See, Pfuhl, Pfütze erinnern noch viele Wörter, die wirklich Keltisch oder doch wohl durch die keltische Sprache durchgegangen sind. Altirisch ist s a l Moor; Altirisch s a l a h, Altkambrisch h a l o u – schmutzig; Althochdeutsch, Mittelhochdeutsch, Angelsächsisch s o l – Lache, Pfütze; Jägersprache s u h l und s u h l e n (vom wilden Schwein gebraucht), Niederdeutsch s ö l i g – schmutzig; Französisch s a l e – unrein, unsauber. Viel allgemeiner findet sich aber das ursprüngliche s a l, h a l in der abgeleiteten Bedeutung von »Salz« wieder: griechisch: h a l s (ἅλς m.), lateinisch s a l, gotisch s a l t, slavon. s o l i, magharisch s o', finnisch s u o l e, estn. s o o l, irisch s a l a n n, kambrisch h a l e n, und französisch s e l, englisch s a l e, altnordisch s a l l t, dänisch, schwedisch s a l t, deutsch S a l z[15] mit unzähligen Ableitungen in allen diesen Sprachen; dazu auch noch S u l z, S ü l z e (im mittelalterlichen Latein s u l c i a), altsächsisch s u l t a, niederdeutsch S ü l t, S ü l t e, S ü l t e n, althochdeutsch s u l z a, bayrisch s u l c h. S o l e (Salzwasser) auch in der Jägersprache S u l z e für Salzlecke. Eine besonders enge Beziehung

15 s und h gehen häufig ineinander über.

behielt das Wort immer zum Wasser[16]. Im Griechischen ist h a l s mit verändertem Geschlecht (weiblich) geradezu das Meer ebenso bei den lateinischen Dichtern s a l. Aber auch die Flüsse, die salziges Wasser führten oder an Salzquellen vorbeiliefen, wurden mit Namen bezeichnet, die doch wohl höchst wahrscheinlich alle mit »Salz« verwandt find. Der alte »Salzfluss« H a l y s wiederholt sich in der salzburgischen S a l z a c h (wörtlich »Salz-Wasser«) der Salze bei Maulbronn, des S a l i n e l l a in Sizilien, den S a l i n i l l a s in Spanien. Die S a l i n s bei M o u t i e r s und im J u r a sind »Salzbäche«. Auch die S i l g e bei S a l z u n g e n wird wohl hierher gehören. Weshalb man die fränkische S a a l e (im Mittelalter ohnehin »S a l z a c h« genannt) die thüringische S a a l e (im Mittelalter S a l a h a, »Salzwasser«)[53] oder gar die S a l e, auch S a l a c h, im S a l z b u r g i s c h e n hier ausschließen wollte, sehe ich nicht ein. Jede Saale der Geografie ist ein Salinensfluss und auch wohl meistens ein alter Keltensitz. Gälisch heißt s a i l e »Salzwasser«. Daher muss auch wohl die lothringische S e i l l e, die bei M e t z in die M o s e l fällt, hier angereiht werden.

Wie schon erwähnt, muss die Trennung der einzelnen Gruppen der indogermanischen Völkerfamilie erfolgt sein, noch ehe sie in ihren Ursitzen das Salz als Genussmittel kennen lernten. Daher gibt es auch kein allen gemeinschaftliches Stammwort für Salz. Das Wort sara d.h. der Fluss, auch in den Formen s a r i l a, s a l a und s a l i l a, führt auf eine Wurzel s a t, »gehen« (? lateinisch s a l i r e »springen«) und wenn es überhaupt später auf Salz angewendet ist, so kann das doch erst sehr spät geschehen sein.

Man hat dabei auf das Umherspringen (Spritzen) des Salzes, wenn es ins Feuer geworfen wird, verweisen wollen. Es ist ein ziemlich wunderlicher Einfall, zu glauben, dass das Salz, doch ursprünglich nur als Speise in den Bereich des Geschmacksorgans gehörig und in den menschlichen Haushalt aufgenommen, seinen Namen einer ganz nebensächlichen Eigenschaft verdanken soll, die man doch erst sehr spät und ganz zufällig, vielleicht beim Bestreuen eines Opfers wahrgenommen haben kann. Grade das R o t w e l s c h (mit der Zigeuner-

---

16 Auch im Neupersischen bedeutet n e m e k »Salz« ursprünglich »feucht«. Gehört hierzu auch das hindustanische n i m m u k für Salz?

sprache, also einer indischen verwandt) hat zwar diese Eigenschaft, wer weiß wie veranlasst, hervorgehoben, aber das bezeichnende Wort entschieden anderswoher entnommen (sprunkert, sprenkert). Auch der Litauer und der Albanese haben Namen für das Salz, die von einer Nebeneigenschaft entlehnt sind, bei jenen druska, bei diesen kripe, Wörter, die beide »das zum Bestreuen gebrauchte« bezeichnen, also doch den Begriff »Würze« einschließen. Gewiss hatten diese Stämme die Kenntnis des Salzes früher nie gehabt, oder sie aus ihren Wanderungen in salzleeren Waldgegenden, und mit der Sache das Wort verloren.

Die ostasiatischen und iranischen Völker haben für Salz Wörter, welche mit den europäischen keine Verwandtschaft haben; Im Chinesischen und Japanischen heißt Salz jan, jen, jam; bei den Avaren (etwa damit verwandt?) zam, zjam[54]. Der indische Lexikograph Amara Kôscha (kurz vor Chr. geb.) unterscheidet vier Arten des Salzes – lavańa, nämlich

1) Meersalz,

2) Steinsalz als sindhu-ğa d.h. am Indus geboren,

3) Râumaka oder das aus Rumâ (dem Gebiete Adschmirs, worin der Salzsee Sambhar noben liegt),

4) gekochtes Salz, vitlavan (ein Salzpräparat als Heilmittel). Das lavan in dem letzten Wort ist eben lavańa, Salz, insbesondere Seesalz und kommt in einer großen Reihe von Zusammensetzungen vor[55]. Dasselbe Wort ist mit den Zigeunern gewandert und findet sich in ihrer Sprache als lon[56]. Im Hindustani kommt pāngā als »Küchensalz« und malangi als »Salzbereiter« vor.

Die semitischen Sprachen zeigen hier auch nicht die entfernteste Verwandtschaft. Bei den Israeliten hieß das Salz melach, bei den Arabern heißt es milh. Bei den Ägyptern hieß es (1500 v. Chr.) hema, heman, hemani oder in anderer Form chasm, hasm oder hasmon (= Natron, Salz) Kochsalz, koptisch noch jetzt als[57].

Sobald das Salz ein allgemeines Bedürfnis geworden war, wurde es auch notwendig wegen seiner ungleichen Verteilung auf der Erde ein wichtiger Gegenstand des Handelsverkehrs. Das Salz verlangt seiner Natur nach billigen Transport in großen Massen und das bedingte wohl von vornherein die Formen des Verkehrs. Wassertransport war daher anfänglich, ehe große, bequeme Landstraßen gebaut wurden, der natürlichste Weg. Vielleicht gab eben auch der Salzhandel die erste Veranlassung zur Anlegung von Landstraßen. Die von der Natur selbst gegründeten Niederlagen wurden so ganz natürlich auch früh große Ausfuhrplätze und Stapelorte für den Handel überhaupt. Das Hammonium und Augila, Pelusium und die Kasiotis in Ägypten, Engaddi (das Salztal am Toten Meer), die Mündung des Borysthenes, Epirus, Ostia, Marseille und andere verdanken vielleicht alle ihre frühere Berühmtheit dem Salze als erstem wichtigen Ausführartikel wie ja auch viele von ihnen mit dem Salzhandel ihre Bedeutung wieder verloren haben. Dass die ägyptischen Priester das Steinsalz, insbesondere das von Hammonium als das reinere, dem Meersalz vorzogen, ist vielleicht die älteste Andeutung über Salzhandel[58]. Das Salz der Salzlager auf beiden Seiten des Indus bis in den Norden des Penjâb wurde schon zu Alexanders des Großen Zeit benutzt und seine Begleiter behaupteten, dass diese Salzlager allein ganz Indien mit Salz versorgen könnten[59]. Später wurde der Handel sehr allgemein. Athen konnte vermöge seiner Meeresherrschaft leicht seinen Salzbedarf einführen und so lange Nisäa in Megaris attisch war, konnte das nötige Salz von dort her am leichtesten bezogen werden. Außerdem hatte Attika selbst Salzquellen, Gephyra gegenüber, jenseits des Kephissos, sowie Salzwerke am Meeresufer neben dem Piraeus[60]. Wenn Plinius Sorten des Salzes aus ganz verschiedenen Gegenden als für ganz bestimmte einzelne, häusliche Zwecke allein geeignet und gebraucht, empfiehlt, so setzt das schon einen allgemeinen sehr lebhaften Salzhandel voraus. Am rechten Ufer der Tibermündung besaß Rom schon früh die durch die Salinen wichtigen »sieben Gaue« und an dem linken Ufer die Stadt »Ostia« (»Münden«), der römische Piraeus, seit unvordenklichen Zeiten Roms Vorstadt und Hafen. Von hier aus führte eine Straße[61] in das Binnenland der Sabiner, welche die »Salzstraße« (via salaria) hieß, weil auf derselben die Sabiner altem Vertrage gemäß ihren Salzbedarf fortschafften[17]. Livius

17 Zwischen Sulza und Freiburg in Thüringen gibt es auch eine alte Salzstraße.

erwähnt schon des Salzhandels in Rom zur Zeit der Könige und Plutarch spricht von besonderen »Salzschiffen«[62]. Bei Suidas finden wir das Wort »halonetou« für »Salz gekauft« d.h. Sklave, und er erzählt dabei, dass die Kaufleute Salz ins Binnenland führten und dafür namentlich von den Thrakern Sklaven einhandelten[63]. Auch die an vielen Orten schon früh vorkommenden Zölle und Steuern auf Salz deuten auf einen regen Verkehr mit diesem wichtigen Genussmittel, doch darauf komme ich noch wieder zurück.

Nach den uns vorliegenden Nachrichten können wir sechs große Verkehrsgebiete auf der Erde unterscheiden, wo die ausdrückliche Hervorhebung des Salzes oder die aus den Formen des Verkehrs abzuleitenden Schlüsse uns dahin führen, im Salzbedarf allerdings die früheste Anregung oder doch eine Haupttriebfeder zur weiteren Entwicklung des Handelsverkehrs zu erkennen. Ich wähle in der Darstellung derselben eine geografische Anordnung, indem ich um Europa, mit dem ich schließe, herumgehe. Vielleicht wäre eine chronologische Anordnung die richtigere, aber teils fehlen uns dafür nicht selten feste Zeitbestimmungen, teils sind alle diese ursprünglichen Verkehrsbewegungen in gewisser Beziehung, d.h. kulturhistorisch, synchronistisch, indem sie alle den Anfängen der staatlichen Entwicklung angehören oder nahe stehen, soweit diese auch, man vergleiche z.B. Ägypten mit Deutschland, nach den Zahlen der Weltgeschichte auseinanderliegen mögen.

Der erste Kreis, über den uns freilich die dürftigsten Nachrichten vorliegen, umfasst Indien und das innere Asien, die Khanate und West-China. Die ältesten Nachrichten in den uns bekannteren Literaturen stammen aus der Zeit Alexanders des Großen. Damals schon waren die Salzberge im nördlichen Penjâb benutzt und berühmt. Die Äußerungen der Begleiter Alexanders, dass diese Berge allein ganz Indien mit Salz versorgen könnten, deuten auf eine Verführung desselben in andere Gegenden[64], was auch selbstverständlich ist, wenn wir sehen, dass bei großem Salzreichtum an einigen Orten andere ganz des Salzes entbehren mussten[65]. Kurz vor unserer Zeitrechnung zählt der Lexikograph Amara Kôscha Salz aus drei verschiedenen Gegenden Indiens auf, was auch einen Salzverkehr im Inneren voraussetzt[66]. Gab es doch, wenigstens später in Indien eine »Salzstadt« (Lavanápura[18]), die wohl als Verkehrsort für diesen Artikel betrachtet werden muss. Die Lücke zwischen dem eigentlichen Indien und dem nördlichen Birman können wir freilich nur durch Phantasien ausfüllen. Von hier aus begegnen uns aber wieder bestimmte Zeugnisse. Schon lange haben wir die Nachrichten des Venezianers Marco Polo, des kühnen Reisenden, dessen Mitteilungen so oft von Leuten, die nie hinterm warmen Ofen vorgekommen waren, angetastet, sich mit jedem weiteren Eindringen in die innerasiatischen Verhältnisse glänzender bestätigen. Die ausführlichsten Angaben hat Polo über die Provinz Kaindu (nach Klapproth dem nördlichen Teile des Birmanenlandes) gebracht. Hier erwähnt er einen ausgezeichneten Handel mit dem aus Salzquellen gewonnenen Salze. Der Handel wird hier außer durch Goldstangen auch durch wirkliche aus Salz geprägte Münzen vermittelt. In Cianglu (jetzt Moan-tschin in der Provinz Paotscheu) und deren Umgebung wurde viel Salz durch Auslaugen salzhaltiger Erde gewonnen, in Karassan (dem jetzigen Jün-nan) gibt es reiche Salzquellen, deren Produkt die ganze Provinz versorgt. Überall wird der Verbreitung durch den Handel und der großen Einnahme gedacht, welche die Fürsten aus den Salzsteuern ziehen[67]. Diese Nachrichten aus dem XIII. Jahrhundert werden nun bestätigt und zum Teil erweitert durch die Arbeiten des Geistlichen Zwethkoff, der teils aus alten chinesischen Schriftstellern, teils nach eignen Untersuchungen berichtet. Danach wird das Salz in China seit undenklichen Zeiten hochgehalten und die Salzbereitung an Wichtigkeit und Würde dem Ackerbau gleichgestellt. Die Eröffnung der jährlichen Arbeiten in den Salzwerken geschieht (wie beim Ackerbau) durch den Kaiser selbst und die Prinzen müssen sich persönlich beim Kochen des Salzes beteiligen. In den ältesten Zeiten wurde Seesalz durch Abkochen erzielt. Seit Beginn des VII. Jahrhunderts legte man Salzteiche an der Küste an, in denen man das Seewasser der freiwilligen Verdunstung überließ. Später wurde auch Salz aus den Salzlachen des Binnenlandes gewonnen und besonders viel davon von jenseits der Grenze aus den Tschacharischen Weideplät-

18 Wörtlich: Salzburg.

zen, aus Ordas und Euchanos eingeführt. Quellsalz gewinnt man viel in Gan-szu, Siu-tschuan und wie schon Polo bemerkte in Jün-nan[68]. Die Chinesen haben sogar einen Salzgott: Phelo, der Erfinder des Salzes oder seines Gebrauches. Seine Erfindung wurde aber nicht gewürdigt, er verließ daher sein Vaterland. Nun besannen sich die Chinesen, erklärten ihn für einen Gott, feierten ihm im Sommer ein Fest, bei welchem er an allen Ort gesucht wird. Man wird ihn aber erst finden, wenn er wiederkommt, den Untergang der Welt zu verkündigen[69].

Die zweite große Gruppe des ursprünglichen Salzhandels bildet das Innere des nördlichen Afrikas. Hier sind es besonders die Entdeckungen der neuesten Reisenden, welche uns das Verständnis der ältesten uns erhaltenen Nachrichten aufschließen. Wir müssen hier auf Herodot zurückgehen, auf diesen riesigen Forschergeist, der sich das Wort Platens zur Lebensregel gemacht zu haben scheint

»Lasst eurer Liebe nichts entgehen, entschlüpfen eurer Kunde nichts!«

Ich teile hier zunächst Herodots Worte vollständig mit[70].

Herodot berichtet: »Oberhalb der Libyschen Küstenbewohner im Binnenlande ist die Wildnis von Libyen und über diese Wildnis läuft ein Sandstreifen hin, der sich vom Ägyptischen Theben bis zu den Säulen des Hercules erstreckt. Und auf diesem Streifen ist ungefähr alle zehn Tagereisen ein Hügel von Salzstücken in großen Klumpen und auf dem Gipfel jedes Hügels springt mitten aus dem Salze ein kühles und süßes Wasser empor. Und hier wohnen Menschen umher am Rande der Wüste und oberhalb der Wildnis. Davon sind die ersten, zehn Tagereisen von Theben, die Ammonier, die ihr Heiligtum vom thebaischen Zeus haben; wie denn auch in Theben das Bild des Zeus, wie schon oben von mir bemerkt worden, widderköpfig ist ... Nach den Ammoniern, weiter auf dem Sandstreifen wiederum 10 Tagereisen ist ein gleicher Salzhügel, wie der Ammonische, mit Wasser und Menschen, die um ihn her wohnen und diese Gegend hat den Namen Augila. In diese Gegend gehen die Nasamonen immer zur Herbstlese der Datteln.

Von Augila, abermals um 10 Tagereisen, ist wieder so ein Salzhügel mit Wasser und Dattelfruchtbäumen in Menge (wie sie denn auch bei den anderen sind) und mit Menschen, die bei ihm wohnen, die den Namen Garamanten haben, ein vornehmlich starkes Volk, welche Erde auf das Salz tragen und so säen …

… Von den Garamanten, wiederum 10 Tagereisen, ist abermals so ein Salzhügel mit Wasser und Menschen, die um ihn her wohnen, deren Name Ataranten ist, welche allein unter den Menschen, von denen wir wissen, namenlos sind …

… Hernach wiederum 10 Tagereisen ist abermals so ein Salzhügel mit Wasser und Menschen, die um ihn her wohnen. An diesen Salzhügel stößt noch ein Berg, mit Namen Atlas: der ist schmal und ganz kreisrund, aber so hoch, dass wie man sagt, seine Gipfel nicht zu erschauen sind, weil die Wolken sie niemals verlassen weder im Sommer, noch im Winter. Derselbe sei die Säule des Himmels, sagen die Eingebornen. Von diesem Berge haben diese Menschen ihren Namen: denn sie heißen Atlanten. Sie speisen, sagt man, nichts Lebendiges und haben keine Träume.

Bis zu diesen Atlanten also weiß ich die Namen der Bewohner des Sandstreifens anzugeben, aber von diesen an nicht weiter. Jedoch der Sandstreifen erstreckt sich bis zu den Säulen des Herakles und darüber hinaus und je um 10 Tagereisen ist ein Salzbruch auf ihm und Menschen, die da wohnen. Diese alle bauen ihre Häuser von den Salzklumpen. Nämlich dieser Teil Libyens ist schon ganz regenlos: denn sonst könnten die Mauern von Salz nicht halten, wenn es regnete. Und das Salz wird daselbst sowohl weiß als purpurfarbig gegraben. Über diesem Streifen aber, südwärts ins Land hinein, ist Libyen, ein wüstes, wasserloses, tierloses, regenloses und holzloses Land und hat keinen Tropfen Feuchtigkeit … «

Es macht einen wunderbaren Eindruck, dass Herodot schon fast 500 Jahre vor unserer Zeitrechnung, ohne selbst dagewesen zu sein, eine so genaue Kenntnis der Oasen, nämlich der Stationen in der großen ostwestlichen Karawanenstraße Nordafrikas hat, die zu einer Zeit, wo die Meeresschifffahrt noch in ihrer Kindheit war, fast allein den Verkehr in diesen Ländern unterhalten konnte. Herodot selbst gibt an, dass je weiter er in seinem Berichte nach Westen geht, auch seine Kunde umso mangelhafter wird. Aber er hat sie doch erhalten, was nur durch die Karawanenzüge möglich war. Und was weiß er von den Stationen, die er aufzählt? Fast nur – oder doch vor allem, dass es große Salzlager waren. Das muss also auch dasjenige gewesen sein, was seinen Berichterstattern als das allerwichtigste erschien, und so können wir uns aus diesen Berichten Herodots ableiten, dass schon damals die großen Salzkarawanen die Sahara durchzogen, die noch heute dieselben Wege wandern, wenn auch die westöstliche Richtung jetzt nicht mehr die Bedeutung hat als damals. Freilich war zu Herodots Zeit die Wüstenreise mit Pferden bei weitem langwieriger und beschwerlicher. Erst seit die Mohammedaner das Kamel in Afrika eingeführt haben, ist eine geregeltere Verbindung der Oasen möglich geworden[71].

Es wird wohl schwer, wo nicht unmöglich sein, die von Herodot aufgezählten Stationen noch heute genau geografisch feststellen zu wollen, die beiden ersten ausgenommen, die noch jetzt unter dem von Herodot angegebenen Namen bekannt sind, nämlich Siwah (die Oase des Ammon) und Augila. Die Garamanten gehören zu Fezzan (vielleicht das heutige Djerma). Die mühselige Bodenkultur in dieser Oase wird auch schon von Herodot hervorgehoben. Die Ataranten, etwas westlicher, könnten nach Gadamis gelegt werden, was noch jetzt Station der West-Ost-Karawanen, so wie ein Verbindungspunkt im Karawanenzug von Kano nach Timbuktu ist. Dann aber weiter wird schon bei den Atlanten jede Orientierung unmöglich, weil die Nachrichten offenbar unzulänglich sind. Die westlichsten Orte, die Herodot erwähnt, können nichts anderes sein, als die ganze Reihe der Salzbecken und Salzsümpfe, welche sich längs des südöstlichen Randes der Atlasketten von Wadi Sus bis Aarib hinziehen und dazu ist vielleicht auch noch das gewiss schon früh bekannte bis 30 Kilometer lange, bis 12 km breite Salzbecken Sebcha (d.h. Vertiefung, Lache), das Kapitän Vincent geschildert hat, hinzuzunehmen.

Die späteren Zeiten führen uns auf die Phöniker und Lybophöniker, die den ganzen Karawanenhandel in Nordafrika in Händen gehabt haben müssen[72]. Unsere neusten Kenntnisse über den Verkehr in jenen Gegenden schließen sich so genau an das an, was man aus den Mitteilungen des Herodot und Ptolemäus ableiten kann, dass wir kaum zweifeln dürfen, dass die Verkehrsverhältnisse in diesen Wüstenländern dieselben geblieben find. Ein Verbindungsglied bilden die über den Beginn des XI. Jahrhunderts zurückreichenden Mitteilungen des Arabers El Bekri, die Barth anführt. Die Straßen sind ein für alle Mal unabänderlich von den Naturverhältnissen gezeichnet und müssen noch heute dieselben sein, wie vor dritthalbtausend Jahren. Die Bedürfnisse und die Orte, von denen sie befriedigt werden konnten, sind auch im Wesentlichen dieselben geblieben. Das Salz ist freilich jetzt in der Richtung von Westen nach Osten nicht mehr wesentlicher Verkehrsgegenstand. Dagegen muss in der Richtung von dem salzreichen Norden nach den ganz salzlosen Ländern um den Senegal und oberen Niger das Bedürfnis nach Salz schon zu Herodots Zeit so gut wie heute den Austausch hervorgerufen und erhalten haben. Von diesen Karawanenstraßen, die von Marokko und Fas nach Timbuktu und Umgebung führen, konnte freilich Herodot in Ägypten nicht wohl Kunde erhalten. Das Salzbecken Sebcha allein liefert jährlich 20.000 Kamellasten (8 Millionen Pfund) Salz, die nach Kaarta, Bambarra, Massena und Timbuktu abgesetzt werden. Die von Marokko kommenden Karawanen oder »Kafilas« haben gewöhnlich 1–2.000 Kamele und bis 150 Männer. Oft vereinigen sich mehrere Kafilas und bilden dann eine »Akabar«; auf ihrem Wege nach Süden laden sie in den salzreichen Bodeneinsenkungen, meist gegen Bezahlung und Ausfuhrabgabe an die Eigentümer das sehr reine Salz und bringen es nach Timbuktu, wo dasselbe neben dem Golde der Haupthandelsartikel ist und längs des ganzen Niger das wichtigste Tauschobjekt und selbst, wie auch in vielen Gegenden Westafrikas, allgemeiner Wertmesser ist. Ein nicht minder wichtiger Zentralpunkt für den Salzhandel ist Kano. Barth weist vielfach darauf hin, wie wichtig für den ganzen afrikanischen Binnenhandel das Salz sei. Auf seiner Reise durch die Oase Airi sah er die großen Salzkarawanen (die auch »Airi« genannt werden), die Salz von Bilma brachten. »Ganz Airi war bei Ankunft der Karawane in Aufregung. Es ist wohl bemerkenswert, dass ein einziger Artikel, das Salz, den Gegenstand dieser ganzen großen Bewegung bildet. Monatelang wird dies Produkt des absolut unfruchtbaren Salzbodens durch die Wüste getragen, um dann in fruchtbaren Zonen als Zahlungsmittel für Korn und Erzeugnisse des Gewerbefleißes zu dienen. So tief eingegraben in die Gesetztafeln der Natur liegt das Prinzip des Völkerverkehrs: der Austausch der Bedürfnisse« (Barth). Nach Barths Schätzungen war die Gesamtfracht dieser Salzkarawanen im Januar 1851 etwa 3.500 Kamellasten im Wert von 60.000 spanischen Talern, eine sehr bedeutende Summe im Völkerleben des inneren Afrika[73]. Im Osten von Nordafrika südlich und südwestlich von Ägypten sowie in Angula und Benguela finden ganz ähnliche Verhältnisse statt, nur sind sie uns besonders in ihrer geschichtlichen Entwicklung weniger bekannt.

Ein drittes großes Verkehrsgebiet, auf welchem das Salz eine große und ursprüngliche Bedeutung zeigt, ist Nordamerika und zwar bis hinauf zum 45° N. Br. Nordamerika ist in seinem Innern reich genug an Salz, obwohl es ungleich verteilt und nicht überall gleich mühelos zu erlangen ist. Zwei bedeutende Salzseen treten uns entgegen, von denen der eine seit den ältesten Zeiten zur Salzgewinnung benutzt worden ist, nämlich der 7.400′ über dem Meer liegende Salzsee von Tezcuko, an welchem Mexico liegt. Aus seinem Wasser schieden die alten Mexikaner durch Abkochen das Salz, das ein wichtiger Handelsartikel war, wodurch namentlich Tepaca und Tlascala, denen beiden das Salz mangelte, in dauernder Abhängigkeit von Mexico erhalten wurden. Unter den täglichen Lieferungen an den Hof in Mexico wurden auch 20 Salzkuchen aufgezählt[74]. Unter den vielen Götternamen kam auch eine Göttin des Salzes Huixtocihuatl vor, die hoch verehrt wurde und der man im siebenten Monat des 18-monatlichen mexikanischen Jahres ein großes Fest feierte[75]. Der zweite See ist der »große Salzsee«[19], der nur 4.200‘ über dem Meere liegt, an dessen Ufern sich die Mormonen niedergelassen haben. Diese nannten den Hauptfluss, der sich in ihn ergießt und welcher das süße Wasser des Utah sees ihm zuführt, recht passend den Jordan. In der Tat geht der große Salzsee, der wie der von Tezcuko keinen Abfluss zum Meere hat, unvermeidlich dem Schicksale des Toten Meeres entgegen. Schon jetzt ist der See zu Zeiten so stark mit Salz geschwängert, dass tierische Körper in ihm nicht untersinken können[76].

19 90 englische Meilen lang, 30 englische Meilen breit.

Die Prärien haben an vielen Stellen Salz im Überfluss, aber die herumstreifenden Indianer bemühten sich nicht, es zu gewinnen, sondern überließen es den Büffeln, dasselbe aufzulecken. In New Hampshire war überhaupt kein Salz[77]. Wir müssen uns erinnern, dass diese Völker größtenteils Jägervölker waren. Ganz anders war es weiter nach dem Süden, wo schon früh mehr Ackerbau getrieben wurde. Hier haben uns Ausgrabungen auf der kleinen Insel Petite Anse im unteren Mississippi[20] gezeigt, dass schon die ältesten Bewohner, die sogenannten »Moundbuilders«, das Steinsalz auf dieser Insel abbauten und verbreiteten[78]. Als Hernando de Soto 1573 seinen abenteuerlichen Zug nach Florida und den anliegenden Regionen unternahm, bestand daselbst ein regelmäßiger durch herumziehende Kaufleute unterhaltener Handel mit Salz. In der Provinz Cajas (?) erzeugten die Indianer dasselbe durch Verdunsten von salzhaltigem Wasser und vertauschten es dann in anderen Provinzen gegen Felle und sonstige Bedarfsartikel[79]. Im Jahre 1690 kam es sogar zwischen den Natchitoches und Teonsas zu einem Salzkriege (wie in Deutschland zur Zeit des Tacitus)[80]. Bis zur Mitte des vorigen Jahrhunderts waren es Karawanen, die aus den »Hinterwäldern«, dem fernen Westen Nordamerikas aufbrachen, ihre Häute, Pelzwerk u. dgl. nach Baltimore, Hagerstown, Fort Cumberland usw. brachten, um dafür Nägel, andere kleine Bedürfnisse, aber besonders Salz einzutauschen. Zurück trug jedes Pferd 1½ Zentner Salz[81]. Wenn wir uns diese Züge in einem Bilde vereinen, so sehen wir auch hier einen lebhaften Handelsverkehr auf einem sehr großen Gebiet verbreitet, der sich wohl anfänglich an dem Bedürfnisse nach Salz und seiner ungleichen Verteilung entwickelte und dann noch lange bei einfacher bleibenden Verhältnissen vorzugsweise durch Salz lebendig erhalten wurde.

Kehren wir nun zu der alten Welt zurück, so finden wir ein viertes großes Verkehrsgebiet, dessen Handel vorzugsweise durch das Salz

20 Mississippi ist bekanntlich ein indianisches Wort, das »Vater der Gewässer« bedeutet; weniger bekannt ist, dass es auch eine »Mutter der Gewässer« gibt, die aber, wie es ihrem Geschlechte ziemt, zart und klein ist. »Mutter der Gewässer« heißt estnisch Emmajökki und das ist der eigentliche Name des kleinen Flüsschens Embach bei Dorpat.

und die eingesalzenen Fische belebt wird, im Schwarzen Meer, dem Bosporus, dem Archipelagus und Mittelmeer. Dieses Handelsgebiet gewährt aber noch ein anderes Interesse von viel weitgreifenderer Bedeutung als den bloßen Handel mit gesalzenen Fischen. Wir finden hier wohl die erste Handelsverbindung zwischen der südlichen und nordischen Welt Europas. Milesische Kaufleute (einer kretischen Kolonie angehörig und wahrscheinlich phönikischen Ursprungs) hatten die Stadt Olbia (Glücksstadt) am Ausfluss des Bog und Dniepr gestiftet, die schon bei Herodot als berühmter Handelsort vorkommt[82]. Es ist Irrtum, wenn einige schon bei Hesiod den kimmerischen Bosporus nach einem Handelsartikel genannt finden wollen[83]. Als die ältesten Schiffer in den mittelländischen Meeren kennen wir den handelseifrigen semitischen Stamm der Syrer oder Phöniker. Sie sind recht eigentlich die hausierenden Handelsjuden der alten Welt; auch war der Fischfang eins ihrer Hauptgewerbe. Sidonier ist abzuleiten von Sidon – »Fisch«[84]. Sie trieben auch Handel nach dem Schwarzen Meer. Als der Weg einmal eröffnet war, folgten ihnen zwar auch die Griechen, zumal die seetüchtigen Athener, doch hatten jene den Vorsprung, den ja auch noch jetzt im Handel so vielfach entscheidenden Vorzug der schon fest angeknüpften Verbindungen. Zu jener Zeit war der internationale Handel nur Tauschhandel. Jetzt ist er nur scheinbar ein anderer und jetzt umfasst das, was man international nennt, größere Strecken als was im Beginn der europäischen Zivilisation so genannt werden konnte. Wie später einmal die Engländer für die ganze Erde, so waren damals die Phöniker die fast allein Seehandel im ganzen Gebiet des Mittelmeeres treibende Nation. Nun gibt es aber nach allen Nachrichten, die uns erhalten sind, nur drei Artikel, welche die Phöniker bestimmen konnten, die nördlichen Küsten des Pontus zu besuchen und dieselben für ihre Kunstwerke und Manufakturwaren einzutauschen. Den einen und wohl den ursprünglicheren bildeten die gesalzenen Acipenserinen der dort ausmündenden von Norden herabkommenden Ströme. Hier kommen vielleicht auch wieder die Kelten in Frage, denen wir als Salzbereitern, Einsalzern und, wenigstens in der Nordsee und dem Atlantischen Ozean, als kühnen Fischern so oft begegnen, denn wir finden im IV. Jahrhundert v. Chr. die Kelten am Hypanis in der Nähe von Olbia und an beiden Seiten des Hämus[85]. Der zweite war die Wolle. Dazu fand sich wohl schon früh das dritte wertvolle Geschenk des Nordens, der Bernstein[86]. Die Odyssee im VII. Jahrhundert v. Chr. schreibt ganz bestimmt den Bernsteinhandel den Phönikern zu. Herodot weiß nicht, wie der Bernstein nach Griechenland kommt, sondern nur, dass er aus den äußersten, ihm unbekannten Ländern stammt[87]. Dass die Phöniker das Zinn von den britischen Inseln holten, kann keinem Zweifel unterliegen. Wie alt dieser Handel war, geht daraus hervor, dass der Zinnhandel der ältesten Zeit schon einem Gotte zugeschrieben wurde, also mythisch geworden war, auch wird als Gegengabe für Zinn bestimmt Salz genannt. Dieser Handel ging also der Erschließung der englischen, einheimischen Salzschätze voraus[88]. Dass der Massiliote Pytheas zu seiner ozeanischen Reise nur dadurch ermutigt werden konnte, dass er an den Phönikern (Karthaginensern) Vorgänger hatte, ist wohl gewiss. Dass er seine Entdeckungsreisen weiter ausdehnte, als seine Vorgänger, ist auch wohl nicht zu bezweifeln, denn keine Andeutung liegt vor, dass die phönikischen Kaufleute schon in die Nordsee gekommen wären, sie konnten also auch von dorther keinen Bernstein mitbringen. Pytheas entdeckte an den Nordseeinseln eine Fundstätte des Bernsteins, von der man bis auf ihn nichts Gewisses wusste, und erfuhr zugleich, dass die Insulaner denselben von dort nach dem Festlande an die Teutonen verhandelten, von wo er ohne Zweifel durch Gallien an die Reinmündungen (nach Marseille?) verführt wurde. Hier holten ihn die phönikischen Kaufleute, weshalb Aeschylus in der ersten Hälfte des V. Jahrhunderts v. Chr. und später Theophrast hierher ganz bestimmt den Bernstein liefernden Eridanus verlegten[89].

Aber die Kaufleute waren klug genug, wie noch heute, ihre Bezugsquellen geheim zu halten, so lange es irgend anging, daher die Unsicherheit der älteren Nachrichten über den Fundort des Bernsteins, noch vermehrt durch die höchst beschränkte geografische Anschauung der alten Griechen. Es ist daher auch gar nicht unmöglich, dass die Kaufleute den Bernstein schon damals auch auf einem anderen Wege bezogen, nämlich durch einen Überlandhandel zwischen dem Pontus und der Ostsee. Und ich glaube, dass dies sogar der älteste Bezugsweg ist. Gewiss ist es sehr auffallend, dass bei Homer Zinn und Bernstein so weit auseinanderliegen. Die Ilias kennt das Zinn, nennt aber nicht den Bernstein und verrät nicht die geringste Kenntnis des Schwarzen Meeres. Die Jahrhunderte spätere Odyssee nennt das Zinn nicht, kennt aber den Bernstein und sehr genau die Nordküste des Schwarzen Meeres, wie K.E. v. Baer wohl unwiderleglich nachgewiesen hat[90]. Mir scheint das fast entscheidend dafür, dass Zinn und Bernstein wie aus ganz verschiedenen Ländern, so auch ursprünglich auf ganz verschiedenen Wegen nach Griechenland kamen. Zwar kommt Bernstein auch jetzt noch an der Nordsee vor[91], aber dass er dort jemals sehr häufig gewesen, ist nach geognostischen Gründen[92]; gar nicht wahrscheinlich, während die Ostsee von jeher reich an diesem Produkte urweltlicher Kiefern war. Für einen solchen Überlandhandel vom Pontus aus sprechen nun viele einzelne, an sich vielleicht unbedeutende, zusammen genommen aber sich stützende Notizen. Zuerst die Sagen über die Verbindung der Hyperboräer mit den Skythen, dann der Handel der ackerbauenden Skythen mit ihren Bodenerzeugnissen[93] und die unzweifelhafte Tatsache, dass die Skythen, wenigstens schon im IV. Jahrhundert v. Chr., reiche Einkäufe von griechischen Kunstwerken gemacht haben müssen, wie die Ausgrabungen bei Kertsch beweisen, deren Schätze die Eremitage in Petersburg aufbewahrt. Auch zeugen im Allgemeinen die Nachrichten des Herodot, die weit bis ins Innere Russlands am Dniepr[94] bis über die vielleicht damals schon bedeutende Stadt Kiew[21] hineinreichen, genügend für einen lebhaften inneren Verkehr, zu dem ja ohnehin das reiche Stromnetz die besten Wege bietet[95]. Auch finden sich griechische Altertümer von Olbia bis an die Küsten der Ostsee[96]. Damit trifft noch eins merkwürdig zusammen. Bei den Liven heißt der Bernstein »elm«, was offenbar dem arabischen »almas« (pers. yalmas) entspricht und bei den Litauern heißt er »sakas«, was im Altägyptischen als »sakkas« vorkommt[97]. Beide Worte könnten, wenn sie wirklich den orientalischen entsprechen, nur durch phönikische Kaufleute nach Norden gekommen sein.

---

21 Etwas später wird an dieser Stelle bestimmt die Stadt Amadoka genannt.

Endlich haben wir bei den Alten noch ein ganz bestimmtes, bisher zu wenig beachtetes Zeugnis. Philemon sagt ganz ausdrücklich, dass der Bernstein ausgegraben werde an zwei Orten in Skythien (d.h. doch nur im Norden des Pontus). Das konnte Philemon nicht von Pytheas haben, denn er blühte in Athen, noch ehe des Pytheas Schrift in Griechenland bekannt wurde (was erst nach 327 v. Chr. geschah) und Pytheas weiß nichts von Skythien, von gegrabenem Bernstein, noch von den zwei Farben, weiß und gelb, die Philemon beschreibt. Diese Nachrichten des Philemon können also gar nicht mit denen des Pytheas zusammengeworfen und überhaupt nur auf den (wirklich gegrabenen) Bernstein des Samlandes bezogen werden.

Später trat das römische Reich in den Vorgrund; der Handel (im Norden natürlich auf derselben Straße) wendete sich im südlichen Teil von 31 n. Chr. an nach dem Adriatischen Meer, was bis 235 dauerte. Dann aber wurde der byzantinische Verkehr wieder auf der alten Straße nach Olbia der mächtigere bis ins V. und VI. Jahrhundert[98]. Damit wäre denn die Kette geschlossen, die schon fast 700 Jahre v. Chr.[22] den Pontischen Seehandel durch Überlandwege mit der Ostsee in Verbindung setzte[99]. In der Mitte des XIII. Jahrhunderts gründeten die Venezianer, die allerdings noch im VI. Jahrhundert an keinen Seehandel gedacht und nur von ihren Salinen gelebt hatten[100], eine Handelskolonie Taua an der Mündung des Don und Ende desselben Jahrhunderts ging die Handelsherrschaft in diesen Gegenden auf die Genueser über, die Kaffa, das alte Theodosia, zum Mittelpunkte des Verkehrs machten[101]. Ihnen kamen dann im XIII. und XIV. Jahrhundert die Kaufleute der Ostseestädte entgegen, die lebhaften Handel nach Nowgorod, Thorn, Ungarn, Rot-Russland, Wolhynien bis nach Kaffa führten[102].

Der Dniepr, sowie alle Flüsse, die sich von Norden her ins Schwarze Meer ergießen, sind reich an den vortrefflichen Fischen der Störfamilie. Dazu kommt die große Menge der Heringe des Schwarzen Meeres, die niemals die Dardanellen passieren, also nicht in

22 Ungefähre Abfassungszeit der Odyssee.

das salzreichere Fischrevier der älteren griechischen Staaten, in den Archipelagus, eintreten. Das Mittelmeer besitzt keinen Hering. Schon Herodot berichtet über die großen Salzvorräte an der Mündung des Dniepr und nicht minder wichtig waren die Salzlachen am Nordrande der Krim[103]. So waren denn alle Bedingungen gegeben, die einen bedeutenden Verkehr hervorrufen mussten. Schon zu Herodots Zeit wurde das Einsalzen der Fische am Dniepr und der Handel damit lebhaft betrieben[104]. Auch am Ausfluss des Don waren schon früh berühmte Einsalzstätten und die Stadt Tanais daselbst deshalb ein Haupthandelsplatz besonders für den Verkehr mit Konstantinopel, wo durch das Ausbleiben der Salzfische bringenden Fahrzeuge zuweilen Hungersnot drohte[105]. Der Handel dieser nördlichen Länder des Pontus war von Anfang an in fremden Händen, zuerst wohl der Phöniker[106], dann der Athener und endlich der Byzantiner. Am Eingange in das Asowsche Meer, am kimmerischen Bosporus, lagen noch Panticapäum und Theodosia. Die erste Stadt (das heutige Kertsch) wird von Strabo gerühmt wegen des reichen Fischfanges und von Euthydemus als »salzfischreicher Bosporus« bezeichnet[107]. Als Delikatesse werden die Salzfische von Panticapäum gepriesen durch Libanius. Darion und Archestratos rühmen die Salzfische des Maeotis[108]. Besonders häufig werden die Salzfische von Byzanz hervorgehoben und auch der halbgesalzene Hausen der Donau wird als Lieblingsnahrung der Skythen bezeichnet[109]. Noch wären der Hellespont und Propontis zu nennen, deren Salzfische bekannt waren[110].

Am interessantesten ist gegenwärtig für uns jedenfalls der durch den Salzhandel hervorgerufene Verkehr in Zentraleuropa und insbesondere in Deutschland. Es ist das fünfte Gebiet im Salzverkehr. Wir wissen, dass die Kelten in Bergbau und anderen mechanischen Künsten lange Zeit den germanischen Völkern weit voraus waren. Auch die romanischen Völker haben offenbar von ihnen gelernt, denn viele Metalle haben z.B. im Lateinischen Namen, die aus dem Keltischen stammen. Nun ist aber der Salzgewinn als Bau auf Steinsalz entschieden bergmännische Arbeit und auch bei der Ausbeutung der Salzquellen konnten nur bergmännisch geschulte Arbeiter die Bohrung und Fassung der Quellen und vieles andere mit Hoffnung auf Gewinn ausführen. Wir dürfen daher wohl annehmen, dass die Salzwerke ursprünglich da, wo wir ohnehin Kelten als Bevölkerung finden, im Besitz derselben waren. Aber auch da, wo sie nicht den Grundstock der Bevölkerung bildeten, werden sie als Bergleute oder kolonisierte Arbeiter diesen Betrieb in Händen gehabt haben, was sich in einigen Fällen aus Urkunden, in allen Fällen aber aus dem allgemeinen Gebrauch der keltischen Worte für technische Verhältnisse beim Salzwerksbetrieb ergibt. Dass die von Varro erwähnte Ausbeutung des Steinsalzlagers bei Cardona in der Provinz Lerida durch die dort ansässigen Kelten erfolgte, ist selbstverständlich. Ebenso waren es diese, welche zuerst die großen Steinsalzgruben im Salzkammergut bei Reichenhall und Hallein anlegten und bearbeiteten. Das ist durch die neueren Untersuchungen der Grabstätten und Gräberfunde am Ufer des Hallstädter Sees vollkommen sichergestellt[111]. Dass die alten Bewohner der Salzburgischen Lande, die Alauner des Ptolemäus, wohl nichts anderes als keltische Salzarbeiter waren, ist schon erwähnt. Ausgrabungen, Geräte und Skelette darbietend, machen das unzweifelhaft auch für die schon 931 als lange bestehend genannten Salzwerke von Hall im Admonttale in Steiermark, sie waren sicher auch keltische Anlagen, sind aber leider von einer nichtswürdigen Regierung vollkommen verschüttet[112]. Als später Noricum römisch wurde, verpachtete wohl der Staat, wie es gebräuchlich war, die Salzwerke, aber ohne, dass dadurch die keltischen Einrichtungen und die keltische Art des Salzbaues aufgehoben wurden; finden wir doch überall im Salzgewerbe eine merkwürdig konservative Richtung. Die ersten urkundlichen Erwähnungen lassen die Siedepfannen und Schöpfbrunnen schon als von jeher bestehend erscheinen. Ob die Kelten dabei von den kunstfertigen Etruskern, deren Verkehr sich, wie die Hallstädter Funde lehren, schon früh bis in die Alpentäler und nach neueren Untersuchungen weit darüber hinaus erstreckte[113], manches gelernt hatten, wird sich historisch wohl nicht ausmachen lassen. Da aber keltische Stämme schon in alter Zeit nach Illyrien, bis Delphi und selbst nach Kleinasien vorgedrungen waren, können wir die schon zu Aristoteles Zeit bei den Ardiäern und Chaoniern bestehende Salzsiederei wohl auch den Kelten zuschreiben[114]. Noch in späteren Zeiten finden wir den Salzbetrieb fast immer an wandernde Arbeiter und häufig an keltische geknüpft, die entweder freiwillig kommen, gerufen, oder im Kriege geraubt und gezwungen werden. So begegnen wir in dem Salinenstatut Kasimir d. Gr. für Wieliczka (1368) keltischen (Gallicus) und deutschen (?) Namen sowie deutschen Gewerksausdrücken, wie stigarii (Steiger), tragarii (Träger) usw[115]. Auch Hallein trägt die Kunde eines uralten Salinenbetriebs in unsere Zeit hinein. Es gibt daselbst ein Gebiet mit verlassenen Salzgruben, von deren Bearbeitung sich keine Nachricht mehr erhalten ist; dieses Gebiet führt aber den Namen »das Heidengebirge«[116].

Dass in Deutschland schon früh das Salz ein bedeutender Handelsartikel war, ergibt sich z.B. aus einer Urkunde vom Jahr 859, in der Ludwig der Deutsche dem Kloster Kempten das Recht verleiht drei Schiffe zum Salzholen nach Hall (ad Halla) zu senden; dazu fügt Arnulf 889 noch hinzu, dass besagtes Kloster auch 6 Karren zum Salzsolen nach Hall schicken dürfe. Gegen Norden fortschreitend verliert sich das Wort hall allmählich und in Norddeutschland ist es fast ganz verschwunden mit Ausnahme der nur zweimal vorkommenden Ortsbezeichnung Halle[23]. Dafür tritt die andere Form, die sich auch in Süddeutschland als »Sulze« findet, auf, z.B. Sultz bei Lampertsloch (Elsass), und dann besonders in Thüringen an der Saale; auch Halle heißt zuweilen in Urkunden Sulcia Dobresoelensis und ist vielleicht Sulz auch von süddeutschen Wanderarbeitern selbst bis Mecklenburg verbreitet worden[24]. Im Norden wurde bei dem in erst sehr viel späterer Zeit eingeführten Salzbetrieb zur Bezeichnung der Örtlichkeiten die mehr neue deutsche Wortform »Salz« gebraucht, z.B. Salzdahlum, Salzderhelden usw. Halla

23 Erst in unserem Jahrhundert hat man das Wort bei neu angelegten Salinen z.B. Heinrichshall, Luisenhall usw. wieder belebt.

24 So heißen in Urkunden Heinrich des Löwen die Salzquellen zu Lüneburg (deutsch »die Sülze« und Oldeslo sulcia. Noch jetzt finden wir die Salinen Sülze zwischen Zelle und Bergen, sowie Sülz, Sülten, Sült in Mecklenburg.

kommt schon 803 in einer Urkunde zur Bezeichnung der Örtlichkeit vor, an der Karl, Karls d. Gr. Sohn, eine Stadt anzulegen befiehlt; der Name Halla zur Bezeichnung des Salzwerkes ist also älter als die Stadt Halle, die ihren Namen nur von jener Bezeichnung entlehnt haben kann. Auch in Westfalen ist eine Stadt Halle nach einem uralten jetzt eingegangenen Salzwerke benannt, an welches noch jetzt ein großes Grundstück »das Salzland« erinnert. Auch davon haben wir mehrere Beispiele, dass bestehende Salzwerke Veranlassung wurden, bei ihnen eine Stadt anzulegen. So gründeten die von Heinrich dem Löwen aus Bardowick Vertriebenen bei »der Sulze an der Lhiuniburg« die Altstadt Lüneburg. Auch bei Sulza an der Ilm (oder Saale) erscheint das Salzwerk früher als der Ort, der jedenfalls erst 1029 Stadtrecht erhält. Gewiss ist, dass die Salzwerke Bochnia und Wieliczka lange in Betrieb waren, als 1235 Bogeslaus V. einem Nikolaus von Kiov die Erlaubnis zum Bau einer Stadt am Salzberg bei Bochnia erteilte und 1250 der Herzog Heinrich von Breslau zweien Herrn die Anlage einer Stadt an dem Orte Wieliczka gestattete[117].

Es ist wohl möglich, dass das Wort Hallôr, wie Hehn vermutet, wirklich eine slawische Sprachform ist, deren Wurzel freilich immer das Wort her »Steinsalz« bleibt, wovon im Tschechischen halâr »Salzsieder« sich ableitet; es ist gewiss, dass das Wort Hallor erst sehr spät auftaucht (erst in der zweiten Hälfte des XVII. Jahrhunderts) und im Tal[25] (d.h. Salz) Recht vom XIV. Jahrhundert noch nicht vorkommt; aber gewiss ist auch, dass die meisten Ausdrücke beim hallischen Salzwesen keltischen Ursprungs sind; gewiss ist, dass die Bezeichnung halla der Stadtanlage lange vorhergeht. Das Abdampfen der Sole geschah in Halle früher mit Strohfeuer und die Strohasche wurde auf eine Insel, den sogenannten »Strohhof« ausgeschüttet. Die Oberfläche dieses Aschenlagers liegt gegenwärtig unter dem

25 Die Worte »Tal, Dai, Dalen« scheinen ebenso wenig mit dem deutschen Tal, als »Halle, Hall, Hal« mit der deutschen Halle zusammenzufallen. Das älteste Rechtsbuch für den hallischen Salzbetrieb heißt »das Talrecht«, vielleicht ähnlich von »Dalen« sprechen. Rechtsprechen wie in »Bauernsprache«, denn in Halle kann offenbar in fast völliger Ebene von keinem Tal die Rede sein. Auch der Ort »Salzdalen« ist hier zu erwähnen.

Niveau der Saale und die ganze Schicht ist 6 Fuß dick; daraus lässt sich berechnen, dass der Betrieb mit Salzpfannen mindestens 2000 Jahre alt ist[118]. Da die alten Hermunduren, die mit den Chatten um die Salzwerke bei Salzungen kämpften, schwerlich klüger waren, als die anderen germanischen Stämme, so werden sie auch nur die rohe unreine Sole, wie sie aus dem Boden hervorquoll, auf glühende Holzkohlen geschüttet haben, um so ein schmutziges Salz zu gewinnen, bis keltische Arbeiter aus dem Süden von Reichenhall oder Hall allmählich an den Salzflüssen, den »Saalen« hinaufzogen und auch in Thüringen, wie früher in Kissingen, einen ordentlichen Salzbetrieb einrichteten. Zu dieser frühen Zeit war ja noch Böhmen keltisch und die Helvetischen Kelten reichten bis an den Thüringer Wald, wo sie sich eben mit den Hermunduren berührten. Aber wir haben ja auf dieser Ausbreitung des keltischen Salzbetriebs noch mehrere Stationen, die die Verbindung zwischen Hallstadt und Hall im Süden und Halle im Norden herstellen. Dazu gehört vor allem Nauheim, wo die Ausgrabungen nicht nur die Anwesenheit der Römer, sondern auch der Kelten und einen uralten Betrieb der Salzwerke sichergestellt haben[119]. Vielleicht geben aber Ausgrabungen bei den uralten Salinen von Salzungen und Allendorf an der Werra, sowie von Sulza an der Ilm[26] noch einmal Mittel an die Hand, um auch hier die Vermittlung der Kelten bei der Salzproduktion ganz streng historisch festzustellen. Alle diese Salinenorte, so wie Frankenhausen sind uralt; für alle wird auch die Ehre in Anspruch genommen, der Kampfplatz der Chatten und Hermunduren gewesen zu sein[120]. Die Eigentümer der Salzpfannen bildeten überall eine bevorrechtigte Klasse, eine Art städtischen Adels, so in Hall, in Schönebeck bei Magdeburg und auch einigermaßen in Staßfurt[121]. Dazu stimmt, dass in einer Urkunde aus dem Ende des VIII. Jahrhunderts, die das

26 Die Saline Allendorf wird schon 973 in einer Urkunde Ottos II. als bestehend erwähnt. Die Saline Sulza kommt in einer Urkunde Ottos III. von 988 vor (Langsdorf, Vollständ. Anleitung z. Salzwerkskunde. Altenburg 1784, S. 9; U.F. Kopp, Beitr. z. Gesch. d. Salzwerke Suden bei Allendorf. Marburg 1788; W.H.G. Eisenach, Das Sulzer Tal usw. Naumburg 1821, S. 7.).

»hal« im Salzburgischen bewohnenden, steuerpflichtigen Männer adalporo (d.h. edelgeboren) genannt werden[122]. Noch im Mittelalter finden wir Salzbereiter aus der Wanderung und das Gewerbe wird auch als Deckmantel gebraucht, um sich irgendwie in ein vornehmes Haus einzuschleichen, so durch Hiarno bei Saxo Grammaticus und durch Frithjof in der Frithjofssaga[123]. Es geht zwar ans den Worten des Saxo Grammaticus hervor, dass die Salzarbeiter gerade keinen sehr geachteten Stand bildeten, wie überhaupt alle arbeitenden Menschen im Mittelalter, der Zeit junkerlicher Faulenzerei. Aber dass Männer dieses Gewerbe zum Vorwande nahmen, um sicher irgendwo Aufnahme zu finden, beweist doch, als wie wichtig und unentbehrlich dasselbe angesehen wurde.

An diese uralten Salzwerke knüpfte sich nun sehr schnell auch ein allgemeiner Handelsverkehr. Oft von weit her kamen die Händler, um Salz zu holen, ließen ihre Tauschwaren, erst später Geld, zurück, die dann wieder von anderen begehrt wurden; so bildete sich bald ein lebhafter Verkehr an diesen Orten, da auch Zöllner, Juden und Pfaffen sich bald einfanden, wo es etwas einzusäckeln gab. Solche Salzstätten, die durch ihre Naturschätze zu größeren Verkehrs- und Handelsorten wurden, waren gewiss Lüneburg[27] = Bardowik und Schönebeck = Magdeburg. Der Erzbischof Wichmann von Magdeburg erlaubte 1152 dem Kloster Neuenwerk seine Salzschiffe zollfrei zu verschicken. Lüneburger Salz ging viel über Hamburg in die See. Bremer und Lübecker verführten dasselbe nach Gothland und nach Livland. Im XIII. Jahrhundert gingen viele Lüneburger Salzschiffe elbabwärts, wobei sie in Lauenburg Zoll geben mussten[124]. Urkundlich knüpft sich der weitere Handel an den Salzverkauf bei Hallstadt nach einem Kapitular Karls

27 Um 956 wird Lüneburg als Saline in Urkunden erwähnt. Sicher ist die Solquelle länger und schon den heidnischen Germanen bekannt gewesen. Der Kalkberg war ein Heiligtum, eine alte Kultusstätte, die viel besucht wurde, wie die zahlreichen germanischen Grabhügel in der Umgegend und die 1694 selbst mitten in der Stadt beim Grundgraben für das Haus des Senator von Döring gefundenen zwei Totenurnen mit Knochen beweisen (Manecke, Kurze Beschreibung und Gesch. der Stadt Lüneburg. Hannover 1816, S. 71; H.S. Macrinus, Ursprung, Güte usw. der Sülzen zu Lüneburg. Lüneburg 1710, S. 5.).

des Großen vom Jahr 805 (806) und bei Salzburg und Reichenhall nach Urkunden vom Jahr 873 und aus den ersten Jahren des X. Jahrhunderts. Von da gingen Salzschiffe die Salzach abwärts, in den Inn und auf der Donau bis Ungarn, Mähren und Böhmen, während Slaven, Juden und andere Handelsleute aus den verschiedensten Ländern die mannigfaltigsten Waren dorthin zum Verkauf brachten. Bestätigt wird das auch noch, dass selbst im Stadtrecht Salzburgs von 1420 die Bestimmungen über den Salzverkehr einen großen Raum einnehmen. So soll das Salz nur in Schiffen Salzburger Bürger (bis Lauffen nämlich) verfahren werden und sehr ausführlich sind die Bestimmungen über das Umgeld von Salz in Wagen und Karren[125]. Berchtesgaden war schon vor Beginn des XI. Jahrhunderts eine Hallgrafschaft. Es kommt ein Engilbertus Hallensium Comes vor. Die Salzmauthstrasse in den Chiemgau führte im XI. Jahrhundert durch Teisendorf; dieser Ort (Tusindorf) war aber schon 750 ein von den umwohnenden Herren ungemein lebhaft besuchter Flecken[126]. Ebenso bedeutend scheint Hall gewesen zu sein[127]. Herzog Thodo II. von Bayern schenkte im Anfang des VIII. Jahrhunderts dem Stifte des H. Rupert den Salzzehnten zu Hallein. Kaiser Arnulf befreite 898 die Untertanen des Bischofs von Passau von allen Salzabgaben und erlaubte ihnen dasselbe zollfrei sowohl zu Land als zu Wasser zu verführen[128]. Auch Halle war nach dem Zeugnis des Bischofs Otto von Bamberg aus dem Jahre 1123 und 1127 damals schon eine sehr bedeutende Handelsniederlage geworden, und der Bischof selbst führte 1128 Salz mit sich zum Verkaufe nach Pommern[129].

Endlich war auch Sulza jedenfalls schon sehr früh als Salzniederlage ein von der Umgegend viel besuchter Ort. Von Sulza nach Freiburg führt eine alte Straße am Dorfe Punschrau vorbei, die die »Salzstraße« hieß und Naumburg hat noch jetzt eine »Salzstraße« und ein »Salztor«. Die Straße, auf welche das »Salztor« ausmündet, führt keineswegs etwa nach Kösen[28], sondern über Hamburg oder vielleicht in älteren Zeiten über Heili-

28 Kösen wurde erst am Ende des XVII. Jahrhundert von einem Jakob Christner, der die Quelle durch die Wünschelrute entdeckte, angelegt.

gen Kreutz, Tulkewitz und Unterneusulza nach Stadt Sulza[130]. Urkunden über die auf den Salzhandel gelegten Abgaben sind häufig; schon Alfred der Große machte Anspruch auf den Ertrag der Salzquellen und wir finden aus dem Anfang des XII. Jahrhunderts in der Champagne, aus dem XIII. Jahrhundert in Montpellier bezügliche Gesetze[131]. In Ungarn sind aus demselben Jahrhundert Urkunden über Lieferungen von Stein- und Quellsalz an die Klöster aufbewahrt. Das Kloster Michaelis hatte schon 956 einen Zoll vom Lüneburger Salz[132].

Schließlich ist hier noch das sechste Gebiet zu betrachten, welches die Ostsee und Nordsee umfasst. Auch hier fließen die Quellen nur dürftig. Wollte ich die Straßenräuberzüge und Menschenschlächtereien der Fürsten schildern, die man Großtaten nennt, so würde es an Material nicht fehlen. Aber das stille Treiben des Gewerbefleißes, das Millionen von Menschen Leben und Wohlstand sichert, entzieht sich dem blöden Auge des Chronisten und sogenannten Historikers und nur unbewusst und fast wider ihren Willen entschlüpfen ihnen zuweilen einzelne kleine Züge, aus denen der sinnige Forscher sich dann mühsam und nicht ohne Beihilfe der schaffenden Phantasie ein Bild zusammensetzen muss. Erst sehr spät tauchen Nord- und Ostsee aus dem trüben Nebel der Sage auf. Die Griechen hatten kaum Vorstellungen von diesen Gegenden, so dass die Erzählungen des gelehrten Marseillers Pytheas über seine interessante Reise nach der Nordsee (etwa 350 Jahre v. Chr.) noch bis zu Strabos Zeit als Dichtungen eines Ignoranten behandelt wurden. Selbst Tacitus ist noch völlig unklar über diese Gegenden und versetzt den Bernstein der Nordseeinseln, dessen ostfriesischen Namen »glaes« er als »glessum« mitteilt, nach der Ostsee und dem Samlande[133]. Die Bewohner des Nordens, denen die mattere Sonne so manchen Dienst versagt, welche sie dem beglückteren Südländer willig leistet, konnten auch im Beginn der Kultur dem Meere seine Salzschätze nicht abgewinnen; zum Verdunsten des Wassers reichte die Sonnenwärme nicht aus[29]. Sobald

29 Andrée erzählt: »In hochnordischen Gegenden z.B. am bottnischen Meerbusen gewinnt man ein Seesalz, das sogenannte Rassol aus dem Polareise (Andrée, Geografie

daher das Bedürfnis nach Salz sich geltend machte, mussten die Nordländer dasselbe von fernher eintauschen oder erhandeln. Schon früh hatten sich Handelsverbindungen der südlichen Völker mit den Bewohnern dieser nördlichen Regionen gestaltet. Zu Herodots Zeiten war von der Milesischen Kolonie Olbia (nahe dem heutigen Odessa) und dem Portus Issianus (Odessa) ein Handelsweg bis an die Küsten der Ostsee gebahnt. Wohl schon um die Zeit, als sie niedergeschrieben wurden, waren die Worte des Pindar:

»Du kannst weiter auf
Unbefahrener See nicht
Über die Herakles-Säulen vordringen mehr".

nicht mehr richtig, denn Pytheas, der um die Mitte des IV. Jahrhunderts von Massilia bis in die Nordsee schiffte, war sicher nicht der erste. Er folgte nur den Phönikern auf ihrem Weg nach den Zinninseln, wohin sie unter anderem auch Salz brachten[134]. Auch gab es schon im V. Jahrhundert v. Chr. einen Überlandhandel von Massilia durch Gallien nach der Nordsee. Doch wurden die Massilioten bald wieder vom Seehandel durch die Karthager, von dem Landhandel über Gallien durch die Keltenbewegungen ausgeschlossen Durch Pytheas erfahren wir auch, dass schon zu seiner Zeit die Inselbewohner der Nordsee mit den Teutonen auf dem Festlande Handel trieben[135]. Später zu Caesars Zeit unterhielten die Veneter eine lebhafte Verbindung mit Britannien und besaßen eine große Flotte, deren Schiffe ungleich den normannischen schon fest aus Eichenholz gebaut und in jeder Weise zum Kampf gegen die Stürme des Ozeans hergerichtet waren[136]. Dass die verschiedenen germanischen Stämme schon früh tüchtige Schiffbauer und kühne Seefahrer, auch wohl Seeräuber waren, kann nach den zahlreichen Quellen nicht bezweifelt werden[137].

---

des Welthandels, Bd. 1, S. 320.). Das verstehe ich nicht. Bekanntlich schließt das gefrierende Seewasser das Salz aus und das schmelzende Eis liefert überall nur süßes Wasser und nun gar in der so schwach gesalzenen Ostsee und im bottnischen Meerbusen. Ich bin aber nicht im Stande, den Irrtum aufzuklären, da Andrée sich selten herablässt, Quellen für seine Mitteilungen anzugeben.

Waren wirklich Griechen von Olbia aus (wie später die Römer vom adriatischen Meere aus) nach der Ostsee gelangt, so wurden doch auch sie durch das Vordringen der Slawen von der Ostsee abgeschlossen, während diese nun den Handel übernahmen. Doch war im ersten bis dritten Jahrhundert nach Chr. die Handelsstraße von Italien nach der Ostsee eine ganz feste. Das schon den Alten bekannte Baltia ist ohne Zweifel das Samland und von Slawen nach der weißen Farbe des sandigen Strandes (baltas, lettisch und litauisch = weiß) benannt[30]. Ebenso stammt der dort und bis an die Elbe bei Hamburg häufige Ortsname »Kranz« von dem litauischen krantas = »Ufer«[138]. Dass die Slawen sich nach und nach bis an die Elbe und Saale ausbreiteten und in der Ostsee Fischfang und Handel trieben, ist bekannt. Durch Adam von Bremen erfahren wir, dass schon im IX. Jahrhundert von den slawischen Küstenbewohnern ein lebhafter Handel nach der Stadt Birka[31] in Schweden betrieben wurde[139]. Die Slawen waren ein gutmütiges, friedfertiges, kunst- und gewerbefleißiges Volk, die, ehe die christliche Invasion sie in allen diesen drei Beziehungen ruinierte, einen sehr ausgebreiteten Handel bis Griechenland, bis ins Innere von Deutschland und bis ans nördlichste Ende der Ostsee trieben[140]. Erst nach ihnen entwickeln sich die Preußen und bemächtigen sich des Handels nach Südost und auf der See bis Schweden. Danzig wird schon 997 erwähnt. Ende des XII. Jahrhunderts war es Hauptburg der Herzoge von Pommerellen. Aber erst unter Pribislav II. (nach 1164) drangen deutsche Kolonisten in größerer Menge in Mecklenburg ein und brachten die deutsche Sprache dorthin. Erst am Ende des XIII. Jahrhunderts fasste

30 Grade so wie Blankenese = weiße Nase (weißer Vorsprung) bei Hamburg und Weißenfels an der Saale usw.

31 Ganz vor Kurzem sind die Reste dieser alten Stadt von Dr. Stolpe durch Ausgrabungen auf der Insel Björkö wieder aufgedeckt. Die vielen dort gefundenen ausländischen Münzen zeigen, dass die Stadt von Karls des Großen Zeit bis zum XI. Jahrhundert in Blüte war. Die Ansiedlung ist wohl älter, denn die zahlreichen gefundenen Austerschalen deuten wohl auf eine Gleichzeitigkeit mit den Kjökkenmöddings auf Seeland (Globus 1874, Bd. XXVI, No. 15, S. 24).

der Deutschherren-Orden festen Fuß in Pommern, Preußen und Livland. Nach alter Tradition beschäftigten sich die Einwohner mit Fischfang, besonders auch mit dem Heringsfang. Salz und Heringe waren offenbar Hauptartikel des Ein- und Ausfuhrhandels. Man holte Salz von Lissabon, von Baie (Bourgneuf), von Schottland. Heringe führten die Danziger nach Frankreich, Salz und Heringe nach Thorn und nach Schweden. Die Urkunden reichen von den ältesten Zeiten bis ins XV. Jahrhundert[141]. Da schon Alfred der Große im IX. Jahrhundert die Erzählung des Kaufmanns Wulfstan über dessen Reise von Aarhuus nach Elbingen mitteilt[142], so kann ein lebhafter Handel in der Ostsee schon in frühester Zeit wohl nicht bezweifelt werden. Im V. Jahrhundert müsste ein lebhafter Küstenhandel wenigstens in dem südlichen Teil der Ostsee bestanden haben, wenn es wahr wäre, dass Marcian schon ganz genau die Küstendistanzen von der Weichsel bis Riga gekannt habe[143].

Von der anderen Seite kamen die Normannen (Dänen und Norweger), die als kühne Fischer, Schiffer und Seeräuber sich bald die ganze Nordsee zinsbar machten und da sie fast überall, wo sie landeten, kleine, wenn auch oft nur sehr kurze Zeit bestehende Kolonien zurückließen, auch gewiss zu friedlichem Handelsverkehr Veranlassung gaben. Unzweifelhaft ist, dass ihre Worte in die Seemannssprache des deutschen Meeres eindrangen. Ihre längeren Schiffe hießen Chiule, Cyule, Ceol, wovon bei den (Nord-)Deutschen das Wort (Schiffs-) Kiel, bei den Engländern das Wort »keel«, »der Kiel« und »Keelmen«, die triviale Benennung der Kohlenschiffer sich erhalten hat[144]. Auch die Hamburger trieben schon früh Handel. Die älteste Nachricht von einer Handelsstraße nach Schleswig stammt aus der Mitte des IX. Jahrhunderts Dann folgen sich vom Beginn des XII. Jahrhunderts Urkunden, die das Bestehen dreier Handelswege und darunter einen Elbabwärts nach allen Uferstaaten der Nordsee feststellen. Endlich finden wir noch eine Handelsstraße Hamburgs durch den »Graben« (den 1398 eröffneten Stecknitzkanal) über Lübeck nach Danzig, also direkt in die Ostsee erwähnt[145]. Schon im Anfang des IX. Jahrhunderts erschienen die Holländer an den schottischen Küsten, um dort den Fischern gesalzene Fische abzukaufen. Sie lernten aber bald jenen die Kunst ab und arbeiteten dann auf eigene Hand. Ende des X. Jahrhunderts war den Norwegern die ganze Nordküste Europas bis zur Mündung der Dwina bekannt und wurde für den Wallrossfang benutzt. Dass die Norweger schon früh Seefahrer waren, ist bekannt[146].

Im XI. Jahrhundert finden wir den Handel mit Salz und gesalzenen Fischen in Nord- und Ostsee schon sehr lebhaft. Als die Strandwächter des Königs Kanut das feindliche Schiff Háreks scheinbar mit geringer Bemannung, ohne Mast und Segel mit wenigen Ruderern kommen sahen, hielten sie dasselbe für ein Salz- oder Heringsschiff und somit keiner Aufmerksamkeit wert. (Es wird bemerkt, dass viele aus diesem Handel großen Gewinn zogen[147].) Von den ältesten Zeiten unterschieden sich die Schiffe der verschiedenen Völker durch ihre Bauart. Das wird auch für jene Zeit durch einen Vorfall im Leben Karls des Großen bestätigt. Wie Ekkehardt von St. Gallen erzählt, saß Karl eines Tages bei Tafel in einer Seestadt von Languedoc und blickte auf die See hinaus. Da näherte sich eine Anzahl von Schiffen, welche seine Hofleute für afrikanische oder englische oder jüdische Handelsschiffe erklärten. Karl aber sagte: nach ihrer Bauart und ihrer Schiffskunst sind es jütische Seeräuber, was sich dann auch bestätigte[148]. Jene Strandwächter konnten daher, auch abgesehen von der Bemannung, die kommenden Schiffer nicht für norwegische Handelsleute halten, es mussten Feinde sein; von woher man aber damals Handelsschiffe erwarten durfte, können wir allerdings wohl jetzt nicht mehr ausmachen. Vielleicht brachten die Engländer oder Schotten (d.h. Kelten) damals Salz zu den Norwegern, auch konnten diese Lüneburger Salz, das schon 956 erwähnt wird, von Hamburg aus beziehen. Allendorf, damals schon in lebhaftem Betriebe, konnte ebenfalls seine Salzschätze durch Werra und Weser nach dem Norden liefern. Es waren aber auch schon um diese Zeit die Salzquellen von Kolberg im Gange[149]. Ja selbst Halle hatte schon großen Handel Saal- und Elb-abwärts und Havel-aufwärts, so wie von dort nach Pommern zu Lande, wobei das Salz eine große Rolle mitspielte[150].

Die weitere Entwicklung des Nord- und Ostseehandels knüpft sich nun besonders an einen Fisch, dessen nutzbringende Ausbeutung ganz durch die Anwendung des Salzes bedingt ist. Der Hering ist keineswegs so gar empfindlich, wie man ihn häufig schildert, denn in England und Schottland werden große Massen von Hering frisch verspeist[32] und wenigstens noch in meiner Jugend kamen ganze Schiffsladungen frischer Heringe nach Hamburg, wo sie gebacken, gebraten und gekocht verzehrt wurden. Häufig kostete der Eimer frischer Heringe nur 1 Schilling, und wenn erzählt wird, dass die Fische in Pommern so außerordentlich häufig gewesen seien, dass ein Karren Heringe nur 1 Pfennig kostete, so kann das auch nur von frischen Heringen verstanden werden[151]. Der alte Aberglaube, dass der Hering in dem Augenblick, wo er das Wasser verlasse, sterbe, gab der englischen Redensart »Dead as a herring« den Ursprung und fand an Herrn Lacepède einen Theoretiker, der die wissenschaftliche Notwendigkeit davon nachwies (wegen Weite der Kiemenspalte). Nichtsdestoweniger ist es ein Aberglaube, den schon Valenciennes mit der nötigen Gründlichkeit aufgedeckt hat[152]. Von jeher hat man eine Menge, vielleicht den größeren Teil der gefangenen Heringe frisch verzehrt. Anfänglich wurden sie überhaupt nur frisch genossen oder einfach getrocknet. Crantz erwähnt, dass die Wenden bei Rügen viele Heringe fingen, aber sie nie einsalzten. Auch in Schweden wurden sie zum Teil, wie sie eingefangen wurden, frisch genossen. In Schottland wurde lange Zeit der Hering frisch verzehrt oder getrocknet. Letzteres geschieht noch jetzt in einigen nördlichen Teilen des Hochlandes[153]. In den schottischen Parlamentsakten von 1240 ist oft genug vom Hering, aber nur vom frischen oder getrockneten die Rede und 1286 gab Edward I. in Carleton eine Landverleihung für die Lieferung von 24 Pasteten von frischem Hering jedes Mal bei ihrer Ankunft. Auch in Holland werden viele Heringe frisch und getrocknet genossen. Man unterscheidet gleich beim Fang: 1. Zout of Pekelharing, 2. Bokling, 3. Panharing, d.h. Heringe für die Pfanne, die frisch gebacken oder gebraten werden[33]. Überhaupt wurden von den Holländern wie

32 In London allein werden im Jahr über hundert Millionen frische Heringe auf dem Markte verkauft.

33 Salz- oder Pökelheringe, Bücklinge und Pfannenheringe.

noch jetzt nur die auf hoher See gefangenen Heringe eingesalzen, die an den Küsten gefangenen, aber nur geräuchert oder frisch verwertet[154]. M'Culloch sagt mit Recht: »The herring is everywhere in high esteem, both when fresh and when salted.« Aber lange Zeit bleibt allerdings der Hering (wie alle Fische außerhalb des Wassers) nicht genießbar und die ungeheuren Züge dieser Fische würden größtenteils für den Menschen wertlos sein, wenn er nicht Mittel hätte, den Fisch weit über den täglichen Bedarf hinaus schmack- und nahrhaft zu erhalten. Die Engländer und Schottländer hatten sich schon früh der Salzschätze ihres Landes bemächtigt, wofür wir kein anderes Zeugnis brauchen, als dass so viele selbst die ältesten Städte mit wich oder wych (Salzkote) etwa dem deutschen hall entsprechend, zusammengesetzt sind. Dass den Bewohnern der britischen Inseln in den ältesten Zeiten die Salzschätze ihres eigenen Landes noch unbekannt waren, müssen wir daraus schließen, dass die Phöniker Salz nach England brachten und damit zum Teil das erhandelte Zinn bezahlten. Wahrscheinlich führten Kelten aus Spanien (Cardona) ihren Stammverwandten diese Kenntnis zu und lehrten sie auch zuerst, das Wasser der Salzquellen abzusieden. Gewiss ist, dass schon im VIII. Jahrhundert die Solquellen von Chester benutzt wurden. Schon vor 721 waren die Salinen von Saltwich eröffnet[155]. Hier wird man bald angefangen haben, die Fische einzusalzen. Eingesalzenes Fleisch kommt schon bei den Angelsachsen vor, die vorzugsweise Ackerbau und Viehzucht trieben und deshalb das dringende Bedürfnis nach Salz hatten. Der Einsalzer war bei. ihnen ein besonderer Gewerbsmann, der auch die Butter zu würzen hatte, da man, wie noch jetzt überall im Norden, nur gesalzene Butter genoss[156]. Ohne Zweifel waren auch die Salzfische, die die Holländer den schottischen Fischern abkauften und später selbst fingen und bereiteten, Heringe an denen die Nordsee einen unerschöpflichen Reichtum[34] besitzt, der Teils an den schotti-

34 England fing von 1838–1842 jährlich ungefähr 600 Millionen Stück. Nach Culloch (Diction. of Commerce) 1866 brachten die beiden Heringsboote aus Great-Jarmouth die »Comission« und »Petition« 2.194.000 Stück Heringe ans Land. Augs. Allg. Ztg. 15. Dez. 1866. In Schottland ist der Heringsfang so mit dem Natio-

schen, Teils an den norwegischen Küsten, teils (besonders von den Holländern) auf offenem Meere bei den Shetlandinseln gewonnen wird.

Dass nicht nur die Kenntnis des Herings, sondern auch die Anerkennung seiner Wichtigkeit für den nationalen Wohlstand bei den Anwohnern der Nord- und Ostsee uralt ist, ergibt sich schon daraus, dass sich an ihn ein eigentümlicher, charakteristischer Aberglaube und ein Reichtum von Legenden knüpft, dessen sich weder die doch auch so bedeutenden Plattfische noch die Kabeljauarten rühmen können. Auf der Insel Skye herrscht der Glaube, dass, wenn eine Frau durch einen Meerbusen watet, um schneller das andere Ufer zu erreichen, die Heringe augenblicklich den Meerbusen verlassen. Besonders hat das oft vorkommende periodische Ausbleiben der Heringe auf einem bekannten Fischereigrund die Phantasie der Menschen in Anspruch genommen. Bei Helgoland soll früher der Fang sehr reich gewesen sein, die Menschen wurden übermütig und einstmals (1530) nahmen ein paar freche Burschen einen frisch gefangenen Hering, peitschten ihn als ihren Sklaven durch und warfen ihn wieder ins Wasser. Von dem Augenblick an verschwanden alle Heringe aus der Umgegend Helgolands. 1587 verkündigten zwei bei Bohuslän gefangene merkwürdige Heringe das gänzliche Verschwinden dieser Fische daselbst; auf ihnen waren gotische Charaktere eingedrückt, welche von den Gelehrten (!) Friedrichs II. in Kopenhagen gelesen wurden: »Ihr werdet keine Heringe mehr fangen in der Folge, so wenig wie andere Nationen«. Das gab Lärmen in ganz Europa und am 21. Mai 1596 wurde an der Pommerschen Küste ein Hering mit gleicher Inschrift gefangen, über den Eglin Professor der Theologie in Zürich 1622 ein dickes Buch veröffentlichte und damit einige Stellen in der Apokalypse erklärte. Eine wirkliche Legende ist es, dass schon 709 in der Chronik des Klosters Evesham der Heringsfischerei gedacht wird, da doch diese Chronik erst mit dem Jahre 1206 beginnt. Eine ebensolche

---

nalwohlstand verflochten, dass der Ausfall des Fanges sogar die Zahl der Ehen beeinflusst. Ein bekanntes Sprichwort sagt: »no herring, no wedding« (Globus 1872 Bd. XXI. S. 48).

Legende scheint die Angabe zu sein, dass Papst Alexander III. den Norddeutschen 1160 erlaubt habe, auch Sonn- und Festtags auf den Heringsfang zu gehen. Endlich muss ich auch den Herrn Beukels aus Biervliet mit seiner angeblichen Erfindung des Einsalzens zu diesen Legenden zählen; sein Name hat 8 verschiedene Varietäten von »Wilhelm von Beukelsen« bis Wilhelm Buckeld und Brokelin von Gent, seine Lebensdaten lassen einen Spielraum von 120 Jahren und was das entscheidende ist, sowohl das Räuchern als das Einsalzen der Heringe ist urkundlich schon 200 Jahre vor ihm allgemein bekannt[157].

Die ältesten bestimmten Nachrichten über Fang und Benutzung des Herings, die ich auffinden konnte, sind folgende: In der Heimskringla wird der Heringsfang in der Mitte des X. Jahrhunderts unter Harald Grafeld und Olaf Trygwason erwähnt. – In Frankreich haben wir Angaben über den Gebrauch gesalzener Heringe in den Statuten der Abtei St. Catherine vom Jahre 1030 – und bald darauf ein Statut der Abtei Fécamp von 1088. In einer Bestätigungsurkunde durch Robert Frisius, Herzog von Flandern, vom Jahr 1080 werden Heringe als Speise der Nonnen erwähnt. – Im Jahr 1130 verlieh David I. von Schottland der Abtei Holyrood die Heringsfischerei zu Renfrew. – 1155 wird der Einkauf zu Estampes durch Ludwig VII. auf Makrelen, Salz und Heringe beschränkt. – 1170 bestätigte Louis le Jeun der Confrèrie des Marchands (gestiftet um Salz und Heringe die Seine aufwärts nach Paris zu führen) ihre Statuten und das Recht des Handels mit gesalzenen Heringen. – Um 1170 wird einem französischen Kloster der Heringszehnte bestätigt und 1184 einem anderen. – 1171 in der Carta Matthaei Comit. Boloniensis pro Monasterio Branensi werden dem Kloster jährlich 10.000 Heringe geschenkt. – 1188 verleiht Philipp von Flandern der Abtei von Clairvaux zwei Last Heringe jährlich. – 1202 wird der Hering in einer Rechnung erwähnt (pro harengio et sale empto). – In demselben Jahre 1202 bestätigte John Lackland eine Schenkung von Heringen an die Abtei Connal in Irland. – 1206 wird der Genuss von Heringen in der Chronik der Abtei Evesham geordnet. Endlich 1295 gibt Eduard I. (IV.) den Holländern das Recht bei Yarmouth Heringe selbst zu fischen[158]. Den Heringsfang der Nordsee, soweit er zum Einsalzen die Fische liefert, kann man wenigstens auf 3.000 Millionen Stück berechnen und diese verlangen gering angeschlagen 2.400.000 Zentner Salz, woraus sich ergibt, in welchem engen Zusammenhang der Salzverbrauch mit dem zu einem unentbehrlichen Nahrungsmittel der niederen Stände gewordenen Heringe steht[159].

Die Ostsee ist nicht minder reich an Heringen als die Nordsee, nur wird der Hering, wohl wegen des geringeren Salzgehaltes des Ostseewassers nicht so hoch geschätzt wie der Nordseehering, auch ist es eine etwas kleinere Art. Dass die Anwohner der Ostseeküsten von jeher diesen Reichtum an Nahrungsstoff sich zu Nutzen machten, ist selbstverständlich und ergibt sich aus der Untersuchung der Kjökkenmöddings durch Steenstrup. Die Kunst des Einsalzens lernten die Skandinavier wahrscheinlich durch die Normannen von den Angelsachsen. Der Ostseehering konnte, wie sein Bruder in der Nordsee, erst dann allgemeinere Aufmerksamkeit auf sich ziehen, als den Ostseeländern das Salz in genügender Menge zugänglich wurde, was wohl nicht lange vor dem Anfang des XI. Jahrhunderts stattfand. In diesem Jahrhundert waren die Kolberger Salinen in Betrieb und im Folgenden auch die von Greifswalde[160]. Dann verbreitete sich aber auch sehr schnell bei allen seefahrenden Nationen die Nachricht von den hier neu aufgeschlossenen Schätzen. Schon im XI. Jahrhundert wurden die gesalzenen Heringe nach Polen eingeführt[161]. Herbord im Leben des Bischofs Otto rühmt die Delikatesse der frischen (recentes) Pommerschen Heringe. Helmold erzählt, dass im XII. Jahrhundert von allen Seiten die Schiffe zum Ankauf von Heringen nach Rügen kamen. Arnold rühmt um dieselbe Zeit die Ergiebigkeit des Heringsfanges an der Küste von Schonen, wozu ebenfalls von allen Nationen Kaufleute mit Gold und Silber zusammenströmten. »Mit ihren Schätzen und oft im Schiffbruch mit ihrem eigenen Leben bezahlten sie die begehrten Fische«. Saxo Grammaticus erzählt vom Limfjord »er liefere so viele Fische, dass er den Eingeborenen mehr Nahrungsmittel darbiete, als das ganze bebaute Land[162] und dass man oft durch die gedrängten Fische nicht durchrudern könne«[163]. Dass die Heringe oft den Ort ihres Erscheinens an der Oberfläche ändern, in einer Gegend für ein oder einige Jahre ausbleiben, ist eine bekannte Sache und etwas dergleichen mag für einige Zeit lang an der pommerschen Küste stattgefunden haben, was damals bei der noch unbekannten Lebensweise des Herings zu übertriebenen Klagen, dass der Hering die Ostsee ganz verlassen habe, zu abergläubischen Erfindungen[164] usw. Veranlassung gab. Herm. Corner mit dem Wort seiner Chronik zum Jahr 1425 gab wohl Veranlassung zu diesen Sagen: »Von diesem Jahr verließ der Fisch die Küsten von Schonen gänzlich«. Das war schon für die ältere Zeit nicht wahr, wie die Urkunden beweisen[165]. Dass der Hering nicht in der ganzen Ostsee sich vermindert, noch auch sich von einzelnen Küsten gänzlich zurückgezogen hat, das zeigen unwiderleglich die Berichte über die Ergebnisse des Fischfangs Nach Raczinsky erschienen 1709 an der Mündung der Weichsel eine unglaubliche Menge von Heringen und Ende des Sommers 1781 kamen bei Buckoe nahe bei Göteborg so große Züge von Heringen an, dass sie einen lebenden Berg zu bilden schienen, der sich auf dem Wasser fortbewegte[166]. 1862 wurden bei Rügen 640.000 Stück Heringe gefangen, 1853 fing Stralsund 43.979.000 Stück. 1861 Greifswald 32 Millionen[35] [167]. Die ganze Ostseeküste von Dänemark und die Küste von Schweden haben einen reichen Heringsfang Seit 1870 hat sich der Hering wieder in Menge bei Bohuslän, Marstrand und Malmö eingefunden. Im Herbst 1870 war, der Heringsfang an den Küsten Fünens so bedeutend, dass es an Absatz fehlte[168]. Auf den Märkten kann aber allerdings der gesalzene Ostseehering nicht mit dem aus der Nordsee konkurrieren, wegen seines weichlicheren, minder wohlschmeckenden Fleisches, desto besser eignet er sich zum Räuchern und wird auch in dieser Form vorzugsweise in den Handel gebracht[169]. Über den ältesten Salzbezug für die Ostseefischerei habe ich gesprochen. Später traten große Veränderungen ein, die vielleicht anfänglich auch dazu beitrugen, den Ostseeheringshandel zu beschränken, doch davon ist erst später zu reden.

35 Das sind nur die geräucherten, über die gesalzenen und frischen ist keine Rechnung geführt.

Noch wäre hier vielleicht die Frage auszuwerfen und zu beantworten, woher der Name »Hering« stammt und was derselbe ursprünglich bedeutet. Ich gestehe, dass ich durch das, was V. Hehn darüber sagt, keineswegs befriedigt bin, auch scheint er die Untersuchung für sich selbst nicht zu Ende geführt zu haben. Es haben sich einige Leute die Grille in den Kopf gesetzt, dass das Wort Hering durch die erträumten Zwischenstufen halinc – harinc – haring von dem lateinischen halec abstamme. Für einen, der die Sache nicht zu seiner eigentlichen Hauptaufgabe machen konnte, ist das allenfalls verzeihlich. Aber geradezu unbegreiflich ist es mir, dass man einen sprachwissenschaftlichen Artikel mit so grenzenloser Oberflächlichkeit schreiben kann[36], wie bei dem Worte Hering im Grimmschen Wörterbuch (nicht von Grimm selbst) geschehen ist. Es ist entschieden unwahr, dass das Wort halec bei den Römern jemals einen Fisch, geschweige denn einen Hering bedeutet habe, es ist eine salzige Brühe, was schon daraus hervorgeht, dass dem Wort die Pluralform fehlt, was ein Grammatiker von Fach hätte wissen müssen. Es ist unwahr, dass der Hering erst im XV. Jahrhundert durch die Holländer zum wichtigen Handelsartikel geworden ist. Es ist unwahr, »dass der Hering schlechtweg und eigentlich der eingesalzene Fisch heißt«. Man sollte glauben, ein Heringskrämer aus einer kleinen Binnenlandstadt habe den Artikel geschrieben. An allen Küsten heißt Hering von den ältesten Zeiten der Fisch, wie er im Meere schwimmt und der in Menge gegessen wurde, lange ehe man verstand, ihn einzusalzen; der gesalzene dagegen heißt überall »Salzhering«, holländisch »Pekelharing«[37], Zoutenharing, französisch »hareng salé«, moderner »hareng blanc« (im Gegensatz zum geräucherten), englisch »saltherring«[170]. Der Zusatz »frischer, grüner Hering« kommt erst sehr spät und nur dort vor, wo es nötig war, den Gegensatz scharf hervorzuheben, besonders bei Steu-

36 Nicht einmal die doch jedem Lexikographen zunächst liegenden Hilfsmittel Forcellini, Du Cange, Wachter, Littré usw. hat der Verfasser auch nur angesehen.

37 Auch Deutschland kennt den holländischen Pickelhering schon im XVII. Jahrhundert als Seitenstück zum Hanswurst (Flügels Geschichte des Grotesk Komischen. Neu bearbeitet von Ebeling. Leipzig 1862, S. 194 ff.).

ergesetzen. Dem frischen neuen Hering steht aber vor allem der alte faule Hering entgegen, d.h. der erst kürzlich und gut gesalzene dem alt gewordenen, verdorbenen, dem »Wrack«, »Wracks-Wrack«, oder »Stank«-hering, wie ja der besprochene Artikel selbst anführt[38]. Doch genug der bloß negativen Polemik. Die Wichtigkeit dieses Fisches für die Verwendung des Salzes, sowie für die Entwicklung des Nord- und Ostseehandels wird es rechtfertigen, wenn ich hier meine gewonnenen Ansichten etwas ausführlicher darlege und etwas mehr aus der Natur- und Handelsgeschichte des Herings einflechte, als sonst wohl nötig gewesen wäre.

Zuerst muss ich den »halec-Aberglauben« in seiner ganzen Blöße darstellen. Die Griechen waren von den ältesten Zeiten große Fischesser und hatten schon früh den Gebrauch des Einsalzens kennengelernt. Salzfisch war je nach der mehr oder minder sorglichen Bereitung Luxus der Reichen, notwendiges Lebensbedürfnis der Armen. Im schwarzen Meere kommt eine Spielart des Herings (Clupea pontica) in Menge vor; dass er gefangen und auch eingesalzen wurde, ist wohl nicht zu bezweifeln. Der Name, den man dem Fische gab, ist uns aber nicht aufbewahrt. Dass die Namen, die dafür in Anspruch genommen sind, wie Thrissa, Chalcis, Mainis keinen Hering bedeuten können, ist schon von Neucrantz unwiderleglich nachgewiesen[171]. Die Eingeweide verschiedener kleiner Fische wurden von ihnen in Salz so lange mazeriert, bis sie sich zu Brei aufgelöst hatten[172]. Dieser Brei wurde durch Korbgeflechte filtriert, die durchlaufende Flüssigkeit hieß garon (γάρον), der dickli-

38 Das Grimmsche Wörterbuch zieht auch den Studentenwitz »Harung« herbei, um seine Ansicht zu stützen. Harung würde dann auch ein früheres halunc voraussetzen und da die Hausierer mit Heringen bei uns fast auf einer ebenso niedrigen sozialen Stufe stehen, wie die Tarichopolen in Athen, so könnte man daraus vor-trefflich das Wort »Halunke« ableiten. Halunke stammt aber ohne Zweifel (wie das Grimmsche Wörterbuch selbst angibt) aus dem Slawischen. Die richtigste Abteilung gibt wohl K. Haupt (Lausitzer Sagenbuch II, 139, No. 224), Holanc von hola, »die Heide«, heißt wörtlich »Heidebewohner«. Da in der Lausitz und Sachsen die Heidebewohner als Halbwilde und Halbräuber verachtet waren, so erhielt das Wort die heutige verächtliche Nebenbedeutung.

chere Rest a l i x (ἅλς)[39] [173]. Dass das a l e x dem griechischen g a r o n entspricht ist nach den klaren Worten des P l i n i u s und der G e o - p o n i c a entschieden nicht richtig. Der oft sehr einfältig zusammenschreibende P l i n i u s sagt, dass es früher aus einem Fisch, der g a r o n hieß, bereitet worden sei. Bei keinem G r i e c h e n findet sich ein Fisch dieses Namens. Die R ö m e r genossen ursprünglich weder Fisch noch Salzfisch, ein Luxus, den sie erst spät von den G r i e c h e n kennenlernten[174]. Den Hering konnten die R ö m e r aber auch dann nicht kennenlernen, weil im Mittelmeer kein Hering vorkommt, wie schon U l . A l d r o v a n d i (geb. 1522) wusste[175], sie konnten ihn also auch nicht mit dem Namen h a l e c benennen. P l i - n i u s erwähnt noch, dass man angefangen habe, das a l e c aus einem ganz kleinen unnützen Fischchen (also gewiss keinem Hering) zu bereiten, den die Römer A p u a , die Griechen A p h y e nannten und den man für die Anchovis erklärt hat. Man salzte aber nicht den Fisch ein, sondern machte eine Brühe daraus[176]. Der nur bei C o l u m e l l a vorkommende h a l e c u l a [177] ist zwar offenbar ein kleiner Süßwasserfisch, aber eben deswegen auch bestimmt kein Hering.

Der älteste Schriftsteller, bei dem a l e c , aber nicht h a l e c als ein Fisch vorkommt, ist P r i s c i a n (Mitte des VI. Jahrhunderts). Er ohrfeigt sich damit selbst[40], da er bestimmt a l e c für ein Wort erklärt, dem die Pluralform fehlt, weshalb es weder einen Fisch, noch ein Tier, noch überhaupt ein Einzelwesen aus einer großen Anzahl Gleicher bedeuten kann[178]. Dem P r i s c i a n folgte dann der in allen realen Kenntnissen bodenlos unwissende Schwätzer I s i d o r von S p a n i e n [41] (im VII. Jahrhundert), der sagt: »A l l e c ist ein kleines Fischchen«, vielleicht

39 Das entspricht ganz genau dem von P l i n i u s gebrauchten a l e x , a l i x stammt jedenfalls von h a l s (ἅλς) »das Salz« und wurde vielleicht in irgendeinem griechischen Dialekt auch h a l i x gesprochen, worauf die allerdings wenig. gebräuchliche Form h a l e c deuten würde, wenn sie wirklich lateinisch ist. Gewöhnlichere Formen sind noch a l e c und a l l e c .

40 P r i s c i a n war lange im Mittelalter erste Autorität in der lateinischen Grammatik und daher entstand die Redensart, wenn jemand einen grammatikalischen Schnitzer machte: »P r i s c i a n u s v a p u l a t « – (»Priscian erhält eine Ohrfeige«)

41 Er war es, der seinem Klerus streng verbot, die Schriften der Alten zu lesen.

verführt durch Plinius, den er im halben Schlafe angesehen hatte[179]. Dass die späteren Schriftsteller und Schreiber, die ja alle unwissende Mönche waren, dem Beispiel ihres dummen Bischofs folgten, ist sehr natürlich. Indessen sprachen doch weder Priscian noch Isidor vom Hering, den sie gar nicht kannten, sondern von einem kleinen unbekannten Fischchen, der gut ist eine Salzbrühe davon zu bereiten. Als Hering kommt das Wort, soweit ich sehe, zuerst in dem Dekret David I. von Schottland vor, in welchem die wunderliche Pluralform alechtia wohl nichts anderes als Heringe bedeuten kann, dann folgt die Chronik des Klosters Evesham um 1206, wo allec und der Plural aller ja wohl auch Heringe bedeutet. Gewiss ist endlich, dass Albertus Magnus und Vincentius von Beauvais (beide um die Mitte des XIII. Jahrhunderts), wie aus der recht genauen Beschreibung des Heringsfanges hervorgeht, das Wort allec mit Bewusstsein auf den Hering angewendet haben. Vincentius dokumentiert dabei in der Benutzung des Plinius seine große reale Unwissenheit. Da tritt nach der Mitte des XV. Jahrhunderts[42] Konrad von Megenberg mit der Übersetzung eines lateinischen Buches des Thomas Cantipratanus auf, zuerst es wagend, die Muttersprache in die Wissenschaft einzuführen[180]. Er sagt in dem Abschnitt von den Fischen: »Allec haizt ein härinch« und etwas später schreibt er noch einmal »häring«. Hier haben wir scheinbar plötzlich den Häring im Deutschen zum ersten Male ganz fertig ohne alle Zwischenstufen und damit sind alle jene angeblichen Vermittlungen zwischen alec und Hering als reine aus der Luft gegriffene und durch nichts gestützte Phantasmen hingestellt. Dabei ist noch zu erwähnen, dass dieser Übergang ins Deutsche auch deshalb fast unmöglich erscheint, weil grade die Skribenten, die hier hätten vermitteln können, wie Columella, Priscian, Isidor, Vincenz von Beauvais, Albertus Magnus usw. niemals halec[43], sondern alec oder allec schreiben; woher nahm man denn das h[44]? Mir ist höchst wahrscheinlich,

42 Sein Buch erschien zuerst 1475.

43 Ohnehin gerade die allerungebräuchlichste Form.

44 Dass aber ein ursprünglich keltisches harinc von den Römern als halec aufgenommen worden sei, wie V. Hehn (S. 64 f.) freilich nur andeutungsweise entwickelt, ist

dass halec überhaupt gar kein lateinisches Wort, sondern eine mittelalterliche Mönchsdummheit ist. Im Martial lesen wir zwar halece, wahrscheinlich nach gründlicher philologischer Kritik (wovon ich nichts verstehe), aber, wie mir scheint, mit ungenügender Sachkritik. Schneidewin zählt 62 Handschriften des Martial auf; 56 und darunter mehrere der besten haben alece, 1 hat allece, 1 als Schreib- oder Dummheitsfehler alecte und nur 4 haben halece. Forcellini aber, der den Martial zitiert, las auch alece. Und wie sollte Martial zum halec kommen, was keiner seiner Zeitgenossen kennt. Ein ganz obskurer Schriftsteller Nonius Marcellus (zwischen 150 und 500 n. Chr.) scheint zuerst Hallec gebraucht zu haben, er zitiert aber nur Klassiker (Plautus und Horatius), die nach seiner eigenen Anführung allec und nicht hallec haben[181].

Was ich hier mitgeteilt ist aber durchaus nichts Neues. Mit Konrad von Megenberg kommen wir auch vom pfäffisch verdummenden Kirchenschlaf hin bis an das Wiedererwachen der Wissenschaften. Jetzt treten Männer auf, die selbst beobachten, selbst denken und das erste, was sie tun, ist die rohe Unwissenheit der Pfaffen über Bord zu werfen. Auch die lateinisch schreibenden verwerfen das Wort alec als völlig sinnlos von der gedankenlosen Ignoranz gewählt, und machen sich für den Fisch, den die Alten nicht konnten, also auch nicht benannten, den Namen harengus[45]. So Ul. Aldrovandi, Rondelet, Konrad Gesner um 1550; Claus Magnus und der sehr unterrichtete holländische Arzt Levinus Lemnius, St. a. Schonevelden 1624, Gerh. Joh. Vossius um 1625, Paul Neucrantz 1650, Jac. Th. Klein 1749, Fried. Sam. Bock 1769 usw[182]. Klein schließt dabei mit den Worten:

---

nun vollends unmöglich, denn 1) kennen die Kelten keinen harinc; 2) bedeutet hering bei den Wallisern nie eine Salzbrühe, sondern den Fisch; 3) diesen Fisch haben die Römer nie gekannt, konnten also auch keinen Namen dafür einem anderen Volke entlehnen; 4) zur Zeit, als die Römer in so enger Berührung mit den Kelten waren, dass sie Worte von ihnen entlehnen konnten, kannte man in ganz Südeuropa noch keinen gesalzenen Hering und die Römer verschmähten damals nach Ovid überhaupt noch alle »frutti di mare«.

45 Auch harenga, harengius.

»Den Thoren, die durchaus alles latinisieren wollen, begegnet es dann wohl, dass sie die Sache selbst dadurch so in Dunkelheit hüllen, dass gar nichts vernünftiges mehr darüber gesagt werden kann«. Ich glaube, es wäre ein großer Gewinn gewesen, wenn viele der nachfolgenden Philologen sich diesen Spruch gemerkt hätten. Und nun noch die Hauptsache. Die D e u t s c h e n erhielten den Hering nicht vom Süden (der Süden kennt keinen Hering) sondern vom Norden her. Glaubt wirklich ein Mensch von gesunden Sinnen, dass diese nordischen Kaufleute, wer sie auch waren, ihren Fisch zu Markte gebracht hätten, ohne einen Namen für ihre Ware zu haben, dass sie sich einen solchen von den (Süd-)Deutschen erbeten hätten oder dass gar diese schlichten Kaufleute alte lateinische Tröster durchsucht hätten, um aus diesen sich einen an sich sinnlosen Namen für ihre Ware auszuwählen? Gesunden Menschenverstand sollte man doch wenigstens bei solchen Untersuchungen anwenden.

So viel wäre wohl nun klar, dass Hering nicht von a l e c stammt und stammen kann. Aber woher kam denn das Wort, das bei dem M e g e n b e r g e r zuerst dem lateinischen a l e c begegnet? Um der Beantwortung dieser Frage wenigstens näher zu rücken, müssen wir eben die Natur- und Handelsgeschichte des Herings mit in Betracht ziehen. Ich beginne mit der Nordsee. Hier lebt der Hering meist in den Tiefen, weniger häufig an den Küsten und steigt im Frühjahr in großen Scharen, die mit dem Glanz ihrer Schuppen das Meer versilbern[46], auf die Oberfläche, um in den wärmeren Küstengewässern passende Laichplätze auszusuchen. So erscheint er zuerst im Norden der S h e t l a n d i n s e l n, später östlich an diesen Inseln und weiter nach Süden herab, besonders bei F r a s e r b u r g h, zeigt sich in sehr großen Massen wieder bei Y a r m o u t h und dann im K a n a l. Gleichzeitig kommt er westlich in den Sunden zwischen den O r k n e y s, den H e b r i d e n und im i s l ä n d i s c h e n K a n a l zum Vorschein, zuletzt an der f r a n z ö s i s c h e n Küste, bis er sich an der Mündung der L o i r e verliert. Südlich von diesem Punkt ist nie ein Hering beobachtet[183]. In ähnlicher Weise erscheinen die Heringe an

46 Die Fischer nennen das den »Heringsblick« und erkennen daran das Erscheinen ihrer Beute, bei den Norwegern heißt es »Sildeglimt«.

der norwegischen Küste in bestimmter Zeitfolge[47]. Der Hering kommt nur aus der Tiefe an die nächste Küste, er wandert nicht. Der Beweis für diese Anschauungen liegt darin, dass die Heringe gerade wie die Lachse kleine, ganz bestimmte, den Fischern wohlbekannte lokale Spielarten bilden, die den Ort ihres Wiedererscheinens niemals ändern[184]. So war es nach den vorliegenden Akten seit tausend Jahren und es liegt kein Grund vor, der es wahrscheinlich machte, dass es in den vorhergehenden tausend Jahren je anders gewesen sei.

Diese unzählbaren Mengen von Heringen sind ein Segen für die Küsten, an denen sie sich zeigen, durch die Masse wohlschmeckenden und gesunden Nahrungsstoffs, die sie den Küstenbewohnern bieten. Die Küstenländer, denen sich die Heringe besonders darboten, waren aber alle für Ackerbau wenig geeignet, zumal in früherer Zeit bei den ersten noch höchst unvollkommenen Anfängen der Bodenkultur. Was Solinus von den Hebriden berichtet[185], dass die Einwohner kein Korn kannten und nur von Fischen und Milch (ihres dürftigen Berg- und Heideviehes) lebten, kann man ohne Bedenken auf die Orkaden und Shetlandsinseln, sowie aus die Nordküsten der schottischen Hochlande und des nordöstlichen Irlands anwenden. Noch jetzt bilden einfach getrocknete Heringe ein Hauptnahrungsmittel der Bewohner der Inseln und der nördlichen Hochlande[186]. Auch die Ostküsten von England ließen sich schon früh den Heringsreichtum ihrer See nicht entgehen[187]. In Norwegen lebte das niedere Volk größtenteils vom Fischfang, während sich die Vornehmeren auf Seeraub legten, aber zu Zeiten nahmen doch auch diese am Heringsfang Teil[188]; im Norwegischen Wappen finden sich drei gekrönte Heringe. Auch bei den Angelsachsen konnte selbst der König den Fischfang nicht entbehren. In einer Erzählung von Alfred dem Großen heißt es, dass er einmal ganz allein war, weil alle seine Begleiter auf den Fischfang ausgezogen waren[189].

Diese Bevölkerungen waren auch vollkommen befähigt die ihnen gebotenen Schätze des Meeres auszunutzen. Wir wissen von allen, dass

47 Die frühere Ansicht von den großen Wanderzügen der Heringe ist längst von allen gründlichen Forschern beiseitegelegt.

sie schon früh kühne Seefahrer waren, ungeachtet wir bei ihnen noch spät die ersten rohesten Formen des Schiffbaues antreffen. Ausgrabungen die 1726 am Clyde bei Carron gemacht wurden, haben uralte Kähne, sogenannte Einbäume, zu Tage gebracht. Solinus erzählt von den Iren, dass sie in Kähnen aus Weiden geflochten und mit Ochsenhäuten überzogen das Meer befuhren[48] und noch zu Alfred dem Großen kamen 891 drei Irländer herüber, deren Boot aus zwei und einer halben Ochsenhaut gemacht war. Zu dem Fang der bis nahe an die Küsten kommenden Heringe bedurften sie übrigens nicht einmal die Kähne. Sie bedienten sich dazu versenkter Körbe (»cruives«, »osier baskets«) wie noch jetzt bei Culross im Forth und an der Menaibrücke geschieht oder Vorrichtungen von Korbweidenflechtwerk und Steindämmen, wie noch jetzt im Loch Broom und an anderen Orten[190]. Dass alle den Hering, den sie fingen, anfänglich frisch oder getrocknet verzehrten, versteht sich wohl von selbst. Das Einsalzen ist ein erst später erfundener Gebrauch.

Die Bevölkerungen, mit denen nun zuerst die Heringe in Berührung kamen, waren Keltisch: Briten, Pikten, Schotten, Gälen, Iren, usw. Sie gaben dem Fisch einen Namen, der uns in mehreren, offenbar nur dialektisch verschiedenen Formen erhalten ist: Gälisch = Sgadan, irisch = sgadan, welsch = ysgadenyn, corn. = guidn[191]. Leider bin ich nicht Sprachkenner genug um die zugrundeliegende gemeinschaftliche Wurzel und ihre Bedeutung zu ermitteln. Es genügt hier, darauf hinzuweisen, dass die keltischen Bezeichnungen mit dem halec und Hering auch nicht die geringste Verwandtschaft haben. Es ist daher völlig gleichgültig, dass die Endung aus »inc«, wie Zeuß nachgewiesen, zufällig auch der keltischen Sprache nicht fremd ist[192]. Dass die Irländer schon lange vor 1202 den Heringsfang betrieben, beweist eine Urkunde von König Johann ohne Land[193]. Die Küstenbewohner fuhren aus, fingen ihre Fische und brachten sie ans Land[49], längere Zeit auf der See zu

48 Dergleichen werden noch jetzt auf dem Spay in Morayshire benutzt (J. Pinkerton, An Inquiry into the history of Scotland, Vol. I, Edinburgh 1814, p. 374).

49 Wie noch jetzt in Schottland geschieht, wo sie dann wohl am Lande gesalzen werden (Dr. Lindemann in Gartenlaube 1875, S. 359).

verweilen, erlaubten ihre Fahrzeuge nicht, auch hatten sie kein Interesse daran. Ja nach einigen Angaben war es geradezu gesetzlich, den ganzen Fang ans Land zu bringen und dort auszubieten und nur den Rest an Fremde; unter denen man besonders die Holländer nennt, zu verkaufen[194]. Boethius erzählt, dass für lange Zeit nach der Gründung von Inverlochy am Loch Linhe dorthin fremde Kaufleute besonders aus Frankreich und Spanien (!) gekommen seien, weil der dortige Meerbusen so reich an Lachsen, Heringen usw. sei[195]. Die Römer in ihrer kriegerischen, unsicheren und oft unterbrochenen Besitznahme des südlichen Britanniens änderten nichts an diesen Verhältnissen. Keine Nachricht ist uns aufbewahrt, dass sie dort oder an den deutschen Nordseeküsten jemals von dem Hering Kenntnis erhalten hätten, was uns der aufmerksam beobachtende Cäsar gewiss aufbewahrt hätte.

Die Sache änderte sich erst, als die Angelsachsen in Britannien eindrangen. Ungefähr um diese Zeit oder etwas früher werden sich die Bewohner Englands ihrer Salzschätze bemächtigt haben. Schon 721 ist Saltwich in Betrieb, 858 erwähnt Nennius die Solquellen von Chester und 1086 werden Salzsiedereien bei Yarmouth als bestehend aufgeführt[196]. Die Angelsachsen verstanden das Einsalzen der Butter, des Fleisches und hatten ein eigenes Gewerbe der Einsalzer. Sie werden also gewiss nicht versäumt haben diese Kunst auf die ungeheuren Mengen der sonst unbrauchbaren Heringe anzuwenden. Swinden glaubt Grund zu der Annahme zu haben, dass der Heringsfang bei Yarmouth bald nach der Landung Cedrics des Sachsen um 495 begonnen habe und schon von 1086 haben wir die Urkunden, dass in Yarmouth sich drei Salzpfannen und 24 Fischer befanden[197]. Natürlich brauchten die Angelsachsen für diesen Fisch, der ihnen als so bedeutende Nahrungsquelle entgegentrat, einen Namen. Nichts lag näher, als ihn nach der Eigentümlichkeit zu benennen, die ihn in auffallender Weise vor allen anderen Fischen unterschied, nämlich sein Auftreten in den ungeheuren dicht gedrängten Zügen, von denen Claus Magnus erzählt, dass eine hineingeworfene Lanze darin stehen bleibe und die Raczinsky mit einem auf dem Wasser sich fortbewegenden Berge vergleicht[198]. Für solche große Züge hatten die Angelsachsen das Wort h é r e[50] und davon abgeleitet h é r e r i n c = einer aus der Schaar (Kriegsmann). Das unbetonte zweite e fiel später aus und so entstand das (angelsächsisch h e r r i n c ?) englische h e r r i n g mit dem sonst ganz unerklärlichen doppelten r, das nicht dem altnordischen h e r r entlehnt sein kann, da die S k a n d i n a v i e r den Fisch ganz anders benannten[51] [199]. Auch deutsche Forscher leiteten, nachdem die A l e c -phantasie beseitigt war, das Wort aus dem deutschen »h e r « ab, im richtigen Sprachgefühl, doch ohne Berücksichtigung der Geschichte[200], denn das Wort »h e r r i n g « existierte Jahrhunderte lang, ehe der härinch bei C o n r a d v o n M e g e n b e r g auftaucht, wie später genauer nachzuweisen ist. Soweit sich die Herrschaft der A n g e l s a c h s e n ausdehnte, so verbreitete sich auch das Wort »h e r r i n g « und der Gebrauch des Einsalzens, also bis nach C o r n w a l l i s und nach Norden wenigstens bis an den C l y d e und den F o r t h, da B e r w i k (B e r i c i a) einen Teil der angelsächsischen Heptarchie bildete. Daher stammt der h e r i n g im Cornischen und der h e r r i n g in den schottischen Niederlanden, während die G ä l e n und I r e n bei ihrem eigenen »s g a d a n « blieben. Sehr bald kamen auch Fremde namentlich H o l l ä n d e r, um Heringe einzukaufen. A n d e r s o n sagt, dass sie 836 den schottischen Fischern gesalzene Fische und wohl ohne Zweifel Heringe abgekauft hätten, er fügt hinzu, dass sie unzufrieden mit der Behandlung durch die S c h o t t e n bald versucht hätten, selbst die Fische zu fangen und darin sich schnell ausgezeichnet hätten. Es ist sehr wahrscheinlich, dass die H o l l ä n d e r damals schon anfingen, an der Ostküste der S h e t l a n d i n s e l n selbst zu fischen, wo ihnen kein Verbot entgegentrat, denn schon 1164 war ihr Heringshandel nach A n d e r s o n s Geschichte des Handels im Gange und bedeutend. Auch von Y a r m o u t h holten sie schon früh gesalzene Heringe, hier war ihnen aber das Selbstfischen versagt und wurde ihnen erst 1295 von König E d w a r d gestattet. Mit dem Fisch erhielten die H o l l ä n d e r den

50 Das Wort scheint dem ganzen germanischen Sprachstamm anzugehören: got.= h a r j i s, fries. = h i r i und h e r e, nd. = h ê r, altnord. = h e r r, althochd. h a r i und h e r i usw., neud. = H e e r.

51 Altnord. - s î l d, dän. = s i l d, schwed. = s i l l.

Namen, der bei ihnen, wie bei allen Norddeutschen des platt- oder niederdeutschen Sprachstammes in der breiten Aussprache zum »haring« wurde. Die Holländer hatten schon früh sich als fleißige Handelsleute in der Nordsee, im Kanal und im Ozean bis nach Lissabon hin bemerklich gemacht[201]. Schon im Anfang des XII. Jahrhunderts wurde die Confrérie des Marchands zu Paris gegründet, um den Handel Seine aufwärts, besonders auch mit gesalzenen Heringen zu regeln und zu fördern. Wahrscheinlich waren es die Holländer, die dorthin die ersten gesalzenen Heringe brachten. Auch Normänner siedelten sich 873 auf einer Insel der Loire an, um dort Handel zu treiben und noch früher kamen angelsächsische Kaufleute, die schon unter Karl dem Großen einen Überlandhandel durch Frankreich bis Rom hatten, an die fränkische Küste, um dort zu verkaufen[202]. Die Franzosen sprachen das Wort, das den ihnen gebrachten Fisch bezeichnete, »hareng« aus[52]. Wohl schon im XII. Jahrhundert (also über 300 Jahre vor Konrad von Megenberg) war das Wort hareng in Frankreich verbreitet, denn 1202 finden wir es schon in latinisierter Form in einer Urkunde als harengium und 1235 in der abgeleiteten Form harengeria (harengerie Heringsmarkt) neben dem unsinnigen Plural allectia (an die Urkunde David I. von Schottland erinnernd). Aus dem XIII. Jahrhundert führt auch Littré mehrere Stellen an, z.B. »Quiconque ameine harenc à Paris« und »hareng sor«, auch den eigentümlichen Plural »garenz frès«; ferner »Toutes poissonières de mer, ne harangères« (Heringshändlerinnen) ne doivent rien au dict, prevost« und »harangerie« als Heringsmarkt, welchen Namen auch eine Straße in Rouen führt. Im XIV. Jahrhundert ist das Wort harenga und harengus nach du Cange schon ganz allgemein auch in lateinischen Urkunden[203].

Mit dem Selbstfischen der Holländer an den Shetlandinseln trat aber unvermeidlich eine andere Behandlungsweise des

52 Bekanntlich geht im Französischen sehr gewöhnlich »in« in e (oder a); mit nasalem n über, z.B. Cineres = cendre; inganno = engagne; rincla = renze; tinca = tanche usw. Übrigens wird das Wort in den älteren Zeiten geradeso mannig-

Herings ein, der, durch die Not hervorgerufen, den Grund zu dem Aufschwung des holländischen Heringshandels legte. Die H o l l ä n - d e r waren auf ihrem Fischrevier zu weit von der Heimat entfernt, um nach jedem Fang wieder die Küste suchen zu können. Sie mussten also nach jedem Zug die Heringe augenblicklich schlachten, ausweiden und mit Salz in Fässer packen, um Raum für die Beute des nächsten Netzes zu gewinnen. Dies s o f o r t i g e Einsalzen des Fangs wurde nun sehr bald als höchst vorteilhaft für das Produkt erkannt. Anfänglich bedienten sie sich vielleicht des ihnen zur Hand seienden englischen Salzes, da es H o l l a n d an eigenem Salze gänzlich fehlt; als sie nun aber ihre Heringe als gern genommene Fastenspeise den frommen P o r t u g i e s e n zuführten, konnten sie als billige Rückfracht das Baisalz von S e t u b a l und S t. U b e s mit nach Hause bringen und dieses erwies sich als zum Einsalzen der Fische am geeignetsten. So wurden sie bald die bevorzugten aber lange nicht die ersten und alleinigen Heringshändler von E u r o p a [204].

Die N o r w e g e r waren, wie bemerkt, schon früh Heringsfischer an ihrer reichen Küste. Es ist uns keine Nachricht aufbehalten, dass sie sogleich mit dem Einsalzen derselben angefangen hätten, auch ist es nicht wahrscheinlich, da es dem Lande an Steinsalz und Solquellen fehlt und sie erst spät ihre einzige Saline zu W a l l o e zur Verwertung des Meerwassers angelegt haben können. Für den Hering hatten sie natürlich einen eigenen Namen. Derselbe altnordisch = s î l d , dänisch = s i l d , schwed. = s i l l , ist schwerlich mit dem Worte »Salz« altnord.: »S a l l t «, dän. und schwed.: s a l t irgendwie verwandt. Ich bin aber nicht fähig die Abstammung nachzuweisen. Es ist sehr wahr-

---

fach verschieden geschrieben, wie später in Deutschland, obwohl sich weder hier noch dort eine Übergangsstufe zu h a l e c findet. Es war noch die Zeit, in der man nicht mühsam die Worte aus Büchern herausklaubte, sondern wo das individuell verschiedene Ohr sie im lebendigen Verkehr ausfasste und das dialektisch verwöhnte Organ in mannigfachen kleinen Abweichungen wiedergab. Wir finden hier h a r a n g , h a r a n , h a r a n c , h a r a n g , h a r e n t , h a r e n c (so erlaubt auch der jetzige m e r l a n früher m e r - l e n c) , h a r e n g [Ordonnances des Roys de France de la troisième Race, Vol. II, Paris 1729, pag. 350, p. 575; Vol. IX, Paris 1769, pag. 502, p. 508; Joh. Seldeni Mare clausum, London 1636 (in einem normannischen Steuergesetz unter Richard II.) Lib. II, c. 15].

scheinlich, dass die Norweger die Kunst des Einsalzens von den Angelsachsen entlehnten, denn von etwa 600–1400 gehörten die Orkneys den Norwegern, abgesehen von den sonstigen vielfachen Raubzügen, die sie nach England ausführten Dass ihnen noch spät (im XI. Jahrhundert) Salz und (gesalzene?) Heringe zugeführt wurden, ist schon erwähnt.

Von den deutschen Nordseeküsten haben wir keine Andeutung, dass sie sich in älterer Zeit bei der Seefischerei beteiligten. Auch erscheint der Hering, so viel bekannt, nicht an diesen Küsten (wenn wir von der Helgoländer Legende absehen). Hamburg z.B. hatte von den frühesten Zeiten eine große Fischerinnung aber in ihren ältesten Statuten wird der Hering nie genannt. Dagegen ist es gewiss, dass die Holländer sehr früh ihren Handel auch nach Osten ausdehnten und den deutschen Nordseeküsten wahrscheinlich ebenso den Hering zuführten wie den Ostseeküsten, wo sie selbst noch im XV. Jahrhundert das Vorrecht hatten ihre Heringe das ganze Jahr hindurch in gemieteten Speichern in Danzig feil zu halten. Die Hansestädte konnten sich aber ebenso gut den Hering direkt von England holen, da sie schon früh Handel mit England trieben und zu dessen Schutze die Bündnisse mit Hadlern, Dithmarschen usw. (das Vorspiel der späteren Hansa) geschlossen wurden. Auch ist gewiss, dass Hamburg den Nordseehandel vollkommen mit Holland teilte. Nachdem Adolph III. (1188), ausschließlich mit Rücksicht auf den Handel, in Hamburg die Neustadt gegründet hatte, entwickelte sich auch sehr schnell ein lebhafter Verkehr ins Innere Deutschlands elbaufwärts bis Magdeburg und von da nach Braunschweig[205]. Eine andere sehr lebhafte Handelsverbindung bestand schon früh zwischen Norddeutschland über Soest, Köln, Flandern und Brabant nach Holland, sowie direkt zur See. Die Angelsachsen hatten nie die Verbindung mit ihrem ursprünglichen Vaterlande abgebrochen. Schon Ethelred (978–1016) bewilligte den Kaufleuten des Röm. Kaisers Freiheiten in England, die unter Heinrich II. (1176) erneuert und für die Hamburger Gilde in London 1280 von Eduard I. bestätigt wurden. Auch in Schottland hatten Hamburger und Lübecker freien Handel unter Murray und Wallace 1297. Den Handel zwischen England und Holland vermittelten die Hamburger. Im Ganzen handelte hierbei die Hanse in großer Übereinstimmung[206]. Dass der Hering bei diesem Handel eine Rolle spielte, beweist seine häufige Erwähnung in den Urkunden. 1193 schenkte Fürst Pribeslaus dem Kloster Doberan in Mecklenburg alle Nutzungen beim Heringsfange und 1224 werden in den Privilegien des Fürst Wenceslaus von Rügen für die Lübecker die Heringe mehrfach erwähnt. 1243 wird in dem Zollvertrag des Deutschen Ordens mit der Herzogin Hedwig von Polen der Heringe gedacht. In der Zollrolle der Gräfin von Flandern für die Kaufleute römischen Reiches von 1252 werden auch die Heringe aufgezählt. Ebenso 1254 in einer Hamburger Urkunde. 1266 verlieh Herzog Barnim I. von Slavien der Stadt Kolberg den Heringsfang an ihren Küsten. 1358 (also noch 120 Jahre vor Konrad von Megenberg) findet sich in einer plattdeutschen Urkunde von Albrecht Pfalzgrafen am Rhein zuerst das plattdeutsche Wort »Haring«: »Item von elker Last harinx«[53]; ebenso in einer Erklärung der Städte Brügge, Gent und Ypern: »van elker tunne harinx«. Endlich in einer Urkunde König Alberts von Schweden vom Jahr 1368, deren Original in Lübeck aufbewahrt wird, heißt es: »von haringhe binnen laut ... den harinch, den man schepet umme laut« und dann noch zweimal »harinch«. Also nicht aus dem absurden alec, sondern aus dem Niederdeutsch der norddeutschen Kaufleute entlehnte Konrad von Megenberg seinen Härinch. Das ä statt a ist vielleicht aus der deutschen Pluralform entlehnt[54]. Wann die mehr angelsächsische Form »Hering« zuerst in Deutschland erscheint, weiß ich nicht. Vielleicht ist die erste Andeutung davon in einem Namen zu finden in einem Schreiben der deutschen Hansa zu London an die Stadt Rostock vom Jahre 1303: »Magister Nikolaus dictus Heringwyk«[55] [207]. Jedenfalls ist der

53 Das x steht hier für das g s des Plurals und rechtfertigt den Österreicher, der die Unentbehrlichkeit des x behauptete, weil man sonst nicht »regnete Mahlzeit« schreiben könne.

54 Laden – Läden; Graben – Gräben; Schaden – Schäden usw.

55 Etwa dem späteren Heringsdorf? Die Bezeichnung nach dem Wohnort war ja damals sehr gewöhnlich.

Hering schon in Statuten der Stadt Danzig vom Jahre 1365 und 1452 sowie im Urkundenbuch der Stadt Leipzig von 1464 geläufig. Den Namen »Hering« erhielten die Deutschen jedenfalls mit dem Fisch auf diesem Wege und konnten sich umso leichter mit ihm vertragen, da das Wort auch im Deutschen eine gleiche verständliche Etymologie hatte[208] und Analogien in den deutschen Wörtern Heergaus, Heermaus, Heerraupe, Heerwurm, Heermoos usw. fand. Die Endung »ing« ist aber ebenfalls wie den Angelsachsen, so den Deutschen geläufig und kommt auch häufig bei Tieren vor z.B. Sperling, Hänfling, dann Stichling, Sälmling, Haeseling usw.

Ich wende mich jetzt zur Ostsee. Hier haben wir entscheidende Urkunden für den früheren Heringsfang und -Genuss, die weit über die historische Zeit zurückreichen, in den bekannten Kjökken-mäddings (Küchenkerichthaufen) an den Küsten Seelands in denen Steenstrup eine Menge von Fischresten und besonders von Heringen nachgewiesen hat. Wie dieses Urvolk den Fisch benannte, können wir umso weniger wissen, da wir überhaupt nicht wissen, zu welchem Sprachstamm es gehörte. Ihre Nachkommen oder Nachfolger vergaßen diesen Reichtum nicht und die Menge der Heringe im Liimfiord, im Oeresund und an der Küste von Schonen bot sich immer dem Fang und dem Einsalzen, was sich von Norwegen aus hierher verbreitet hatte, dar. Ja 1242 und 1348 veranlasste die Heringsfischerei an der dänischen Küste lange und blutige Kriege zwischen Dänemark und den Hansestädten, worin die letzteren, Lübeck an der Spitze, Sieger blieben. Skandinavische Kolonien von Schweden aus an der Weichselmündung hatten vielleicht schon sehr früh den Fischfang dort eingeführt, gewiss aber brachten die Dänen, die unter Haquin im X. Jahrhundert das Samland besetzten, ihre heimischen Künste – Fang und Einsalzen der Heringe, mit dorthin. Die großen Heringszüge bei Kolberg und Rügen zogen viele fremde Schiffer an, um selbst zu fischen, was ihnen bei Rügen gegen eine Abgabe an den heimischen Gott gestattet war[209]. Die Küstenbewohner selbst genossen in alten Zeiten den Fisch ohne Zweifel frisch. Schon im XII. Jahrhundert aber führten sie gesalzene Heringe in Polen ein[210]. Dass sie den Namen für den Fisch von Skandinavien her erhielten, beweist die Sprache[56]. Die ältesten Urkunden über Danzigs Handel wissen von einem lebhaften Verkehr nach Nowgorod, Polen, und bis an das Schwarze Meer, von blühender Schifffahrt nach Schonen, in die Nordsee und bis Lissabon. Alle Handelsverträge der Ostseeküsten-Bewohner vom finnischen Busen bis gegen Lübeck hin werden mit slawischen Herrschern geschlossen[211]. Aber von einem Handel ins Innere von Deutschland spricht weder bei Danzig noch sonst bei irgendeinem Ort der Ostseeküste irgendeine Urkunde bis ins XIV. Jahrhundert. Wenigstens kam der Hering nicht zuerst von der Ostsee ins Innere von Deutschland, sonst hätte er, wie nach Osten und Südosten, auch zu uns seinen Namen mitgebracht.

Das Resultat aus dem Vorhergegangenen ist, dass der Hering bei den Kelten, Skandinaviern und Ostseeslaven, einen Namen hatte, dessen Bedeutung zur Zeit unbekannt ist, aber auf diese Völker beschränkt blieb, dass die Angelsachsen dem Fisch nach seiner hervorstechendsten Eigenschaft den Namen Herring gaben, der als Haring zu den Holländern, als hareng zu den Franzosen und über die holländische und deutsche Nordseeküste zu den Deutschen als Haring, Häring und Hering überging. Die Ausführlichkeit dieser Erörterung rechtfertigt sich wohl gewiss durch die enge Verbindung, in der der Hering mit dem Salze steht, und durch die außerordentliche Bedeutung, die dieser Fisch für die Entwicklung des Handels gehabt hat. In letzter Beziehung erlaube ich mir nur noch darauf aufmerksam zu machen, dass derselbe auch bestimmten Geldleistungen den Namen gab, ähnlich wie das Salz im Salarium. So hat die Ordnung der Mühlknechte zu Danzig vom Jahr 1365 (Zusatz vom Jahr 1452): »uffen Freitag 1 guten Firdung (4 Pfennige) vor »Heringsgilt« ... in Advent und Fasten ... alle Wochen; 1 gute Marke vor »Heringsgeld«, und in den Annalen des Klosters von Barking heißt die auf den Heringsfang gelegte Abgabe das »herring-silver«[212].

---

56 Russ. seldi; poln. śledź, preuß. sylecke; lit. silke, lett. śilkis, finn. sill; estn. süldid und silk (offenbar alle mit sild und sill verwandt).

Noch mag als Kuriosität hier ein Beweis für völlige Impotenz der Gesetzgebung erwähnt sein, dass alle Parlamentsbeschlüsse von 1750 bis zur Errichtung des Fishery–Board reine Dummheiten waren, indem sie regelmäßig für die in Frage stehenden Orte Zeiten für den Heringsfang bestimmten, zu denen gar keine Heringe daselbst zu finden sind. Damit mag denn diese lange Abschweifung über den Hering geschlossen sein[213].

Da wir von den nordischen Völkern einmal gesprochen haben, so können wir auch wohl noch einen Blick auf Russland werfen. Aus den Annalen des Kiewer Höhlenklosters erhalten wir die Kunde, dass dort schon im Anfang des XII. Jahrhunderts ein lebhafter Salzhandel stattfand, der (vielleicht wegen der Schwierigkeit mit unvollkommenen Fahrzeugen stromaufwärts zu fahren) das Salz nicht von der Mündung des Dniepr, sondern aus Westgalizien insbesondere aus dem großen Salzorte Halicz und aus Wolhynien herbeiführte[214]. Vielleicht enthält der Name Halicz auch das keltische hal. Wenigstens in der ersten Hälfte des XII. Jahrhunderts wurde auch schon am Weißen Meer das Seewasser zu Salz eingekocht, eine Kunst, die wahrscheinlich durch die Raubzüge der Norweger dorthin verpflanzt war, bei denen jenes Gewerbe unter dem Namen saltsvidha schon früh bekannt gewesen sein soll[57]. Und dieses Salz wurde bis nach Nowgorod geliefert[215].

So sehen wir also überall in Europa, dass, sobald nur die Völker aus der Nacht der Barbarei auftauchten, das Salz bei ihnen ein unentbehrliches Bedürfnis und Gegenstand des lebendigsten Verkehrs wurde.

Solange der Handel überhaupt noch Tauschhandel war, blieb auch das Salz ein solcher Tauschgegenstand, für den man andere Waren eintauschte[216]. Natürlich musste das Salz für Binnenländer, denen es an eigenem Salz gebrach, bald eins der kostbarsten Tauschartikel werden und da war denn nur ein kleiner Schritt dazu, dass es geradezu als Wertmesser für andere Waren angesehen, dass es Geld wurde, d.h. dasjenige, wonach man bestimmt, wieviel etwas gilt. Bruce erwähnt, dass im Morgenlande harte Salzstücke als Münze umlaufen[217]. Beson-

57 Doch ist mir eine so frühe Zeit unwahrscheinlich.

ders aber ist im Inneren Afrikas Salz einer der wichtigsten Tauschwaren, ist vielfach Wertmesser und wird auch nicht selten als Geld benutzt, so in manchen Teilen der Sahara, in Abessinien, den südlicher gelegenen Gegenden von Enarea, Gurague, Sendschera usw. Auch bei den Kimbundavölkern im Innern von Benguela läuft es als Münze um. An der Südgrenze von Angola am ganzen Cuanzastrom zirkuliert das Salz als Münze. Südwestlich von Tadschura (im Osten des mittleren Afrikas liegt der Salzsee Ossal[58]), wo man das Salz in Gestalt von Wetzsteinen aushaut, welche nach Abessinien versendet werden und Amoles heißen. Sie dienen dort im Lande Shoa neben dem Maria-Theresia-Taler als einzige Münze: 20 Stück repräsentieren einen Taler. Ein auffallendes Beispiel finden wir hier auch davon, wie sehr der Wert des Salzes mit seiner Entfernung vom Erzeugungs- oder Stapelplatze steigt, denn nicht viel weiter landeinwärts gelten schon 5 Stück einen Taler[218]. Für die Westküste Afrikas zwischen Capo Blanco und Sierra Leone erwähnt schon 1620 Jobson, dass Salz dort der begehrteste Artikel sei und als Wertzeichen nur dem Golde nachstehe, dem Eisen aber vorgehe. Dasselbe bestätigt 1734 Moore und für Guinea Atkins[219]. Marco Polo[220] erzählt von der Provinz Kaindu (nach Klapproth das nördlichste Bermanenland), dass das kleinste Geld daselbst aus Salz besteht. Es wird aus Salzquellen in kleinen Pfannen eingesotten, wenn es teigartig geworden zu kleinen Kuchen im Wert von 2 pence geformt, dann auf heißen Ziegeln vollends getrocknet und endlich mit dem Stempel des Kaisers gestempelt. Es ist also wirklich geprägtes Geld und darf nur von kaiserlichen Beamten bereitet werden. 80 Stück gelten ½ Unze (1 Lt.) Gold, wenn sie aber von den Handelsleuten ins Gebirge geführt werden, steigen sie immer mehr im Wert, bis zuletzt nur 40 für 1½ Unze Gold gegeben werden. Auch in der Provinz Thebet wird dieses Salzgeld gern genommen[221]. Wenn man dies mit dem oben über Abessinien gesagten zusammenhält, so kann man wohl nicht zweifeln, dass wenigstens häufig das Salz selbst den ersten Anstoß zum Handel gegeben hat. Aber auch noch in anderer Weise hängt das Geld mit dem

58 Das heißt wörtlich »Honig«, ein Beweis wie hoch man das Salz dort schätzt.

Salz zusammen. Jeder Mensch kennt als kleinste deutsche Münze den »Heller«, dieselbe verdankt den Salzwerken in Hall, aber erst im XIII. Jahrhundert ihren Ursprung[59]. Von dorther hat sie den Namen Haller (Häller, Heller[60]). Sie diente als kleinste Münze bei Bezahlung der Arbeiter und sonstiger Bedürfnisse in den Salinen von Schwäbisch Hall, verbreitete sich aber bald, weil sie einem Bedürfnis abhalf, durch ganz Südwestdeutschland[222]. Selbst im Kunsthandel spielt das Salzgeld eine Rolle. Ein Herzog von Bayern bot den Ammerbachschen Erben in Basel für ein Christus-Bild von Holbein den Preis von 2.000 Tonnen Salz, die Tonne zu 6 Gulden gerechnet[223].

Die Kenntnis des Salzgebrauches führte natürlich sehr bald dazu, dasselbe als Befriedigung eines unvermeidlich notwendigen Lebensbedürfnisses aufzufassen. Es liegt schon eigentlich von Homer an in der Erwähnung nicht Salz essender Menschen ein Anklang der Verwunderung, wie über eine seltsame unnatürliche Erscheinung. Früh schon sah man das Salz als unerlässlich für das Wohlbefinden des Menschen an, wie zahlreiche Äußerungen der alten Schriftsteller beweisen. Plutarch nennt es das Gewürz aller Gewürze, und Plinius sagt: »Wahrlich ohne Salz ist es unmöglich ein menschliches Leben zu führen[224].« Ein alter Spruch lautet: »Allen Körpern ist nichts so nützlich als Salz und Sonne (sal et sol)[225].« Welche große Wichtigkeit man dem Salz beilegte, geht auch daraus hervor, dass fast kein Ort existiert, an dem Salz produziert wird, bei dem das nicht auch in dem Namen des Ortes ausgedrückt worden wäre, vom

59 Keineswegs, aber eine der ältesten deutschen Münzen, wie Herr Dr. J. Möller. in seinem ziemlich oberflächlichen Aufsatz »das Salz«, Berlin 1874, behauptet. Der Heller war die kleinste Münze, die man in Deutschland bis zur Einführung des neuen preußischen (Silber-)Pfennigs kannte. Daher stammen noch die Redensarten: »Er hat seinen letzten Heller verzehrt«, eine Schuld bei Heller und Pfennig bezahlen usw. Bei vielen Städten in Deutschland, z.B. Hamburg, Dresden usw. liegt an der äußersten Grenze des Weichbildes ein Wirtshaus, wo der wandernde Handwerksbursche mit seinen Genossen noch sein letztes Geld verjubelte und das davon »Zum letzten Heller« genannt wurde.

60 Hallenses bei Du Cange.

indischen Lavanápura (»Salzburg«) und dem österreichischen Salzburg bis zum preußischen »Salzkotten« und dem schottischen Salt-coats.

Salz und Brot erschien als die engste Zusammenfassung der Lebensnotdurft. Es war die einfachste, das Leben erhaltende Speise und diente daher vollkommen zum bildlichen Ausdruck für das ganze Leben: »Salz und Brot befriedigt am besten den bellenden Magen«, sagt Horaz[226]. Salz und Brot als Repräsentanten des notwendigsten Lebensunterhaltes wurde der guten Vorbedeutung wegen fast bei allen Völkern zuerst in eine neu zu beziehende Wohnung getragen. Insbesondere geschah das bei einem neu vermählten Paar, wie es noch jetzt in Russland fast allgemeiner Brauch ist. In Pommern geht der Brautdiener am Ende des Hochzeitmahles mit einem Teller voll Salz herum, worauf die Gäste ihre Geldbeisteuern legen[227]. Bei den Russen gilt das Darbringen von Salz und Brod als ein Zeichen der Unterwerfung[228]. Salz und Brot mit jemandem essen hieß daher das tägliche Brot, also das Leben mit ihm teilen, ihn in den engsten traulichsten Verband aufnehmen. Salz und Brot oder auch wohl Salz allein werden so der Prüfstein der Freundschaft und Treue[229]. Besonders bei dem gern symbolisierenden Orientalen hieß Salz und Brot oder auch nur Salz zusammenessen, den festesten und heiligsten Bund mit einander schließen. Der Salzbund, melach berith, war bei den Israeliten das festeste Band unter Menschen. Noch jetzt schließen die arabischen Fürsten Bündnisse, indem sie Salz auf Brot streuen und dabei ausrufen »Friede! (Salem) Ich bin deiner Freunde Freund und deiner Feinde Feind«, und noch jetzt nennt man das einen »Salzbund« (bareth milh). Auch jeder Schwur wird durch Salz und Brot heiliger. Bei einer Bitte sagen die Araber: »Um des Brotes und Salzes willen, das zwischen uns ist, tue das[230].« Daher wird Salz auch nur bei Bündnissen auf die Tafel gesetzt, um keine nicht gewollten Bündnisse zu begründen[231]. Salz und Brot sind überall Pfand der Gastfreundschaft, so bei Beduinen und Drusen[232]. Einzelne Beispiele sind höchst interessant. Dschellal-eddin sendete den mit seinen Feinden verbündeten Chazaren Brot und Salz, um sie an ein altes Bündnis zu erinnern und sogleich gingen sie zu ihm über. Jacub ben Laith, der Stifter der Dynastie der Saff a r i d e n , war früher Räuber. Bei einem nächtlichen Einbruch stieß er im Dunkeln an etwas Hartes. Er nahm es auf, kostete es und fand, dass es Salz sei, sogleich legte er seine schon gemachte Beute wieder ab und verließ das Haus unberaubt, in dem er Salz genossen hatte[233]. Ein Kaufmann wird von einem Araberscheich in der Wüste überrascht. Er ladet denselben zum Essen und erst am Ende sieht der Scheich, dass ein Salzfass dabei steht und spricht: »Mein Schaden ist dein Vorteil. Ich habe von einer Tafel, auf der Salz stand, mit dir gespeist und darf dir jetzt nichts abnehmen[234].« Von den I s r a e l i t e n wurde diese Anschauung auch auf das Verhältnis zu ihrem ohnehin ganz anthropopathisch gedachten Gott übertragen, der mit seinem Volke in einem oft erneuten Salzbund lebt[235].

Diese im O r i e n t gewiss uralte Anschauungsweise ging dann auch zu den G r i e c h e n über, oder entstand hier, weil so nahe liegend, selbständig aufs Neue. Schon bei dem Dichter A r c h i l o c h u s (700 Jahre vor unserer Zeitrechnung) finden wir die Worte:

»Gebrochen hast du den hohen Schwur«,
»Hast Salz und Tisch geschändet[236].«

In D e m o s t h e n e s Reden gegen den A e s c h i n e s dreht sich ein Teil der Rede d e f a l s a l e g a t i o n e , um den Vorwurf der Verletzung der Falschheit, nachdem man lange Zeit Tischgenosse eines anderen gewesen war[237]. A r i s t o t e l e s erwähnt des »sprichwörtlichen Scheffels Salz« bei der Freundschaft[238] und C i c e r o sagt: »Wohl ist es wahr, was man sagt, dass man erst einige Metzen Salz zusammen gegessen haben muss, ehe man des Freundes sicher ist[239].« Hiermit aufs engste zusammenhängend, oder eigentlich damit zusammenfallend ist es, wenn man den zu Anhänglichkeit und Treue verpflichteten Diener als den bezeichnet, der »unser Salz isst«. So finden wir schon in der Bibel die Worte den Hofbedienten in den Mund gelegt: »Nun weil wir des Königs Salz essen, können wir den Schaden desselben nicht länger mit ansehen[240].« Besonders im O r i e n t ist diese Bezeichnung geläufig; S o l i m a n II. hieb einen treulosen Beamten nieder mit dem Ausruf: »Solche Undankbare und Verräter, die mein Salz essen, habe ich«. In O s t i n d i e n ist: »Ich esse sein Salz« so viel als »er gibt mir meinen Unterhalt«, »dienen« heißt, »des Herren Salz essen« und ein ungetreuer Diener heißt N e m e c k - h a r a n , wörtlich »salztreulos«[241]. Ich zweifle nicht, dass diese so nahe liegenden Bezeichnungen auch bei Griechen und Römern sich eingebürgert haben, mir ist indessen keine darauf bezügliche Stelle in den Alten bekannt.

War nun das Salz ein Symbol der Treue und Freundschaft, so war das Verschütten desselben natürlich Symbol des Gegenteiles, es deutet daher auf Streit und Feindschaft, ist überhaupt von schlimmer Vorbedeutung. Auch diese Anschauungsweise ist schon sehr alt[242]. Selbst die Zigeuner haben das Sprichwort: »Ha peráda la lon chingaripén« (Das Salz des Streites ist gefallen)[243]. Christlich gewendet entstand dann der Glaube, dass man so viele Jahre vor der Himmelstüre warten müsse, als man Körnchen Salz verschüttet habe.

Das Salz war Gegenstand allgemeiner Verehrung. Pythagoras nennt es das Symbol der Gerechtigkeit, weil es das erhält, was es durchdringt. Philo preist seine Bedeutung als Sinnbild der ewigen Dauer der Welt und im deutschen Märchen sagt die Königstochter: »Die beste Speise schmeckt mir nicht ohne Salz, darum habe ich den Vater so lieb als Salz[244].« Beim Homer schon heißt das Salz das »Göttliche«, Plato nennt es einen von der Gottheit geliebten Körper, Lycophron bezeichnet es als das heilige, reinigende und Arnobius sagt von den Heiden: »Ihr heiligt eure Tafeln durch das Aufsetzen von Salzfässchen …[245]«. Damit allein war indessen der Gebrauch des Salzes beim Opfer noch nicht bedingt. Dahin führt noch eine andere Betrachtung. Leben und Erhaltung des Lebens verdankt der Mensch den Göttern. Dankbar wusste er ihnen nichts Besseres zu weihen, als was er von ihnen empfangen hatte, so entstand überall das Opfer als Gabe der Dankbarkeit. Dem Dionysos wurde Wein geopfert, der Demeter das Korn, der Athene die Gaben des Ölbaumes und dem Ormuzd weihte man das Feuer. Allen Göttern aber weihte und opferte man, was man von allen erhalten hatte, Speise und seine Würze, Brot (oder Fleisch) und Salz. Das Salz, das edelste Gewürz[246], an dem die Menschen, wie wir später sehen werden, noch viele wertvolle Eigenschaften kennen und schätzen lernten, wurde Zugabe zu jedem Opfer. Jedes Opfer wurde so ein Bund mit der Gottheit. War doch eigentlich in diesem Sinne auch jede Mahlzeit ein Opfer, ein Gottesdienst, der bei den Römern auch ausdrücklich den Laren oder Hausgöttern dargebracht wurde[61]. Dadurch eben gewann das Salzfass (salinum) auf der Tafel eine Heiligkeit, die man sich ohne den angedeuteten Zusammenhang nicht würde erklären können; es war gleichsam ein Tempel- oder Altargefäß. Wenn auch diejenigen, die einmal mit ihrer Mäßigkeit schön tun wollten, wie Horaz, nur eine einfache Muschel als Salzfass nennen[247], so war doch im Allgemeinen dieses Stück des Hausrates kostbarer, meistenteils von Silber und wurde sehr sorgfältig und regelmäßig in den Familien von einer Generation auf die andere vererbt, deshalb ist die Bezeichnung »väterliches Salzfass« (paternum salinum) eine fast stehende. Der höchste Ruhm der Einfachheit und Mäßigkeit wurde nicht dadurch gemindert, dass das Salzfass (und die Opferschale, patella) von Silber und anderem kostbaren Metall war[248]. Auch später scheint das Salzfass noch als ein zu ehrendes Gefäß angesehen zu sein. In einem Geräteverzeichnis von 1170 finden sich zwei kostbare Salzfässer für eine reiche süddeutsche Städterin und in großen Häusern in Süddeutschland soll noch heute die Hausfrau ihre eigne bestimmte Salzschale haben. Eduard I. gab seiner Tochter bei ihrer Vermählung mit dem Herzog von Brabant 1 großes goldenes Salzgefäß und 120 kleine Salzschalen mit. Unter den Hochzeitsgeschenken bei der Vermählung der Prinzessin Louise mit dem Marquis von Lorne erwähnten die Zeitungen auch prachtvolle goldene Salzgefäße[249].

So bestimmte sich nun auch von Alter her das Opfer, das im Allgemeinen aus Mehl, Brot (oder Fleisch) und Salz bestehen musste, wenn man nicht etwa einem bestimmten Gotte das Erste und Beste von dem, was er den Menschen gegeben, als Dankesgabe wiedergeben wollte. War die Mahlzeit zugleich ein den Göttern geweihtes Opfer der Dankbarkeit, so war umgekehrt auch das Opfer eine den Göttern vorgesetzte symbolische Mahlzeit, die sie bald (angeblich) wirklich verzehrten, bald nur in ihrem Duft genossen, bald nur als symboli-

61 Noch jetzt finden wir bei den meisten Völkern Spuren dieser Auffassung der Mahlzeit als einer heiligen Handlung, als einer Festzeit des Tages, zu der sich der Engländer besonders ankleidet, bis herab zum christlichen Tischgebet: »Herr Jesus Christ sei unser Gast und segne, was du bescheret hast.«

sche Darlegung der inneren Gefühle der Dankbarkeit und Verehrung aufnahmen. Die ältesten Opfer waren entschieden aus der Tierwelt entlehnt (ja vielleicht in den ersten rohesten Zuständen noch selbst Menschenopfer). Wenn Winer[250] behauptet, dass am frühesten die Erzeugnisse des Pflanzenreichs zum Opfer dienten und sich dafür aus die Geschichte beruft, so ist das nur eine von den vielen Unwissenheiten und Oberflächlichkeiten der Theologen. Er beruft sich für die Geschichte lächerlicher Weise aus Stellen aus dem ersten Buch Moses, die noch dazu das gar nicht sagen, was sie sagen sollen[251], und er übergeht keck die Sage von Kain und Abel, in der Abels Tieropfer doch jedenfalls das orthodoxe, also älteste Opfer repräsentiert, Kains vegetabilisches Opfer aber die Gott missfällige Neuerung. Soweit wir die ältesten Spuren von Völkern verfolgen können, sind sie zuerst Jägervölker, dann erst Hirten und zuletzt Ackerbauer. Man müsste also den Jägern und Hirten überhaupt den Opferkultus absprechen, was albern ist. Das Opfer wurde nun als Speise gerade so bereitet, als es der Mensch selbst genießen mochte und deshalb wurde es, sobald der Gebrauch des Salzes eingeführt worden war, auch mit Salz vermischt oder bestreut[252]. Neben dem Salze machte sich früh schon das Öl (des Ölbaumes) als ein notwendiges Lebensbedürfnis, auch als Speise, geltend und wurde daher ebenfalls dem Opfer hinzugefügt. Bei den Israeliten kann hierüber kein Zweifel sein. Die allgemeine Vorschrift ordnete den Zusatz des Salzes zu allen Arten des Opfers an, sowohl bei den sogenannten »Speiseopfern«, die dem Pflanzenreich entlehnt waren (Mehl, Kuchen, Brot), als auch bei den »Brandopfern«, die das Tier darbot[253]. Ebenso war es mit dem Gebrauch des Öles zum Mischen, Begießen oder Sprengen[254]. Auf dem Tische der Schaubrode im Tempel standen Salzgefäße[255] und in den Kellern des Tempels wurden Vorräte von Salz und Öl aufbewahrt[256].

Auch bei den Ägyptern wurde das Salz beim Opfer gebraucht, darüber kann kein Zweifel sein, denn es wird bestimmt erzählt, dass sie das Steinsalz vom Hammonium, weil es reiner sei, dem Meersalz beim Opfern vorzogen. Das letztere war wohl schon deshalb ausgeschlossen, weil das Meer den Ägyptern überhaupt ein unheiliges, das Reich des Typhon war. Deshalb wurde auch das Seesalz »spuma Typhonis«, der Schaum des Typhon, genannt[257].

Damit steht auch durchaus nicht in Widerspruch, ja auch nicht einmal in irgendeiner Beziehung, dass die ägyptischen Priester sich zu bestimmten heiligen Zeiten des Salzes und aller eingesalzenen Speisen enthielten, worauf ich noch später wieder zurückkomme[258]. Dagegen darf hier nicht unerwähnt bleiben, dass bei gewissen Festen, zum Beispiel dem Osirisfeste alle Feiernden Lampen anzünden mussten, deren Öl mit Salz vermischt war[259]. Es ist das eine nicht unwichtige Angabe dafür, dass man bei heiligen Handlungen wenigstens häufig Öl und Salz, beide als wichtige erste Lebensbedürfnisse, in Verbindung auffasste.

Das neugeborene Kind musste erst in den Bund mit Gott aufgenommen werden, ehe es Glied der Gemeinde sein konnte, das geschah bei den Israeliten durch die von den Ägyptern angenommene symbolische Reinigungshandlung, der Beschneidung, der in Erinnerung an die Notwendigkeit des Salzes beim Bunde mit Gott das Einreiben des Neugeborenen mit Salz vorherging[260]. Die ersten Christen ersetzten die Beschneidung durch die Wassertaufe und mit dieser verband sich dann gleich bei den Katechumenen die Zulassung zum Abendmahl, das als Stellvertreter des jüdischen Opfers, des Bundesmahles mit Gott, angesehen wurde. Daher wurde das Genießen von etwas Salz auch bei der Taufe und dem Sakrament der Katechumenen festgehalten[261]. Das ging dann auf die spätere Kindertaufe als antizipiertem Sakrament der Katechumenen über[62]. Den Kindern wie den Katechumenen wurde etwas geweihtes Salz in den Mund geschoben mit den Worten: »Empfange das Salz der Weisheit zum ewigen Leben.« Dies wurde als Ritus bei der Kindertaufe im Katholizismus beibehalten und nur bei den Protestanten (mit Ausnahme der mährischen Brüder) abgeschafft. Das Weihen oder Einsegnen des Salzes war daher im Mittelalter eine wichtige Funktion der Priester, die z.B. die Klosterküchen (etwa wegen der Köchinnen?) nie betreten durften, als nur um das Salz zu segnen[262]. Ja auch das Einreiben der Täuflinge mit Salz muss an einzelnen Orten beibehalten sein, darauf deuten wenigs-

62 Daher gehörten die ungetauft gestorbenen Kinder auch nicht zum Gottesreich und mussten an einem besonderen Ort, dem limbus infantum (der Zone der Kinder) warten bis aus die Wiederkunft Christi, der dann auch sie erlösen werde.

tens Worte des H. Augustinus und des Galen[263]. Sollte das Bestreuen der kleinen Kinder mit Salz, das in den Kinderspielen von Frau Rosza usw.[264] stets als so wichtig eingeschärft wird, nicht nur aus dem christlichen ins volkstümliche übertragen sein und dadurch die heidnische Form angenommen haben?

Ich fühle bei der Behandlung des an das Salz sich anknüpfenden Aberglaubens eine Lücke (vielleicht nur meiner Kenntnisse), nämlich die Darstellung der altgermanischen und skandinavischen Anschauungen vom Salz, ein Mangel, der mich auch bei manchen der nächstfolgenden Mitteilungen unsicher macht. Man hat den jetzt als scherzhafte Neckerei festgehaltenen Aberglauben, dass man die Vögel mit der Hand greifen könne, wenn man ihnen Salz auf den Schwanz streue. Auch Wild soll so gefangen werden können. Ein Bursche warf einer Hexe, die beim Essen neben ihm saß, eine Handvoll Salz in den Nacken; da konnte sie nicht aufstehen, weil sie zu schwer geworden war. Erst als der Junge sie vom Salz befreite, kam sie wieder los. »Wild und Vögel sind Gestalten, in denen Seelen erscheinen. Man begriff sie nur, indem man ihre Schnelligkeit dem Entschweben von Geistern zuschrieb. Salz bricht Zauber, bricht die Macht der Geister, verleiht dem Körper irdische Wesenheit, Schwere und Langsamkeit.« Ich bin hier Mannhardt gefolgt, gestehe aber, nicht befriedigt zu sein, weiß aber auch selbst nichts Besseres zu geben. Es ist eben unendlich schwer aus unvollständigen Fragmenten wieder ein Ganzes zu machen[265]. Die morgenländische syrische Kirche hielt die Bedeutung des Abendmahls als Stellvertreter des jüdischen (Bundes) Opfers noch entschieden fest und verlangte deshalb dabei die Benutzung von Salz und Öl[266]. Man sieht leicht, dass hier überall die jüdisch-heidnische Symbolik den Kern und die Grundlage bildet und nur nach den subjektiven Phantasien der christlichen Lehrer bald in dieser, bald in jener Form gestaltet wird.

An die hier betrachteten Verhältnisse knüpfen sich nun allerlei nur scheinbar wunderliche Formen des Aberglaubens, die alle wohl in christlichen Anschauungen wurzeln. Man muss sich erinnern, dass der Katechumene, der eintretende Christ, vor allem den alten heidnischen Göttern, oder was in der orthodoxen christlichen Nomenklatur, nur kürzer, dasselbe sagte, dem Teufel entsagen musste. Deshalb ist der Exorzismus bei der Taufe auch unerlässlich, wenn man auf dem Boden christlicher Anschauungen bleiben will[63]. Der Bund mit Gott und somit das Zeichen dieses Bundes, das Salz, wurde daher das dem Teufel feindliche Element. Am reinsten tritt dieser Gedanke hervor in folgenden Anschauungen. Alle Geschichtsschreiber des Zauberwesens stimmen darin überein, dass der Teufel kein Salz isst und dass bei Teufelsmahlzeiten kein Salz aufgetragen wird. Ein Bauer, der bei einer Hexenmahlzeit gegenwärtig ist, erzwingt durch ungestümes Verlangen das Herbeibringen des Salzes und bei seinem Ausruf: »Gott sei Dank, dass einmal Salz da ist«, verschwindet die ganze Gesellschaft[267]. Ein Mann, der in das Zauberschloss bei Werwick gerät, wird köstlich bewirtet. Bei der Tafel vermisst er das Salz und bittet darum. Da versiegt plötzlich der ganze Spuk und er sitzt auf einem alten hohlen Baumstamm[268]. War das Salz einmal als dem Teufel feindlich angesehen, so konnte sich der Aberglaube auch ohne Rücksicht auf den Ursprung weiter entwickeln, so z.B. legten arme Leute bei den Nord- und Südgermanen (in Frankreich noch 1408) Salz zu den ausgesetzten Kindern, offenbar damit der Teufel sich ihrer nicht bemächtigen könne, bis sie getauft seien, zugleich war es ein Zeichen, dass sie die Taufe noch nicht empfangen. Ja es wurde dieses Zeichen geradezu von der Kirche vorgeschrieben[269]. In Dänemark wurde Salz und Licht zu den ausgesetzten Kindern gestellt[270]. Beim Besuche eines im Todeskampfe liegenden Menschen soll man eine Handvoll Salz ins Feuer werfen, damit der Teufel die Seele nicht davon führt[271]. In der Altmark hat die Braut im vollen Hochzeitsschmuck in der Tasche Salz, damit ihr der Böse nichts anhaben könne[272].

---

63 Der Teufel kommt so bestimmt und zweifelsohne in den heiligen Schriften und besonders auch in denen des neuen Testamentes vor, dass man ihn bestehen lassen und an ihn glauben muss, wenn man die heiligen Schriften noch als heilige Schriften ansieht (was ich freilich nicht vermag). Korrigiert theologische Impotenz den Teufel aus den biblischen Schriften heraus, so habe ich das Recht ebenso gut Christus und alles damit Zusammenhängende als ungültig hinauszuwerfen. Noch lächerlicher war das Unternehmen von Balthasar Becker, der zwar die Hexenprozesse, die Teufelsbündnisse usw. verweisen, aber bei Leibe die Glaubwürdigkeit der heiligen Schriften und die Existenz des Teufels nicht antasten wollte.

Endlich wurde das Salz allgemein Mittel zum Gegenzauber. Die hierher gehörigen abergläubischen Gebräuche knüpfen zum Teil noch an die ursprüngliche Bedeutung des Salzes an. In der Landschaft Kempen in Belgien nimmt der Vater, wenn das Kind zur Taufe in die Kirche getragen wird, einen kleinen Vorrat Salz mit, das er vom Priester weihen lässt, der ein Körnchen davon bei der Taufe dem Täufling in den Mund steckt. Den Rest trägt man sorgfältig (als Kerstezout = Christensalz) nach Hause. Einige Körner davon unter die Aussaat gemischt halten Rade und anderes Unkraut vom Getreide ab und einer trächtigen Stute oder Kuh wird die Geburt erleichtert, wenn man ihr etwas »Kerstezout« eingibt[273]. In der Normandie benutzt man Salz in verschiedener abergläubischen Weise, damit die Kuh viel Butter liefere und in verkaufte oder verschenkte Milch wirft man etwas Salz, um die Kuh, von der die Milch kommt, vor Zauberei zu schützen; auch bindet man der Kuh Salz an die Hörner. Neugeborene Kälber bestreut man in es Mark mit Dill und Salz, damit ihnen die Hexen nichts anhaben können[274]. In Paris bringt man den Teufel auch mit dem Salzverschütten in Verbindung. Wenn ein Salzfass umfällt, so kommt man dem drohenden Unheil dadurch zuvor, dass man eine Messerspitze voll Salz über die linke Schulter, d.h. dem Teufel in die Augen wirft[275]. Dieser Salzaberglaube ging wahrscheinlich bei der Germanisierung der Esten, was ja mit ihrer Christianisierung so ziemlich zusammenfällt, auf dieselben über. Der Zauber mit Salz, oder, wie es heißt die »Salzbläserei« spielt bei ihnen eine große Rolle. Ein Salzkorn wird angehaucht und eine Zauberformel (?) darüber gesprochen. Solches Salz heilt Krankheiten, schützt vor der Grausamkeit der adligen Tyrannen, weshalb es auch Armo-sol d.h. »Gnadensalz« genannt wird[276]. Wahrscheinlich ist mir, dass der Name daher stammt, weil es ursprünglich vom Priester geweihtes Salz war. Bei den Esten ist übrigens durchweg das Salz ebenfalls zauberfeindlich. Man spricht bei ihnen von einer sogenannten Hexenbutter, die in der Johannisnacht an die Türen der Viehställe gestrichen wird, um Krankheiten zu bewirken. Wenn der Este solche Hexenbutter an irgendeinem Gegenstande seines Hofes haften findet, so ladet er Salz in seine Flinte und schießt das in die Hexenbutter hinein[277]. Auch den Wolf hält der Este von seinem Hof dadurch ab, dass er Salz in seine Fährte streut.

Dass das »heilige« Salz endlich beim Volk auch zum Prophezeien benutzt wird, ist wohl sehr begreiflich. So legt man in einigen Gegenden in der Christnacht etwas Salz in 12 mit den Monatsnamen bezeichnete Zwiebelschalen. Die Menge des am nächsten Morgen in jeder Schale geschmolzenen Salzes bedeutet den Grad der atmosphärischen Feuchtigkeit in den entsprechenden Monaten des nächsten Jahres[278]. An anderen Orten stellt man am Christabend ein Häufchen Salz auf den Tisch, schmilzt es über Nacht, so stirbt man im nächsten Jahr. Der Vollständigkeit wegen muss ich hier wohl noch die übrigens wertlose Notiz anreihen, dass das Salz auch in der Traumdeutung eine Rolle spielt. »Salz sehen bedeutet Krankheit[279].«

Ich habe hier den Faden, der von den jüdischen Gebräuchen durch das Christentum selbst bis in den heutigen Volksaberglauben führt, nicht abreißen mögen, um das Verständnis nicht zu stören. Wir müssen uns jetzt aber noch nach den übrigen alten Völkern umsehen.

Wenden wir uns nun zu den Griechen, so lassen uns die Quellen im Stich und wir sind nicht im Stande, bestimmt anzugeben, ob dieselben Salz bei ihren Opfern benutzt haben oder nicht. Manche Lexikographen erklären die Worte Ulochyta und alphiton akte, die beim Opfer gebraucht werden, als »gesalzene Gerste und Gerstenmehl«, aber ohne sich an die Bedeutung der Worte zu binden und ohne Autoritäten unter den Klassikern anführen zu können. Athenaeus setzt den Nichtgebrauch des Salzes beim Opfer bestimmt voraus, indem er ihn daraus zu erklären sucht, dass die ältesten Griechen kein Salz zu ihren Speisen genossen und der Heiligkeit wegen diesen alten Gebrauch beim Opfer beibehalten hätten. Indirekt geht daraus noch hervor, dass auch bei den Griechen das Opfer ursprünglich die Bedeutung einer Mahlzeit hatte[280].

Dagegen ist es keinem Zweifel unterworfen, dass bei den Römern das Salz ein Hauptbestandteil des Opfers war. Das Wort des Plinius: »kein Opfer wird gebracht ohne gesalzenes Mehl«, genügt schon als Beweis und wird von allen Schriftstellern unterstützt[281]. Da das Salz bei allen Mahlzeiten unerlässlich war, so durfte es auch bei den Leichenmahlen, die zugleich Opfer waren, nicht fehlen und daher knüpfte sich auch wohl zuweilen die abergläubische Ansicht von einer schlimmen Vorbedeutung daran, wie z.B. Plutarch im Crassus erzählt, dass es die Soldaten, als ihnen im Parthischen Kriege bei ihren Rationen auch Salz ausgeteilt wurde, besorgt gemacht, es könne das gleichsam als Leichenmahl eine Weissagung kommenden Unheils sein.

So wie die Wichtigkeit des Salzes für das menschliche Leben die Menschen verknüpfte, dem Opfer die Form gab und dann in den Aberglauben überging, so zeigte es seine Unentbehrlichkeit auch, indem es Ursache der Zwietracht wurde. Schon früh wurden wenigstens bei den Deutschen um den Besitz der Salzquellen Kriege geführt, so zwischen Hermunduren und Chatten[282], und später zwischen Burgundern und Alemannen[283]. Bei den Römern wurde der Verkauf von Salz (wie der von Schleifsteinen, Waffen und Korn) an Feinde des Staates mit dem Tode bestraft[284]. Bei der Belagerung von Enderacum im spanischen Kriege starben viele Soldaten, weil sie angeblich[64] zu viel Hirsch- und Hasenfleisch ohne Salz gegessen und im Illyrischen Kriege ergaben sich die Salasser den Römern in Folge des Mangels an Salz[285]. Ein ähnliches Verhältnis zeigt uns die neuere Zeit. Die Tscherkessen besitzen in ihrem Lande keine Salzquellen und kein Steinsalz und mussten daher während des russischen Krieges auf den Salzgenuss gänzlich verzichten[286]. Vielleicht hat das mit zu ihrer endlichen Unterwerfung beigetragen. Die Kriegsnot führte oft zu traurigen Erscheinungen. Die Calagurritaner in Spanien, von Pompeius belagert, schlachteten Weiber und Kinder und salzten sie ein, um die Belagerung länger aushalten zu können[287].

Bei den Römern bestanden anfänglich die Spenden der Könige an das Volk (z.B. bei Ancus Martius) häufig wirklich in Salz. Auch Agrippa verteilte noch 721 nach Erbauung der Stadt Öl und Salz unter das römische Volk[288]. Auch wurden wohl gewisse Leistungen und Dienste mit einer bestimmten Salzmenge vergütet, der man wohl später den Salzwert substituierte, ohne den Namen zu ändern. So wird es gekommen sein, dass man für gewisse Besoldungen z.B. von Staatsbeamten und Soldaten oder für jährlich ausgesetzte Ren-

64 Es wird wohl eine andere Ursache gehabt haben, vielleicht Krankheit der Tiere oder Verdorbenheit des Fleisches.

ten, oder endlich für einzelne Gaben zur Belohnung bestimmter Leistungen das Wort Salarium (wörtlich »Salzgabe«) beibehielt[289]. Daher stammt denn auch das noch in unserer Zeit gebräuchliche Wort salair. Auch in Reichenhall wurden lange die Arbeiter in den Siedewerken nur mit Salz bezahlt[290].

Ich habe bis jetzt das Salz nur einfach als Nahrungsmittel betrachtet, als solches stellen wir es uns in fester Form in seinen regelmäßigen Kristallen oder zerstoßen als grobes Pulver vor, welches wir unseren Speisen beimischen oder aufstreuen. Es ist aber die Frage wohl angebracht, ob dies die natürliche und ursprünglichste Form des Salzgenusses ist. Eigentümlich und vielleicht an die ursprüngliche Weise des Genusses erinnernd ist es, dass bei Griechen und Römern der Ausdruck Salzlecken so außerordentlich häufig vorkommt[291].

Die westasiatischen Völker fanden das Salz in ihren Salzsteppen schon in fester Form, ebenso, wie die Ägypter in der Ammonsoase und bei Pelusium, aber die Griechen, die, nach allem, was wir wissen, lange Zeit nur Seesalz kannten, mussten, ehe sie die Abscheidung desselben aus der heiligen Salzflut lernten, auf das Salz verzichten oder auf ganz andere Weise genießen. Dafür geben uns denn vielleicht die Südseeinsulaner einen Anhalt. Die Melanesier zu Kunaje trinken des Morgens ein halbes Maß Seewasser (bei vorwiegender Pflanzennahrung). In Tahiti und Neuseeland trinkt man etwas Salzwasser zum Essen und sehr allgemein z.B. auf Tahiti, Tonga und Samoa aß man die Fische roh, indem man sie dabei in Salzwasser tauchte[292]. Das erinnert auch an eigene Erfahrungen. Als ich vor bald 50 Jahren das kaum gegründete Seebad Helgoland besuchte, fuhren wir oft mit den Fischern hinaus, füllten einen mitgebrachten Kessel mit klarem Seewasser, in das wir die frisch gefangenen Dorsche warfen, dann fuhren wir zurück und kochten die Fische nur in ihrem eigenen salzigen Elemente ab und ich erinnere mich nicht, je wieder so delikate Dorsche gegessen zu haben.

Die Notwendigkeit des Salzgenusses ist jedenfalls schon früh erkannt worden[293] und nach und nach glaubt man durch Experiment und Statistik dahin gelangt zu sein, den ungefähren Salzbedarf im Mittel jährlich auf 15 Pfd. für den Kopf feststellen zu dürfen.

Das Salz bietet aber noch viele andere Eigenschaften dar, welche den Menschen bald bekannt wurden und die Wertschätzung desselben wesentlich steigerten. Der noch kindliche Mensch legt alledem eine heilige Weihe bei, wozu ihn die Naturnotwendigkeit zwingt. Das ist ja der Grundgedanke des selbst die Götter zwingenden Fatums. Daher heiligte man Geburt, Ehe und Tod, daher Essen, Trinken und Schlafen[65]. Die südlichen Gegenden fordern durch ihre größere Wärme ganz natürlich zur Hautpflege, zu Reinlichkeit, zum häufigen Waschen und Baden auf. Auch hier entsprang der Erkenntnis der Notwendigkeit die Heiligung des Gebrauches und Reinigung, Taufe, Waschungen werden dadurch bei fast allen südlichen Nationen schon gleich anfänglich integrierende Bestandteile des religiösen Kultus[294]. Nur Völker, die noch aus so tierischer Stufe stehen wie die Zulus am Zambesi, können die Reinigung scheuen, so dass Livingstone einmal einen unverbesserlichen Spitzbuben nach vielen vergeblichen Versuchen dadurch für immer aus seinem Lager vertrieb, dass er die Absicht aussprach ihn einmal gründlich abzuwaschen. Den Küstenbewohnern des Mittelmeeres bot sich die See als köstliches Bad und bald musste man erkennen, dass dem Salzwasser vor allem die Eigenschaft beiwohne, Schmutz aufzulösen und abzuwaschen, die Haut zu reinigen und ihr dadurch Gesundheit und Kraft zu verleihen. Da das mit Salz versetzte süße Wasser fast dieselben Eigenschaften zeigte, so konnte man diese bald als dem Salz angehörig erkennen und die reinigende Kraft des Salzes wurde somit sehr bald eine allgemein anerkannte Sache. Das Salz galt sogar bei den späteren römischen Damen geradezu als Schönheitsmittel[295]. Auch bei den Germanen scheint diese Auffassung vorhanden gewesen zu sein. Ein alter Satz nennt: »daz mer so reine daz ez keine bôsheit mac gelîden« – [296] und in vielen Küstengegenden findet man den Aberglauben, dass das Meer keinen Leichnam eines Missetäters behält, sondern ihn ans Land wirft. Diese Anschauung verflocht sich dann in alle Anwendungen, die man vom Salz im Kultus machte und wurde schon früh zu mystischen Lehren entwickelt. Schon Plato

65 Ich erinnere nur an die große Bedeutung des Schlafes im Tempel bei den Alten und an Schillers Wort: »O mordet nicht den heiligen Schlaf«.

macht diese Eigenschaft geltend[297]. Bei den Ä g y p t e r n schrieb man die reinigende Kraft besonders dem h a s m e n (n i t r o n , ob Natron, Soda oder Salpeter?) zu und h a s m e n heißt geradezu der »Reiniger«. So kommt indirekt das Salz auch bei den G r i e c h e n mit den heiligen Handlungen in Beziehung. Die Waschungen als Vorbereitungen zum Opfer wurden gewöhnlich mit Meerwasser oder wo das fehlte, mit künstlich gesalzenem Wasser vollzogen. Daher besprengte man auch früh morgens den Hausflur nach dem Kehren mit gesalzenem (sühnenden) Wasser[298]. Hier wäre denn auch noch folgendes anzuschließen. An vielen Orten, besonders in T h ü r i n g e n habe ich den Gebrauch angetroffen, dass man, wenn ein Brunnen trübes Wasser gibt, einige Pfund Salz hineinschüttet in der Meinung ihn dadurch wieder zu reinigen. Einen naturgesetzlichen Zusammenhang habe ich dafür nicht finden können. Ich halte es daher nur für das letzte Ausklingen eines alten, durch eine i s r a e l i t i s c h e S a g e geheiligten Aberglaubens. Es heißt: »Es ist gut wohnen in der Stadt J e r i c h o , aber das Wasser ist schlecht. Da sprach E l i s a zu ihnen, bringet mir eine neue Schale und tut Salz darein, und sie brachten sie ihm. Und er ging hinaus zu der Quelle des Wassers und warf das Salz hinein und sprach, so spricht J e h o v a h : Ich mache dies Wasser gesund, es wird fürder daher kein Tod noch Fehlgeburt kommen[299].«

Nicht nur an der eigenen Haut musste der im Meer badende die stärkende Kraft des Salzes wahrnehmen, es konnte auch den Küstenbewohnern nicht lange unbekannt bleiben, dass in Lachen mit sehr konzentriertem Seewasser etwa hineingefallene tierische Körper sich länger unzersetzt erhielten, als in süßem Wasser. Sobald das entdeckt war, musste zweierlei dazu führen, diese Entdeckung weiter zu verfolgen. Die sich so leicht und in Menge darbietenden Nahrungsmittel, welche die See hervorbrachte, die Fische, waren für das Binnenland so gut wie nicht vorhanden, da sie dasselbe nicht erreichen konnten, ohne zu verderben. Aber auch an der Küste schwankte der Fischer zwischen Überfluss und Entbehrung, weil so viele und darunter die wichtigsten, weil zahlreichsten, Fische wegen ihrer natürlichen Wanderungen nur zu bestimmten Jahreszeiten an bestimmten Örtlichkeiten und zwar dann in unzählbaren Mengen erscheinen, um nach einiger Zeit wieder fast spurlos zu verschwinden. So war denn der überflüssigste Reichtum bestimmter Gegenden oder bestimmter Zeiten nicht geeignet, dem Mangel anderer Orte und anderer Zeiten abzuhelfen, ehe man nicht ein Mittel gefunden hatte, die Fische für längere Zeit in essbarem Zustande zu erhalten. Das alles führte denn früh dazu, die gemachte Entdeckung von der konservierenden Kraft des Salzes anzuwenden und auszunutzen. Schon die Ägypter verstanden die Kunst des Einsalzens und sie versendeten kleine Fässchen mit delikat marinierten Nilfischchen[300]. Die älteste Art der Erhaltung der Fischnahrung war die noch jetzt bei Naturvölkern stattfindende, des Dörrens, dem gewöhnlich ein leichtes Einsalzen vorherging (wie bei unserem Stockfisch). Die Ichthyophagen des Homer bereiteten aus solchen getrockneten Fischen durch Zusammenstampfen eine Art Kuchen; gleiches wird von den Äthiopiern und indischen Ichthyophagen erzählt, bei welchen letzteren auch das Vieh damit gefüttert wurde; dasselbe finden wir noch jetzt bei den Kamschadalen[301]. In Ägypten waren große Einsalzstätten am Mörissee und in der Nähe von Pelusium, bei Gerrhae am Sirbonissee. An diesem Orte hatte man das Salz gleich zur Hand[302]. Es scheint aber, als ob man die Produkte, die am Mörissee gewonnen wurden, nur zur einheimischen Konsumation verbraucht hätte; die Ägypter waren ja überhaupt kein seefahrendes und handelndes Volk. Die Einsalzstätten am Sirbonissee waren wohl in den Händen von Phönikern oder Lybophönikern, die als Fischer und Einsalzer bekannt sind (befanden sich doch auch auf Sardinien phönikische Salzwerke[303]). Die Ägypter genossen aus Aberglauben keine Seefische. Schon früher wurde erwähnt, dass die Salzlager in Spanien bekannt waren und diese wurden wahrscheinlich von Kelten betrieben und von ihnen mag auch das Einsalzen der Fische eingerichtet sein, wenn auch die phönikischen Kaufleute ihre Abnehmer waren. Die spanischen Salzfische waren früh schon weit und breit berühmt[304]. Später wurden aber auch die ägyptischen Salzfische geschätzt und ein bedeutender Handelsartikel[305].

Die Römer verschmähten nach dem ganz bestimmten Zeugnis des Ovid in der früheren Zeit alle »Früchte des Meeres«[306], und lernten den Luxus des Fischessens erst später von den Griechen. Dann allerdings wurde auch bei ihnen ein ungeheurer Luxus mit Salsamentis (eingesalzenen Speisen), insbesondere Fischen getrieben. Wir werden hier also ganz besonders auf Griechenland verwiesen und wir haben gesehen, dass sich von da aus schon in sehr früher Zeit ein großartiger Handelsverkehr vom Schwarzen Meere bis ans Westende des Mittelmeers entwickelte, der dem Salze, wenn auch zum Teil nur indirekt durch die gesalzenen Fische, vielleicht seinen Ursprung und jedenfalls seine Belebung verdankt.

Von den hier in Betracht kommenden Fischen sind eigentlich nur wenige namhaft zu machen. Der Stör (oder vielmehr alle Stör-ähnlichen Fische) aus den in den Pontus mündenden Strömen war wohl einer der wichtigsten Wasserbewohner. Ihnen reihen sich die Weise an, deren Größe im Borysthenes gerühmt wird[307]. Viele der bei den Alten vorkommenden Namen gehören nur als Bezeichnungen für Spielarten oder Alterszustände oder Bereitungsweisen demselben Tiere, dem Thunfisch an[308]. Der Hering des Pontus ist aus den von den griechischen und römischen Schriftstellern genannten Fischen nicht herauszufinden. Dass man ihn auch wegen seiner Menge im nördlichen Pontus gefangen und eingesalzen, ist kaum zu bezweifeln, wenn man sieht, dass die Salzfische zum Teil in Griechenland die billigste Speise waren und vorzugsweise Nahrung des gemeinen Mannes, der Sklaven und Bauern (wie noch heut zu Tage an vielen Orten der Hering). Auch war es Speise der Soldaten im Kriege[309]. Daher war es sprichwörtlich: »Hat man kein Fleisch, nimmt man mit Tarichos[66] vorlieb« und »Tarichos kostet nur einen Obolus, aber was dazu gehört, zwei«[310]. Besonders in den Vorstädten und an den Toren wurde der Salzfisch feilgehalten und die Verkäufer standen auf der niedrigsten Stufe der Hausierer, so dass es eine schwere Beleidigung war, einem Emporkömmling zu sagen: »Hast du schon vergessen, dass du Taricha verkauft hast?«[67] [311]

---

66 Salzfisch.

67 Doch aber waren der Philosoph Bion und der Dichter Horaz Söhne von Salzfischkrämern. Vielleicht auch der griechische Dichter Simonides (Die griechischen Lyriker übers. v. Dr. H. Thudichum, S. 229). Im Mittelalter wird Michael Montaigne als der Sohn eines übelberüchtigten Heringskrämers genannt (The french Humorists from the XII. to the XIV. century by William Besant. London 1873, Chap. VI, p. 125.

Die Art des Verfahrens beim Einsalzen gab sehr verschiedene Arten des Salzfisches. Man unterschied geschuppte und ungeschuppte, ganz und halb gesalzene[312]. Der beste Salzfisch hieß bei den Griechen horaea, ein Wort das merkwürdigerweise die Marseiller als horreau und die Genueser als oréol bewahrt haben[313]. Überhaupt ist dies Gewerbe wunderbar konservativ gewesen. Die meisten Arten des Fischfangs und des Einsalzens finden sich noch jetzt im Mittelmeer genauso wie sie uns von den Alten beschrieben werden. Die feinsten Sorten des Tarichos, die nur für die Tische der Reichen bestimmt waren, wurden in Gefäße von gebranntem Ton gepackt, die in der Form ganz denen für Wein, Öl und Honig glichen.

Eine besondere Delikatesse bildete eine Art allgemeiner Sauce[68] aus Salzfisch bereitet, das »Garum«. Dass garon ursprünglich einen bestimmten Fisch bezeichnet habe, ist eine Faselei des späteren Plinius ohne alle Grundlage[69], es wurde auch gar nicht aus den ganzen Fischen oder ihrem Fleisch, sondern aus den mit Salz in der Sonne mazerierten Eingeweiden verschiedener Fische bereitet. Das Garum wurde von den gröberen Teilen abfiltriert und der Rückstand hieß alix, alex, alec, halec. Dieses alec hat noch weniger als das garum irgendetwas mit einem bestimmten Fisch zu tun, es war ein übersalzener Brei von verschiedenen Fischresten. Späterhin wurde garum und alec auch in sorgfältigerer Weise und kostbarer für die reichen Schwelger angefertigt und beim Gebrauch mit edlem Falerner versetzt. Für den gemeinen Mann war »alec mit ›Essig‹, c'est tout comme chez nous!«[314]. Echter Kaviar, d.h. eingesalzener Fischrogen wird bei den Alten niemals erwähnt, vom Arzt Diphilus, den man häufig als Zeugen anrührt; wird nur bemerkt, dass der Rogen der eingesalzenen Fische beim Kochen hart werde[315]. Der frische Kaviar, der eigentlich wohl schmeckende, ließ sich wegen des zu warmen Klimas nicht nach dem Süden versenden. Der scharf

68 Ähnlich wie besonders die Engländer dergleichen zu den verschiedensten Zwecken anfertigen.

69 Bei keinem Griechen findet sich auch nur eine Andeutung, dass garon je einen Fisch bedeutet habe, auch führt Plinius keine Quelle an.

gesalzene und ausgepresste konnte höchstens Kost des gemeinen Mannes sein. Wir haben aber Nachrichten über den pontischen Kaviar aus dem XV. wie aus dem vorigen Jahrhundert[316], auch ein Beweis, wie wenig sich in diesem Gewerbe die Gebräuche ändern.

Allerdings war bei dem weicheren, wasserhaltigerem Fleische der Fische das Einsalzen ein besonderes Bedürfnis; es wurde aber auch wohl ebenso früh auf das Fleisch der Säugetiere angewendet. Am frühesten sollen die Bewohner der kossäischen Gebirge in Persien angefangen haben, das Fleisch wilder Tiere einzusalzen. Ihnen schließen sich dann die Syrer und einige afrikanische Völkerschaften an[317]. Auch das Salzen des Schweinefleisches ist schon ein alter Gebrauch und Rom erhielt große Mengen von Schinken, unter denen die Feinschmecker die der Sequaner in Gallien (Analogie der Bayonner Schinken) und die der Belgier (ähnlich dem westfälischen Schinken) leicht herauszukosten wussten. Aber auch die Iberier und Cantabrier lieferten Schinken von anerkannter Güte[318].

Es ist beim Einpökeln durchaus nicht gleichgültig, welche Sorte Salz man benutzt; das wussten schon die Alten. Plinius sagt: zum Würzen der Speisen sei das Salz, was am leichtesten schmilzt, am besten, aber zum Einpökeln sei das scharfe Cuböische und Megarensische Salz allen anderen vorzuziehen. Als die holländische Heringsfischerei seit 1164 sich entwickelte und bald alle in den Hintergrund drängte, schrieb man die Vortrefflichkeit ihrer Heringe vor allem dem Gebrauche des Salzes von St. Ubes in Portugal zu[319], und die Ostseefischereien sanken, weil sie sich dieses beste Salz nicht preiswürdig verschaffen konnten. England bezieht trotz der eigenen unermesslichen Salzschätze doch nach Mac Culloch jährlich bis 350.000 Scheffel von Portugal zum Einsalzen des für seine Marine bestimmten Fleisches. In neuer Zeit sollen sich die preußischen Ostseefischereien dadurch wieder gehoben haben, dass das Staßfurter Salz sich so ganz vorzüglich zum Einsalzen eignet. Sehr empfindlich ist natürlich die Butter; bei gesalzener Butter hängt der feine Geschmack ganz wesentlich mit von dem benutzten Salze ab. Die Holsteinische Butter hatte sich ihren alten Ruhm unter den Dauerbuttern die delikateste zu sein, dadurch erworben, dass man für dieselbe nur das feine, reine Salz der Lüneburger Saline verwendete.

Unter den mannigfachen eingesalzenen Gegenständen sind jedenfalls eingesalzene Menschenleiber die merkwürdigsten. Es war Volkssitte, die mit religiösen Vorstellungen zusammenhing[320], bei den Ägyptern, den menschlichen Körper auch nach dem Tode so lange als möglich zu erhalten und unter den noch vorhandenen Mumien sind gewiss viele, die ein vielleicht mehr als 5.000-jähriges Alter beanspruchen können. Bei dem Einbalsamieren spielte nun auch das Salz eine wesentliche Rolle. Schon Herodot gibt uns eine ausführliche Beschreibung des ganzen Prozesses. Eine Hauptsache dabei ist nach Entfernung des Gehirns und der Eingeweide ein 70 Tage dauerndes Einlegen in eine Natron- (Kochsalz oder Soda?) Lauge. Ein Papyrus belehrt uns, dass zuweilen auch der Schädel (nach Entfernung des Gehirns?) mit syrischem Salze gefüllt wurde[321]. Historisch berühmte Beispiele von eingesalzenen Leichen sind die des Mithridates, die Pharnaces als Beweis seines Sieges an den Pompeius sendete, die Leiche des Antonius von Kleopatra eingesalzen und die in gleicher Weise behandelte und dann mit ihm im Grabmal vereinigte Kleopatra selbst[322].

Die konservierende Kraft des Salzes gab auch zu einer eigenen Symbolik Veranlassung, die, ich glaube zuerst Plutarch ausführlich entwickelt. Nach dem Tode fallen alle Teile des Körpers auseinander. Im Leben erhält die Seele die Teile intakt und in Verbindung. Ebenso erhält das Salz den toten Körper in seiner Form und seinem Zusammenhang und vertritt also somit gleichsam die Seele[323]. Denselben Gedanken wendete Rabbi Levi von Barcelona auf die Opfer an, das Opfer wirkt erhaltend und Verderben abwehrend auf die Seele, wie das Salz auf das Fleisch und darum salzt man das Opfer. Bei Philo ist das Salz Sinnbild für die ewige Dauer der Welt, und schon Pythagoras soll gesagt haben, das Salz auf der Tafel solle nur an die Gerechtigkeit mahnen, die wie das Salz, alles erhält, dessen sie sich bemächtigt[324]. An diese geistige Symbolik des Salzes erinnert uns auch die deutsche Mythologie, wenn sie sagt: »Der Urriese sei aus dem Niederschlag der urweltlichen Gewässer entstanden, die Götter aber seien aus den Salzsteinen geleckt, denn das Salz bedeute das geistige Prinzip[325].«

Spezieller noch in der Bedeutung als vornehmster Würze wendete man das Salz zu Gleichnissen an. Schon Plato erwähnt eine Lobschrift auf das Salz[326] und ἅλες (h a l e s, Salze) heißen bei den G r i e c h e n allgemein witzige, beißende Reden. Ebenso bei den R ö m e r n s a l e s, witzige Reden, s a l e s a m a r i, beißende Reden, s a l s u s (gesalzen) witzig, i n s a l s u s (ungesalzen) dumm. S a l n i g e r als beißenden Scherz hat H o r a z; »in so großem Körper ist auch nicht ein Krümchen Salz« und »sie haben Salz und Anmut«, singt C a t u l l; »bei dir herrscht mehr Salz (Geschmack) als Aufwand« findet sich bei C o r n e l i u s N e p o s, und C i c e r o bemerkt von S c i p i o »er übertraf alle an Salz und Witzreden[327].« Bei uns ist »attisches Salz« ein geflügeltes Wort. In der a n d a l u s i s c h e n Volkssprache bedeutet s a l so viel wie Anmut und man kann einem Weibe nichts schmeichelhafteres sagen, als wenn man sie »s a l e r o« (Salzfass) nennt oder sagt, sie sei s a l a d o (recht gesalzen). »Salzfass meiner Liebe« bedeutet so viel als ein recht anmutiges, liebenswürdiges Geschöpf[328]. Auch der A r a b e r hat das Sprichwort »Auf der Tafel der Sitten ist die Sanftmut das Salz; wenn du die Sanftmut umdrehst, so ist sie Salz« (h i l m – arab. = Sanftmut, m i l h – arab. = Salz[70])[329]. So wären wir denn wieder zum O r i e n t geführt, woher die Symbolik des Salzes stammt, wo das Wort der alten Taufformel »das Salz der Weisheit« entstand und wo P a u l u s sagt: »Eure Rede sei holdselig und mit Salz gewürzt[330].« Hier finden wir aber auch noch eine Stelle im M a t t h ä u s, mit der sich die Theologie viel unnütz beschäftigt hat: »Ihr seid das Salz der Erde, wenn aber das Salz selbst fade wird, womit soll man das denn wieder würzen[331].« Man könnte dieses »fade werden« ganz einfach als eine bloße Voraussetzung ansehen, um daran zu erinnern, dass wenn das, was vorzugsweise im eminentesten Sinne Würze ist, seine Kraft verliert, es nichts gibt, womit man dem Salz die Kraft wieder geben kann. Man hat indessen nach realen Grundlagen gesucht und in dem Salztal bei A l e p p o eine Erdwand gefunden, an der Soda auswittert und da übrigens die Umgegend Salzboden ist, gemeint, hier das dumm gewordene Salz gefunden zu haben[71]. In starker Hitze zerfetzt sich das Kochsalz nicht, da es in der

70 Oder, nach semitischem Gebrauch, ohne Vokale geschrieben: h l m und m l h.

71 Die Angabe M a u n d r e l l s, dass die Salzadern an der genannten Erdwand vollkommen geschmackslos seien, ist jedenfalls unrichtig, mag es nun Soda, Natron oder Salpeter sein.

Weißglühhitze sich unzersetzt verflüchtigt: ob es durch die Sonnenwärme zersetzt werden kann, weiß ich nicht[332], glaube es auch nicht. Aber auch Plinius spricht angeblich von fade gewordenem Salze[333]. Theologenweisheit! Näher liegt es, in diesem Salz eine Erinnerung an die damals ziemlich allgemeine Sitte zu finden, dass man das Salz selbst wirklich würzte, d.h. mit anderen Gewürzen versetzte. Salz und Kümmel zu verbinden kommt schon bei den Griechen vor und hat sich, wie schon erwähnt, bis in unsere Zeit erhalten[334]. Aber auch andere Gewürze hat man hinzugefügt und überall wird gewürztes Salz genannt[335].

An das Salz als Würze knüpfte sich natürlich noch eine andere Anschauung, der anregenden, nervenanregenden, reizenden Wirkung und so schrieb man dem Salz auch die Eigenschaft zu, das liebende Begehren, die Leidenschaft zu erregen. Bemerkungen die sich auch dem noch wenig tief eindringenden Geiste nicht entziehen können, lagen dem einfach und sicher beobachtenden Auge der alten Welt offen. Das Meer war ohne Frage das befruchtende, zeugende Element. Wenn wir von den wenigen Säugetieren des Meeres absehen, so zählen bei den Meeresgeschöpfen die Nachkommen nach Tausenden und Hunderttausenden. Das schrieb man umso leichter dem Salze zu, da man damit andere Beobachtungen, die man gemacht zu haben glaubte, verband. Man erzählte sich, dass bei der Hundezucht häufiger Salzgenuss die Nachkommenschaft vermehre, dass die Zahl der Mäuse sich gerade auf Salzschiffen so unberechenbar vergrößere, dass man schon damals zu dem Gedanken der Parthenogenesis kam, d.h. zu der Ansicht, dass die Mäuse ohne Mitwirkung eines männlichen Wesens Junge werfen könnten[72] [336].

So bildete sich die Überzeugung, dass Salz und physische Liebe in engem Zusammenhang stehen müssten, und Salz wurde das Symbol der Zeugung[337]. Auch die neuere Zeit hat diese Wirkung bei den Tieren anerkannt[338]. Die Ägyptischen Priester enthielten sich deshalb zur Zeit besonderer Weihe und heiliger Handlungen streng des Salzes, als eines die sinnlichen Begierden zu sehr aufregenden Stof-

72 Die Möglichkeit und Wirklichkeit davon, wenigstens bei niederen Tieren z.B. Blattläusen ist jetzt naturwissenschaftlich festgesetzt.

fes[339]. Bei den Römern hieß ein »verliebter Mensch« salax und diese Anschauungsweise lebt noch bei uns fort, wenn wir im Scherz sagen, die Köchin, welche die Suppe versalzen, müsse verliebt sein. Eine Sitte der Landschaft Kempen in Belgien will ich hier erwähnen, obwohl ich sie nicht geradezu mit dem vorhergehenden in Verbindung zu setzen weiß: Sind zwei Liebesleute miteinander einig, so hat der Bursche das Recht an Fastnacht, Mitfasten und Ostern einen Abend sein »lief« oder »amurtje« auf längere Zeit zu besuchen und diese drei Zusammenkünfte führen die sonderbaren Namen: »sein Lieb ins Salz legen«, »sein Lieb im Salz umdrehen« und »sein Lieb aus dem Salz holen«[340]. Ähnliche Sitten oder Sagen sind mir bei den Germanen noch nicht vorgekommen.

»Jedes Gleichnis hinkt« und darin liegt das Gefährliche im Gebrauch von Gleichnissen, indem Ungebildete leicht den Vergleichungspunkt (das sog. tertium comparationis) aus dem Auge verlieren und die Gleichung auf Seiten der verglichenen Gegenstände ausdehnen, die nichts miteinander gemein haben. Das Symbol ist ein Gleichnis und alle religiöse Zwietracht wird hervorgerufen durch den Gebrauch der Symbole bei Menschen, in denen die reine, ursprüngliche Grundlage der Religion noch nicht zum klaren Bewusstsein gekommen ist, die daher das Symbol mit der Sache verwechseln. Ein recht schlagendes Beispiel in dieser Hinsicht bietet das Salz dar. Wir haben oben gesehen, dass, und wie es zum Symbol der Zeugung und der Fruchtbarkeit wurde. Es gilt aber auch mit demselben Recht auf der anderen Seite als das Symbol der Zerstörung und der Unfruchtbarkeit. Nicht bloß der ästhetische Reisende, sondern auch der tiefer blickende Naturforscher muss die trostlose Öde und Unfruchtbarkeit weit ausgedehnter Salzsteppen anerkennen. Entweder gänzlicher Mangel an Vegetation oder ein dürftiger Anflug eigentümlicher meist saftiger und stachliger Gewächse, die zu nichts brauchbar sind, als aus ihrer Asche Soda zu gewinnen, charakterisieren den Salzboden. Kein nährendes Gras entspross ihm; Hirte wie Ackerbauer meiden seine Grenzen. Am lebhaftesten musste sich das den Völkern aufdrängen, die zwischen, oder in der Nähe von ausgedehnten, mit auswitternden Salzkrusten bedeckten oder mit Salzlachen und Salzsümpfen durchzogenen Ebenen wohnten. Darunter treten uns denn die Semiten vor allem entgegen. Die Schriften der Israeliten sind voll von Stellen, welche die Unfruchtbarkeit der Wüste, des Salzbodens als einen Fluch erscheinen lassen. Der Fluch über das ungehorsame Israel[341] hat: Schwefel und Salz, und Brand sein ganzer Boden, der nicht besäet wird und nichts trägt ... Und ähnlich bei Zephania: »Darum bei meinem Leben!«, spricht Jehova ... Moab soll wie Sodom werden, und die Söhne Ammons wie Gomorra. Nesselbesitz und Salzgrube und ewige Wüste[342].« Aber auch anderen Völkern wurde bald die Unfruchtbarkeit des Salzbodens klar. Virgil singt:

»Aber die salzige Erde, die sich als bitter erwiesen,
Jeder Ernte verderblich und keinem Pfluge gehorsam,
Die kleine Gabe des Bacchus und nie ein Apfel geziert hat[343].«

und Plinius bemerkt, dass jeder Boden, in dem Salz gefunden wird, unfruchtbar sei[73] [344]. Es ist natürlich, dass man darauf auch symbolische Handlungen gründete, indem man das, was zur Strafe wüste bleiben sollte, mit Salz bestreute. So finden wir im Buch der Richter: »Und Abimelech stritt wider die Stadt Sichem selbigen ganzen Tag und nahm die Stadt ein, und das Volk, das darinnen war, erwürgte er und zerstörte die Stadt und streute Salz darauf[345].« Ähnliches erzählt die Sage von Attila nach der Zerstörung von Padua und von Friedrich Barbarossa, der 1162 den Boden des von ihm zerstörten Mailand angeblich mit Salz bestreuen ließ. Die Geschichte bietet übrigens noch mehrere Beispiele dieser symbolischen Handlung dar. Wahrscheinlich gehört hierher auch noch eine eigentümliche Bezeichnung für eine Verwünschung bei den Griechen »Verwünschungen ausstreuen«, was man auf eine alte cyprische Sitte bezieht, wonach man vor dem, den man verfluchte, Korn und Salz hinstreute[346].

Ich erwähne hier noch einer alten israelitischen Sage, für die ich sonst keinen Platz weiß und der ich auch überall kein Verständnis abgewinnen kann, da es ihr an irgendeinem verständlichen sittlichen oder intellektuellen Kerne gebricht; es ist die Verwandlung von Lots Weib in eine Salzsäule[347]. Dass das Gebiet des Toten Meeres ein

---

73 Ich möchte hier daran erinnern, wie oft wir in der Nähe von Salinen den Namen Dürrenberg, Dürrheim usw. begegnen.

vulkanischer Boden sei, ist vielleicht möglich, aber durchaus nicht nachgewiesen; aber sehr wohl darf bezweifelt werden, dass Ausbrüche daselbst in historischer Zeit stattgefunden haben. Indes ist es immerhin denkbar, dass das Einsinken eines Teils des Tales, durch das der Jordan früher seinen Lauf nach Süden zum Roten Meer fortsetzte, schon von Menschenaugen beobachtet ist. Dieses Einsinken bis zur Tiefe des Toten Meeres vielleicht mit gleichzeitiger Bodenerhebung im Süden, wodurch der Flusslauf abgedämmt wurde, zumal wenn noch einige Feuererscheinungen sich damit verbanden, wie sie bei Salzlagerstätten ja gar nicht selten sind[74], mussten einen so großen Eindruck machen, dass sich die Erinnerung daran wohl Jahrhunderte hindurch erhalten konnte. Aber es ist im höchsten Grade unwahrscheinlich, dass diese Niveauveränderungen in der Talsohle mit der Bildung des meilenlangen Salzgebirges an dem Südende des Toten Meeres und mit den übergroßen Steinsalzmassen jener Gegend[348] in irgendeiner Beziehung stehen, noch weniger, dass sie gleichzeitig sind. Wenn auch in jener Gegend einige Hütten an den Ufern des Jordan lagen, so kann diese Salzwüste doch nie so fruchtbar und bevölkert gewesen sein, dass dort zwei große Städte mit eigenen Königen hätten bestehen können. Somit entbehrt die Sage aller lokalen Grundlage, wodurch sie mit Naturerscheinungen in Verbindung gesetzt werden könnte. Dass die Bewirtung der Engel durch Lot und seine Frau sehr als Nachdichtung der Philemon und Baucis erscheint, ist nicht gut abzuweisen[349]. Die Verwandlung der Frau in eine Salzsäule haben einige Theologen ganz hinweg zu erklären versucht, was sprachlich untunlich ist. Auch das Verbot des Zurücksehens lässt sich mit einem ähnlichen bei Ovid vergleichen[350]. Aber die Römer wissen doch (bei der auf die Oberwelt zurückkehrenden Eurydike) einen Grund für dieses Verbot[351], der hier bei Lot gänzlich fehlt. So liegt weder ein natürlicher Grund noch ein sittlicher Inhalt in der Sage angedeutet und dieselbe kann deshalb ruhig an ihrem Ort gestellt bleiben. Dass man in späterer Zeit in dieser an Salzhaufen und Salzblöcken so reichen Gegend auch den neugierigen Reisenden die Salzsäule von Lots Weib gezeigt

74 Man vergleiche den ersten Abschnitt des zweiten Teiles dieser Arbeit.

hat, versteht sich von selbst. Nur ein Narr legt Wert auf dergleichen Demonstrationen[352].

Es liegt für noch rohe Zustände der staatlichen Entwicklung sehr nahe, dass die Machthaber gerade von den unentbehrlichsten Bedürfnissen der Menschen eine Abgabe erheben, weil dieselbe, alle treffend, den größten Ertrag gibt und nicht etwa wie seiner Zeit die österreichische Tabakssteuer in der Lombardei durch einfache Enthaltsamkeit abgewiesen werden kann. Dass in dieser Beziehung die Salzsteuer eine der schlimmsten Ausbeutungen der Armen und Schwachen durch die Reichen und Mächtigen darstellt, dass damit geradezu den Armen das Brot genommen wird, um die Reichen damit zu mästen, konnte jene frühe, auch wissenschaftlich rohe Zeit noch nicht wissen. Ich sage die schlimmste, weil es eben eine physiologische Unmöglichkeit ist, dass der Reiche aus Luxus eine viel größere Quantität des Salzes braucht als der Arme. Maximum und Minimum des Verbrauchs sind hier in gleicher Weise durch die unabänderlichen Gesetze der tierischen Organisation bestimmt. Arme und Reiche zahlen unvermeidlich gleich viel d.h. was sonst der Reichtum tragen müsste, wird bei dieser Steuer dem Armen abgepresst, damit der Reiche frei ausgeht. Diese Ungerechtigkeit fühlt der Instinkt des Volkes freilich bald heraus und rächt sich dafür in seiner Weise. Wir dürfen dem Gesagten zu Folge erwarten, dass sich durch die Salzsteuer vorzüglich freie und despotische Staaten unterscheiden werden, und so finden wir es in der Tat. Die ältesten Andeutungen über Salzabgaben sind wohl die, welche Arrian uns mitteilt, wonach die ägyptischen Priester am Hammonium von dem feinen dort gegrabenen Steinsalz einen Teil in von Palmblättern geflochtene Körbchen packten und es dem Könige darbrachten[353]. Bei den Juden treffen wir die Salzsteuer auch zu einer Zeit, als sie schon aufgehört hatten selbständig zu sein. Josephus erzählt, dass Demetrius Nikator, an den Makkabäer Jonathan schreibend (um 146 v. Chr.), den Juden unter anderen auch die Erhebung der Steuern von den Salzseen zurückgegeben habe[354]. Ob eine solche Abgabe schon unter den Königen erhoben wurde, wissen wir nicht. Salzsteuern werden als vom einäugigen König Antigonus und von Lysimachos, Feldherrn Alexanders d. Gr. auferlegt, erwähnt[355]. Plinius führt den indischen Salzberg Oromenos an, von dem der König (welcher? der König von Persien?) größere Abgaben ziehe, als von Gold und Perlen. Ganz anders dagegen finden wir es in den freien Staaten des Altertums, soweit wir davon unterrichtet sind.

Von den national-ökonomischen Einrichtungen der Griechen wissen wir allerdings sehr wenig. Ich habe aber in keinem griechischen Schriftsteller auch nur eine Andeutung über das Bestehen eines Salzzolles gefunden. Nur über Athen haben wir einige spärliche Nachrichten, die Böckh in seinem Buch über den Staatshaushalt der Athener zusammengestellt hat. Danach scheint es, dass anfänglich Salzgewinn und Salzhandel ein freies Gewerbe war. Größtenteils gehörte Salz und Fischerei den einzelnen Gemeinden in ihrem Gebiete und wurde wohl an Private verpachtet. Wir besitzen noch in einer Inschrift bei Böckh die Urkunde über einen solchen Pachtvertrag die Salzwerke an der Küste des Piraeus betreffend. Diese Pächter mochten wohl versuchen, den Preis unnatürlich in die Höhe zu schrauben und so wurde von den Athenern einmal durch einen Volksbeschluss der Preis des Salzes herabgesetzt[356].

Etwas mehr wissen wir von den Römern, die vielfach gesunde staatswissenschaftliche Ansichten hatten, wie sich z.B. in den Worten der Latona an die lykischen Bauern bei Ovid ausspricht: »Was beschränkt ihr das Wasser? Die Benutzung der Gewässer ist ein allgemeines Recht[357].« Nach Livius soll Ancus Martius die Stadt Ostia gegründet und dort die ersten Salinen angelegt haben, d.h. sie bestehen dort seit unvordenklichen Zeiten und gehören schon der Sage an. Der Betrieb der Salzwerke war aber in Privathänden und da hierdurch auch der Salzpreis eine ungerechtfertigte Höhe annahm, so entzog der Senat nach Vertreibung der Tarquinier (um 506 v. Chr.) den Privaten die Salzwerbung und den Salzhandel und machte beides zu einer Staatsangelegenheit, um den Salzpreis so niedrig als möglich halten zu können. Der Preis wurde für ganz Italien gleich angesetzt. Erst bei Beginn des zweiten punischen Krieges reformierte der Konsul Livius das Salzwesen und legte (zur Bestreitung der Kriegskosten) einen Zoll auf das Salz, der ihm den Hass des ganzen Volkes und den Spottnamen »Salinator« (Salzknecht) eintrug, der pekuniäre Ertrag soll nach Mommsen nur ein geringer gewesen sei. Zu Zeit des Verfalls der Republik wurde aber das Salz nach und nach als eine bedeutende Finanzquelle angesehen und demgemäß ausgebeutet, so dass später zu den Spenden an das Volk häufig auch Salz gewählt werden musste, um die allgemeine Unzufriedenheit zu dämpfen[358]. Dies blieb denn auch Gebrauch »im Heiligen römischen Reiche«. Vom Beginn des XII. Jahrhunderts an haben wir viele Urkunden über das Droit de salage in Frankreich und auch hier erhielt Philipp VI. wegen fsiner Salzbedrückungen den Spottnamen »der Salzjude« (Salinarius)[359]. In Ungarn finden wir Salzabgabe seit Beginn des XIII. Jahrhunderts[360]. In Deutschland besteht ein Salzzoll ebenfalls schon vor dem XIII. Jahrhundert in großer Ausdehnung[361]. In England dagegen bis 1694 unter Wilhelm III. (die kurze Zeit der Republik ausgenommen), in Russland bis auf Peter den Großen kannte man keine Salzsteuer. Dass das despotische Morgenland das Salzbedürfnis ausbeutete ist selbstverständlich und verweise ich dafür auf Marco Polo und die Mitteilungen der russischen Gesandtschaft in Peking[362]. In Afrika wird an der großen Sebcha (der Salzlache) außer dem Preis für das Salz noch eine Ausfuhrsteuer erhoben und in Mexiko musste täglich eine gewisse Menge Salz an den Hof des Königs geliefert werden[363].

Das Volk wehrte sich gegen diese Bedrückungen so gut es konnte durch (gewöhnlich wirkungslose) Proteste, die höchstens in den Händen der Kirche einen Erfolg hatten, wie die Erklärungen auf dem Konzil von Avignon 1209 und von Arles 1234[364]. Ja selbst zum Aufruhr soll das Salz Veranlassung gegeben haben. Wenigstens wird von mehreren Chronisten behauptet, dass der Aufstand der Genter gegen den Herzog von Burgund vorzüglich durch die Salzsteuern hervorgerufen sei[365]. Im Allgemeinen war freilich das Volk auf das einzige Mittel beschränkt, wodurch es seine strafende Gerechtigkeit geltend machen konnte, nämlich auf die Sagenbildung[366]. So entstand die Sage, dass der Gesundbrunnen bei Edipsos, sobald man versucht habe, von den Trinkenden eine Abgabe zu erheben, versiegt sei. Ebenso wird erzählt, dass, als Lysimachus von dem bis dahin freien Tragasaischen Salze versucht habe eine Steuer zu erheben, das Salz verschwunden und erst wieder gewachsen sei, nachdem der Zoll aufgehoben[367]. Dieselbe Bedeutung hat die folgende Sage. Der Großfürst Swiatopolk verweigerte (1100 n. Chr.) den Salzschiffen den Zugang zu seinen Landen und rief dadurch im russischen Reich einen allgemeinen Salzmangel hervor. Der fromme Mönch Prochorus im Kiewschen Höhlenkloster sammelte aus allen Zellen die Asche, die sich unter seinen Händen in Salz verwandelte und die er so dem Volke austeilte. Darüber verklagten ihn die privilegierten Salzhändler beim Großfürsten, der dem Mönch das Salz wegnahm, welches sich aber sogleich wieder in Asche verwandelte; so blieb es drei Tage, dann ließ der Großfürst es wegschütten; als aber nun das Volk sich die Asche holte, war es wieder zu Salz geworden[368].

So haben wir das Salz in seinen Beziehungen zum Menschen besprochen. Aber der Mensch genießt es nicht nur selbst, sondern spendet es auch den Tieren, die vielleicht einstmals seine Lehrmeister im Salzgenuss gewesen waren. Schon Jesaias sagt: »Die Rinder und die Esel, die den Acker bauen, fressen gesalzenes Futter, welches man wurfelt mit der Schwinge und mit der Wurfschaufel«. Bei den Griechen sagt uns Aristoteles: »Schafen und Ziegen gibt man im Sommer Salz, damit sie fett werden« Der prosaische Plinius erwähnt: »Auch alles Vieh wird durch Salz zum Weidegang angereizt, gibt reichliche Milch und schöneren Käse«, und der Dichter Virgilius singt:

»Wer, ein Freund der Milch, den reichen Klee und den Lotos
Eigenhändig und auch gesalzene Kräuter zur Krippe
Trägt, dem lachen dann die angeschwollenen Euter
Und es zeigt verhüllt die Milch den feineren Salzreiz«.

Alle Landwirte auch und Virgil an der Spitze rühmen die Verbesserung des Käses durch Salzzusatz[369]. Auch bei den Indern muss der Gebrauch, dem Vieh Salz zu geben, sehr alt sein, denn Amara-Koscha (vor Chr.) führt ein Wort an, welches bedeutet: »So viel Salz als man einer Kuh gibt[370].«

Endlich noch einen Widerspruch müssen wir anführen, um alle Beziehungen des Salzes zu erschöpfen. Sobald der Mensch das Salz kennen lernte, war es ihm eine kostbare Würze, ein unentbehrlicher Genuss geworden. Er suchte es auf, wo es nur zu finden war. Die Natur ist aber nicht karg gewesen mit dieser Gabe und so wurde das Salz bei all seiner Kostbarkeit und Unentbehrlichkeit doch bald im Einzelnen und Kleinen ein Gegenstand, der wenig Aufmerksamkeit zu verdienen schien. Ein paar Körnchen Salz wurden Bezeichnung des Wertlosesten, was man nennen wollte. Sagen wir doch heute noch, wenn wir etwas recht geringes bezeichnen wollen: »Damit verdient man ja nicht einmal das Salz zu seinem Brote«. Aber diese Anschauung ist noch viel älter. So heißt es schon in der Odyssee:

»Du vom Eignen schenktest dem Darbenden schwerlich ein Salzkorn«.

Und bei Theokrit sagt der Liebhaber zum Mädchen:

»Jetzt wohl gäbst du mir alles, doch später selbst nicht ein Salzkorn.«

Wenn wir hier das Salz in seinen ursprünglichen Verhältnissen zum natürlichen Menschen kennen gelernt haben, so erscheint es ganz anders, wenn wir es nun unter der Herrschaft einer hochgesteigerten Zivilisation und einer fortgeschrittenen Wissenschaft betrachten. Das soll uns im nächsten Abschnitt beschäftigen.

Zweiter Teil

Das Salz unter dem Einflusse der modernen Kultur

Erster Abschnitt

Natur des Salzes, Vorkommen und Ursprung desselben

Wenn man sich fragen wollte, was denn das Salz wirklich ist, von dem ich im ersten Abschnitt gesprochen habe, so müsste ich eigentlich die Antwort schuldig bleiben, denn Salz ist ein so unbestimmter Begriff, dass zu verschiedenen Zeiten, sowie von verschiedenen Menschen sehr verschiedene Dinge unter diesem Namen zusammengefasst sind, bald mehr, bald weniger, bis endlich die zur Wissenschaft entwickelte Chemie bestimmte Normen festsetzte, mit denen aber selbst der Gebildete der Neuzeit sich ohne wissenschaftliche Vorbildung nicht wird verständigen können. Wie viele Menschen gibt es nicht, die kuriose Gesichter machen werden, wenn ich ihnen sage, dass die weiße Kreide und das prachtvolle Berliner Blau, dass der giftige Bleizucker und der schön blaue Kupfervitriol Salze, ja eigentlich im wissenschaftlichen Sinne ältere und ursprünglichere Salze sind als das Kochsalz, das wir im gemeinen Leben fast ausschließlich unter »Salz« verstehen. Die Beantwortung der Frage: was ist Salz? ist nahebei dieselbe als die der Frage: was ist Chemie? An die Untersuchung über das Wesen des Kochsalzes knüpfen sich fast alle bedeutenden Fortschritte, wodurch das unbeholfene Herumtappen der Alchemie zu einer festen Wissenschaft von umfassendster und ergreifendster Bedeutung geworden ist.

Bei den Alten ist der Begriff »Salz« noch ein höchst unbestimmter, schwankender. Gewisse Einwirkungen auf die Geschmacksnerven, sowie die auf reichlicheren Genuss folgende Steigerung der Ess- und Trinklust, bestimmten das, was als Salz angesehen werden sollte; was dem reinen Kochsalze, wie es etwa im Steinsalze sich darbot, nicht ganz entsprach, wurde als besondere Art, oder als unreines Produkt, aber immer als Salz angesehen. Aus den Mitteilungen über Gewinnungsweise, Farbe und sonstige Eigenschaften können wir schließen, dass das hebräische »N e t e r« und »K i n i t«, das griechische »h a l s« und »n i t r o n«, das lateinische »s a l« und »n i t r u m« wohl Kochsalz, Soda, Pottasche und Salpeter und vielleicht noch Salmiak zusammenfasste[371]. Es schmeckte besser oder schlechter, es genügte den Zwecken des Einsalzens usw. mehr oder weniger gut, aber es war doch immer Salz. Die ganze Verschwommenheit und Nebelhaftigkeit der damaligen Kenntnisse vom Salz zeigt sich bei P l i n i u s, der am Schlusse der alten Zeit ihre Schätze zwar sammelt, aber auch schon im Übergang zur Folgezeit aufhört Beobachter, Forscher zu sein und nur aus Büchern Worte, die er offenbar zum Teil nicht einmal versteht, zusammenklaubt. Vieles von dem, was er und seine Zeitgenossen über das Salz erzählen, müssen wir dahin gestellt sein lassen, weil den Mitteilungen kein Sinn abzugewinnen ist. »Salzblumen«, »Salzasche«, »Salzschaum« so wie P l i n i u s sie beschreibt, lassen sich nicht auf etwas Greifliches zurückführen, noch weniger das plastische Salz des A r i s t o t e l e s, das als zähe, halbflüssige Masse in der Landschaft von U t i k a gefunden, erst an der Sonne getrocknet hart wie parischer Marmor wird und welches man zu Tiergestalten und verschiedenen Geräten verarbeitet[372].

Das Mittelalter, wo alles Verkehrte und Unfruchtbare durcheinander schwatzte: kirchlicher Aberglaube, neuplatonischer Mystizismus, spitzfindig-logischer Dogmatismus und die großartigste reale Ignoranz, war völlig unfähig, die natürliche Unzulänglichkeit der ersten naiven Beobachtungen zu vervollständigen und Ordnung in die noch schwankenden Auffassungen zu bringen. Es konnte nur, was vorlag, durcheinander rühren und selbst bis zum Blödsinn verwirren. Die alles Wissens und aller Anschauung baren Mönche in ihren düsteren Zellen machten aus den theoretischen (naturphilosophischen) Anschauungen der Alten reales Wissen, die aristotelischen Elemente, als Prinzipien alles Werdens, fassten sie als reale greifbare Dinge auf. So entstand die Alchemie, welche versuchte, die reine Erde, das reine Wasser usw. darzustellen und aus deren Verbindung dann alles Mögliche nachzuschaffen. Vieles blieb auch hier nur Faselei des bornierten Grüblers in der Zelle. Aber zum Glück waren auch einige so kühn, diese Grübeleien in die Wirklichkeit überführen zu wollen. Dass dabei alle ihre Träumereien Bankrott machten, ist selbstverständlich, aber es traten ihnen doch dabei eine Menge realer Erscheinungen entgegen, die sie, noch immer in ihren utopischen Erwartungen befangen, weiter verfolgten, bis endlich die sich häufenden Beobachtungen schon in einer günstigeren, zum neuen geistigen Leben erwachten Zeit, zu einer Ausgabe besonderen, wissenschaftlichen Studiums gemacht und so endlich die Grundlagen zur wahren Chemie gelegt wurden. Die Alchemie kam allmählich auf einige Stoffe, die sie noch mehr zu vereinfachen nicht im Stande war (zwei davon waren wirklich einfache Stoffe im Sinne der jetzigen Wissenschaft). Sie verließ daher nach und nach die Aristotelischen Elemente und setzte diese gefundenen Stoffe an deren Stelle. Lange Zeit wurden Schwefel und Quecksilber als die nunmehr wirklich gefundenen Elemente angesehen, aus denen wenigstens alle Metalle zusammengesetzt seien, obwohl sie zugeben mussten, dass die real vorkommenden Dinge: Schwefel und Quecksilber noch lange nicht die reinen von ihnen gesuchten Elemente seien. Hierzu fügte Basilius Valentinus noch das Salz als drittes Element und von Paracelsus wurde diese Lehre weiter entwickelt[373]. Aber Gold daraus zu machen, gelang doch nicht. Die Kunst des Trennens und Vereinigens der Stoffe, um zu diesem Ziele zu kommen, die sogenannte »Spagirische Kunst« war es eben, welche geistreiche Männer bewog, auch mit Verzicht auf das Endziel des Goldmachens alle dabei hervortretenden Erscheinungen zu studieren, zu sammeln und unter gewisse Gesichtspunkte zu ordnen. Man fing an, zwei Klassen von Stoffen zu unterscheiden, »Säuren« und »Alkalien« (Lixivien oder Salzlaugen), die einen Gegensatz darboten, sich leicht vereinigten und dann in der Vereinigung ihre früheren Eigenschaften vollständig aufzuheben, sich gegenseitig zu neutralisieren schienen. Ein deutscher Arzt aus Hanau, Franz Sylvius, führte zuerst diese Ansicht aus und wendete sie auf Physiologie und Medizin an. Ein französischer Forscher, Nicolas Lemery aus Rouen, verfolgte die Sache weiter und schied die Alkalien in »mineralische« (weil aus Steinsalz gewonnene), Soda,

»vegetabilische« (aus der Pflanzenasche gezogene), Pottasche und »flüchtige« (durch Destillation z.B. von Hirschhorn hergestellte), Ammoniak (Hirschhorngeist). Die Verbindung dieser Alkalien mit Säuren nannte man Neutralsalze. Hier hatte man noch übersehen, dass jene Alkalien schon Salze, Verbindungen der wirklichen Alkalien mit einer Säure, der Kohlensäure, sind; da aber die Kohlensäure bei der Verbindung z.B. mit Schwefelsäure in Luftform entwich, entzog sie sich zunächst der Beobachtung An diesem Experimentieren mit Trennungen und Verbindungen, wenn auch vorläufig noch in einem sehr eng begrenzten Kreise, entwickelte sich allmählich durch Becher, Stahl, Geoffroy, Bergmann, Proust, die Lehre von der chemischen Anziehungskraft (Verwandtschaft) und ihrer verschiedenen Stärke (Wahlverwandtschaft). Unter den chemischen Prozessen war sodann eine Klasse, die die Aufmerksamkeit und den Scharfsinn der Forscher aufs Äußerste in Anspruch nahm. Es war Becher, der zuerst (1681) darauf kam, die Darstellung des Schwefels aus der Schwefelsäure und die Gewinnung der Metalle aus ihren Kalken (Oxiden, wie wir jetzt sagen), z.B. die Bildung des Zinnes aus der Zinnasche mit einander zu vergleichen. Stahl, darauf eingehend, meinte (1697), es verbände sich in beiden Fällen mit dem fraglichen Körper ein gewisses Element der Verbrennbarkeit. Er nannte dasselbe Brennstoff (Phlogiston). Zinn ist also nach ihm Zinnasche mit Phlogiston. Entzieht man einem Metall das Phlogiston durch Verbrennen, so verwandelt das Metall sich wieder in Metallkalk. Wenn sich aus Schwefel durch Verbrennen Schwefelsäure bildet, so lag es dem verständigen Menschen damals am nächsten, anzunehmen, dass durch das Verbrennen irgend ein Teil des Schwefels zerstört werde und eben diesen zerstörten Teil nannte man Phlogiston. Es war immerhin ein weiterer Schritt zum Ziel.

Die Untersuchungen hatten bis dahin eigentlich nur dem Aristotelischen Element der »Erde« gegolten; Stahl zog durch seine Verbrennungstheorie das »Feuer« mit in den Kreis der Forschung. Es blieben nun noch »Luft« und »Wasser« zu betrachten. Von verschiedenen Luftarten hatte man bis dahin so wenig eine Ahnung, als man an eine Zusammensetzung des Wassers dachte. Den Anfang in der großen Reihe von Entdeckungen, der später sogenannten pneumatischen Chemie, bildete die Entdeckung der gasförmigen Kohlensäure als Bestandteile des Kalksteins, der Kreide usw. durch Black und der Nachweis, dass gebrannter (lebendiger oder kaustischer) Kalt nur durch den Mangel an Kohlensäure vom rohen Kalkstein sich unterscheide. Da die luftförmige Kohlensäure in der Verbindung mit Kalk ihre Flüchtigkeit verliert, so nannte Black (1755) sie fixe Luft und fand sehr bald, dass lebendiger Kalk der Soda und Pottasche eben diese Luft in der Berührung entziehe und dieselben ganz in den Zustand des gebrannten Kalkes überführe, sie ätzend mache. Cavendish entwickelte 1766 durch die Vermischung von Wasser, Zink und Schwefelsäure eine Luftart, die er brennbare Luft nannte (unser jetziges »Wasserstoffgas«). Den 1. August 1774 entdeckte Priestley im Salpeter und rotem Quecksilberoxid eine Luftart, die er dephlogistisierte Luft nannte (jetzt »Sauerstoff«) und gab dadurch den Anstoß zu einer ganz neuen Entwicklung der Chemie. Schon 1772 hatte Rutherford das Stickstoffgas gefunden, Priestley stellte es ebenfalls dar und nannte es phlogistisierte Luft. Endlich wies Cavendish 1784 nach, dass, wenn man Wasserstoff verbrennt, derselbe sich mit der dephlogistisierten Luft zu Wasser verbindet. Angeblich im XV. Jahrhundert soll Basilius Valentinus die Salzsäure entdeckt haben. Das wird wohl immer apokryph bleiben, aber gewiss ist, dass Glauber 1652 Kochsalz mit Schwefelsäure destillierte und so eine rauchende stehend saure Flüssigkeit erhielt, die er Spiritus salis fumans (rauchenden Salzgeist) nannte. Priestley gelang es, diese Säure als ein Gas darzustellen, und Scheele (1774) lehrte ihre Zusammensetzung aus dephlogistisierter Salzsäure und Phlogiston. Was aber dephlogistisierte Salzsäure und in diesem speziellen Falle das Phlogiston sei, war damals noch nicht zu sagen; hier musste erst wieder eine ganz andere Untersuchungsreihe dazwischen treten und zu Ende geführt werden.

Ein Mann, den die entfesselte Bestialität der Pariser (den 8. Mai 1794), zu früh für die Wissenschaft, ermordete, Anton Laurenz Lavoisier wurde der eigentliche Schöpfer der wissenschaftlichen Chemie, indem er zuerst alle chemischen Prozesse der Waage unterwarf und damit allen hypothetischen Erklärungen der chemischen

Vorgänge durch erträumte Stoffe (z.B. Phlogiston) ein Ende machte. Er fand (1774), dass die Metalle bei ihrem Verkalkungsprozess gerade so viel an Gewicht gewinnen, als die Lust an Gewicht verliert und die in demselben Jahre durch P r i e s t l e y erfolgte Entdeckung der dephlogistisierten Luft ließ ihn erkennen, dass bei der Verkalkung und fast allen ihm bekannten Verbrennungsprozessen diese Luft die eigentliche Rolle des Verbrenners spiele, indem sie sich mit dem brennbaren Stoffe verbindet. Da diese Luftart es eben auch war, die mit brennbaren Stoffen, z.B. Schwefelkohle usw. verbunden Säuren bildet, so nannte L a v o i s i e r dieses Gas »Sauerstoff«. Er vollendete die Untersuchungen über die Zusammensetzung des Wassers aus Sauerstoff und Wasserstoff und zeigte, dass überall, wo bei chemischen Prozessen brennbare Luft (Wasserstoff) austrete, diese aus zersetztem Wasser herstamme, dessen Sauerstoff während des Prozesses anderweitig gebunden werde. Bei vielen chemischen Vorgängen, die durch Mischung von Flüssigkeiten hervorgerufen werden, spielt die Zersetzung des Wassers und die Bildung desselben aus seinen eben gegenwärtigen Elementen eine wichtige Nebenrolle. Nur wenn im ersten Falle Sauerstoff oder Wasserstoff frei ausgeschieden werden, ist ein solcher Vorgang leichter wahrzunehmen, sonst entzieht er sich vollkommen der Beobachtung, so lange nicht alle einzelnen Stoffe vor und nach dem Prozesse mit der Waage kontrolliert werden. Wenn wir z.B. Kochsalz in Wasser auflösen, so haben wir kein Mittel zu bestimmen, ob die Auflösung salzsaures Natron oder Chlornatrium enthält. Endlich konnte auch die Tatsache, dass sich die verschiedenen Stoffe immer nur in ganz bestimmten Gewichtsverhältnissen miteinander verbinden, nicht eher entdeckt werden, als bis L a v o i s i e r die Wage zum wesentlichen Apparat des Chemikers erhoben hatte. Die alte p h l o g i s t i s c h e Theorie war durch L a v o i s i e r gestürzt und derselbe arbeitete infolgedessen mit dem zu der neuen Anschauungsweise bekehrten Guyton de Morveau die ganze Terminologie der Chemie aus. Hierbei trat denn zuerst die Bezeichnung O x i d für die Sauerstoffverbindungen, die weniger Sauerstoff als die Säuren enthalten, auf, und die Verbindungen der Säuren mit Oxiden wurden nun in bestimmterer Weise S a l z e genannt, z.B. »schwefelsaures Eisenoxid« (grüner Vitriol), »kohlensaures Bleioxid« (Bleiweiß) usw. Unter den Salzen war schon wegen des leise nachklingenden alchemistischen Vorurteiles das Kochsalz ein Gegenstand großen Interesses. Man betrachtete es als aus Soda und einer Säure, der muriatischen (Salz-)Säure, bestehend, deren Zusammensetzung aus dephlogistisierter Salzsäure und Phlogiston bereits Scheele gelehrt hatte, nach der neueren Theorie wurde die dephlogistisierte Salzsäure als eine vermeintliche höhere Oxidationsstufe als die Salzsäure oxi-muriatische (übersaure Salz-)Säure genannt. Da traten fast gleichzeitig Gay Lussac, Thenard und Davy mit der Behauptung (und dem Nachweis) auf, dass die sogenannte oxi-muriatische Säure ein einfacher Körper sei, der, weil er im reinen Zustande als ein gelbliches Gas erscheint, Chlorine oder Chlor genannt wurde. Zugleich wurde dann die Salzsäure auch als sauerstofffreie Verbindung von Chlor und Wasserstoff erkannt und bald schlossen sich daran noch andere Wasserstoffsäuren, als Schwefel-, Jod-, Fluor-Wasserstoff usw., sodass Wasserstoff als ein zweites säurebildendes Element neben dem Sauerstoff erkannt werden musste. Kochsalz erschien also jetzt als kohlensäurefreies Soda (oder Natron) verbunden mit Chlorwasserstoffsäure.

Aber, was Natron sei, blieb noch ebenso unbekannt, als die eigentliche Natur der Kalkerde, Schwererde usw. Da griffen nun die Arbeiten und Entdeckungen auf einem scheinbar ganz entfernt liegenden Gebiete der Naturwissenschaft mit entscheidender Bedeutung in den Fortgang der Chemie ein, nämlich die Elektrizitätslehre. Die Wirkungen des Voltaismus (oder wie man gewöhnlich sagt, Galvanismus) machten so großes Aufsehen, dass man in jeder Weise damit herum experimentierte, um die Ursache dieser wunderbaren Erscheinungen zu ergründen. Im Jahre 1800 fanden Nicholson und Carlisle, dass, wenn man die beiden Drähte einer voltaischen Säule in Wasser taucht, an jedem derselben ein Strom von Luftbläschen entsteht und dass die eine dieser Luftarten Sauerstoff, die andere Wasserstoff ist, die nur aus der Zerlegung des Wassers entstanden sein konnten. Man probierte nun auch mit anderen Substanzen und einer der begabtesten naturwissenschaftlichen Köpfe der Neuzeit und zugleich einer der edelsten Menschen Humphry Davy (geb. 1778, gest. 1829) entdeckte auf diesem Wege (1807), dass die Alkalien »Natron und

Kali« Oxide von Metallen seien, die er Natrium und Kalium[75] nannte. Nun war endlich nur noch ein leichter Schritt zu tun, nämlich sich klar zu machen, dass bei der Verbindung von Salzsäure mit Natron, Natrium und Chlor zu reinem Kochsalz, der Wasserstoff der Salzsäure und der Sauerstoff des Natron aber zu Wasser zusammentreten Man nannte diese Verbindungen, die nur aus zwei Elementen, z.B. aus Chlor und Natrium, Jod und Kalium usw. bestehen, von denen das eine die Rolle der Säure, das andere die der Basis spielt, »salzähnliche Verbindungen«, Haloide.

In der vorstehenden Auseinandersetzung habe ich natürlich Fachmännern nichts Neues gesagt und manches davon mag selbst Laien bekannt sein. Es schien mir aber der Mühe wert, diese Zusammenstellung zu machen, um zu zeigen, wie vieler Männer Geist und Fleiß durch mehr als ein Jahrhundert zusammenwirken mussten, um die scheinbar so einfache Frage zu beantworten: Was ist Kochsalz?

Ich überhebe mich hier der Weitläufigkeit, die chemischen und physikalischen Eigenschaften des Salzes auseinanderzusetzen; warum das schon hundertmal gut gesagte noch einmal sagen? Jeder meiner Leser, der seine Kenntnisse in dieser Beziehung noch vervollständigen will, findet das, was er braucht, in jedem guten Handbuche der Chemie aus den letzten 25 Jahren oder in Karstens Salinenkunde im Anfang des zweiten Bandes. Nur einen Punkt will ich hier hervorheben, eine physikalische Eigenschaft des Salzes, die in keinem jener Handbücher berührt wird und mit unserer Ansicht, dass alles Salz ursprünglich Meersalz ist, in gewisser Beziehung steht. In meinem Werke »Das Meer« habe ich schon 1867 ausgesprochen[374] und im Großen bestimmt bewiesen, dass die Farbe des Meeres von seinem Salzgehalt abhängt und dass alle anderen darüber aufgestellten Ansichten durchaus unhaltbar sind. Zu meiner Freude ist das durch die auf dem Schiffe »Gazelle« unter Leitung des Herrn von Schleinitz (1874)

75 Die beiden Metalle haben das eigene, dass sie im regulinischen Zustand leichter sind als Wasser und daher auf demselben schwimmen. Sie haben eine so große Verwandtschaft zum Sauerstoff, dass sie nur unter Steinöl aufbewahrt werden können und dass sie auf Wasser geworfen, dasselbe zersetzen, den Wasserstoff ausscheiden und mit dem Sauerstoff sich zu Natriumoxid oder Natron und zu Kaliumoxid oder Kali verbinden.

angestellten Untersuchungen bis zu dem Grade bestätigt, dass selbst kleine Farbenabstufungen vom Salzgehalt abhängig sind, so dass man imstande ist, aus dem spezifischen Gewichte des Meerwassers die Farbe der betreffenden Meeresfläche mit Sicherheit vorherzusagen[375].

Plinius teilt das Salz ein in natürliches und gemachtes. Diese Einteilung gilt auch noch, nachdem wir den Begriff »Salz« wissenschaftlich festgestellt haben; aber alles Salz, welches Plinius kannte und kennen konnte, fällt jetzt in die Abteilung natürliches Salz und das gemachte, so zu sagen künstliche Salz kommt gar nicht in Betracht, denn außer etwa zum Zweck eines Experimentes im Laboratorium der Wissenschaft wird es niemand einfallen, Salz aus der Verbindung von Chlor und Natrium herzustellen. In der Natur aber, wollen wir gleich bemerken, kommt das Salz wohl niemals ganz rein als » Chlornatrium« vor; es ist immer mehr oder weniger mit anderen Salzarten vermischt, von denen wir es, wenn wir es rein haben wollen, erst trennen müssen. Diese Verunreinigungen erklären sich sehr leicht, wenn wir die Quelle der Salzvorräte auf der Erde ins Auge fassen. Ein gründlicher Überblick aller einschlagenden Tatsachen gibt uns nämlich das Resultat, dass wir kein anderes Salz haben, als das See- oder Meersalz. Es kann wohl keinem Zweifel unterliegen, dass alles Kochsalz auf der Erde zuerst im Meere sich gefunden hat und erst aus dem Meere als Steinsalz ausgeschieden ist.

Wenn wir in der Geschichte unserer Erde möglichst weit zurückgehen, so führt uns eine »genügend sichere Induktion«[376] auf eine Zeit, in der die Erde ein Ball in feurig flüssigem Zustande war, deren Oberfläche nach und nach durch Abkühlung zu einer Kruste erstarrte. Der feurig-flüssige Zustand aller auf der Erde befindlichen Stoffe setzt aber eine Temperatur voraus, bei der ein großer Teil der Elemente flüchtig ist, also einen Teil der ebenfalls in sehr hoher Temperatur befindlichen Atmosphäre ausmachte. Dazu gehört vor allem Wasserstoff und Sauerstoff, die sich bei der hohen Temperatur zu Wasser verbinden mussten. Dasselbe gilt von vielen anderen Bestandteilen unseres Erdkörpers, so von Kalium, Natrium, Kalzium, Chlor[377], Brom, Jod usw., die alle noch weit unter dem Schmelzpunkt des Eisens (ca. 1.500 °) zum großen Teil schon bei Rotglühhitze, flüchtig sind. Auch für diese waren die Bedingungen für ihre chemische Verbindung gegeben.

Die Atmosphäre war durch solche Beimengungen so dicht, wie wir es jetzt etwa nur künstlich in abgeschlossenen Räumen würden herstellen können. Ihr Druck musste ein ungeheurer sein. Das Wasser in ihr wurde zu Wasserdampf und dieser nahm natürlich die leicht löslichen Verbindungen in sich auf. Bei dem großen atmosphärischen Drucke konnte aber auch trotz der hohen Temperatur sich nicht alles gebildete Wasser, schwerer gemacht durch die in viel größerem Verhältnis als sie jetzt dem Seewasser beigemengt sind und wohl bis zur vollkommenen Sättigung aufgenommenen Salze in der Luft erhalten; es stürzte wiederholt in Wolkenbrüchen kochenden Wassers auf die sich bildende Erdkruste herab und löste hier von dem schon erhärteten Gestein noch manches auf, spülte noch manches los, was es dann in die tieferen Stellen der Oberfläche zusammenführte. So war das erste Wasser, was überhaupt auf der Erde Raum fand, ein konzentriertes Meerwasser[76], ein süßes Wasser war damals noch nicht möglich[378]. Deshalb sind auch alle Formationen der Übergangsgebirge, deren Bildung vielleicht Millionen von Jahren bedurft hatte, ausschließlich submarinen Ursprungs. Erst zur Zeit der Steinkohlenbildung hatte sich die Erde soweit abgekühlt, die Atmosphäre so weit verändert, dass auch Süßwasserbecken sich bilden konnten, obwohl sie immer noch auf der Erde eine untergeordnete Rolle spielten[379].

Wenn auch vielleicht anfänglich die erstarrende Kruste der Erdmasse ein konzentrisches Niveau um den Mittelpunkt bildete, so musste doch diese Ebene sehr bald, indem die abkühlende Kruste sich zusammenzog, durch Ausbrüche hier, Erhebungen dort und Einsenkungen an anderen Stellen vielfach gestört werden. Es war unvermeidlich, dass sich dabei von dem Gesamtmeere abgeschlossene Becken bildeten, in denen das Meerwasser bei der hohen Temperatur rasch verdunstete und die aufgelöst gewesenen Salze als dickere oder dünnere Bänke absetzte. Solche Becken des Meeres, zukünftige riesige Salzpfannen sind nun in der Tat von Wywille Thomson auf der Fahrt des Challenger nachgewiesen worden. Es sind bis jetzt 4 bekannt, bei denen es der nur verhältnismäßig geringen Erhebung von etwas über 1.300, 900, 700 und 400 Faden bedarf, um ungeheure

76 Wir dürfen wohl sagen eine gesättigte Sole mit 33% Salzgehalt.

Massen des Meerwassers vom ganzen Ozean abzuschließen und der Abdunstung preiszugeben[380].

Durch erneuerte Wolkenbrüche konnten dann die Becken mit neuem Meerwasser gefüllt werden oder Niveauveränderungen konnten zeitweilige Einbrüche des Gesamtmeeres veranlassen. Dadurch wurden denn bei wiederholtem Abdunsten des Wassers die Salzablagerungen verstärkt. Wenn auch eine Zeit eintrat, in der die Atmosphäre sich vollständig ihrer Salze entledigt hatte, so dass das meteorische Wasser forthin nur süßes Wasser war, so dauerten doch die Schwankungen der Erdoberfläche, wodurch Becken mit Meerwasser vom Gesamtmeer abgeschlossen und der Verdunstung Preis gegeben wurden, oder tiefe bereits ausgetrocknete Becken durch Einbrüche des Meeres mit neuem Meerwasser gefüllt und dann vielleicht abermals vom Meere getrennt wurden, bis auf den heutigen Tag fort, und so waren die Bedingungen zur Bildung solcher Becken mit Salzwasser, man könnte sie große natürliche Salzpfannen nennen, immerfort vorhanden. Es können daher die Salzlager auf der Erde nicht an irgendeine Periode, an irgendeine Formation gebunden sein, wie man früher wohl aus noch unvollständigen Kenntnissen ableitete. Vielmehr ergeben schon jetzt die vorliegenden Erfahrungen und die noch immer sich mehrenden Entdeckungen, dass die soeben gegebene theoretische Ableitung vollkommen von den Tatsachen gestützt wird[381].

Zunächst finden wir in den kryptogenen und eruptiven Gesteinsformationen, die wir als Teile der zuerst erhärtenden Erdkruste anzusehen berechtigt sind, Salzquellen, die nur aus der allmählichen Auflösung von Salzlagern entstehen können, so bei Kreuznach (Rheinpreußen) aus dem Porphyr hervorquellend und in Neu-Granada bei Guayeval aus dem Glimmerschiefer, bei Salina aus Hornblendschiefer, bei Rio Grande und Cuaco aus Syenit entspringend. In Navarra tritt eine Solquelle unmittelbar aus dem Granit hervor.

Umfassender und sicherer sind schon die auf die Übergangsgebirge sich beziehenden Beobachtungen. In Nordamerika kennt man Solquellen, die aus der silurischen Formation entspringen, so in den Grafschaften Oneida, Onondaga, Madison, Ontario,

Senega usw. des Staates New-York. In den Staaten Pennsylvania, Ohio und Virginia fließen Quellen in der Steinkohlenformation, die wahrscheinlich einen tieferen Ursprung haben, andere entspringen sicher unter den Steinkohlen. In Abingdon in Virginia wurde 1840 unter Gips- und Mergelschichten in silurischen Schichten Steinsalz erbohrt und mit 186′ noch nicht durchsunken. In Russland erscheint bei Staraja-Russa, Gouvernement Nowgorod, eine Salzquelle in den devonischen Schichten und eine andere ist bei 700′ erbohrt. Deutschland bietet nicht minder Beispiele dar. Bei Altensalza im Voigtlande brechen die Salzquellen aus dem alten Schiefergebirge hervor und bei Werdohl an der Lenne in Westfalen nach Karsten aus dem Übergangsgebirge. In England liefert nach Murchison und Sedgewick die unterste Abteilung den Cumberlander Schiefergebirges bei Reswick und ebenso der Cornwalliser Schiefer bedeutende Salzquellen. Die Steinsalzbildung am Fuße der Saltrange in Punjab liegt nach Flemming und Murchison noch unter dem Oldredsandstone, einem Gliede der Devonischen Formation.

Die Steinkohlenformation hat uns bis jetzt noch keine Salzlager gezeigt, umso häufiger dagegen finden sich Salzquellen, die in der Steinkohlenformation entspringen, obwohl der Einwand, dass die zu ihnen gehörigen Salzlager tiefer liegen, zurzeit nicht zu widerlegen ist. Nordamerika hat in seinem ausgedehnten Steinkohlengebiet namentlich in Pennsylvania, Ohio, Virginia, Kentucky, Illinois usw. zahllose Salzquellen. Auch auf der Insel Breton bei Neuschottland ist die Kohlenformation reich an Solquellen. In Deutschland treten die Salzquellen bei Sulzbach im Saarbrücker Kreise, bei Löbejün in der Nähe von Halle, bei Zwickau in Sachsen ebenfalls aus der Steinkohlenformation hervor.

Gehen wir zur Permischen Formation über, so zeigen sich uns nicht nur zahlreiche Salzquellen nördlich von Perm [77] bei Solikamsk in Russland, nicht minder bei Talma, Bolachina und bei Mertoisol in der Kirgisensteppe, sondern auch ein

77 Welche Stadt der Formation den Namen gab.

mächtiges Lager anstehenden Steinsalzes bei der Festung Ilezkaia und ein zweites bei Ussollie in demselben Gouvernement. Auch das große Salzgebirge von Staßfurt liegt, wie es scheint, noch unter dem bunten Sandstein und gehört dann wohl hierher, wie nicht minder das bei Speremberg erbohrte Salzlager.

Der bunte Sandstein umschließt bedeutende Lager von Steinsalz in seinen oberen Abteilungen, so bei Schöningen in Braunschweig, bei Liebenhall (nahe Salzgitter), bei Sülbeck in Hannover und bei Elmen unweit Steinbeck. Im Muschelkalk kommen Gips, Salzton und Steinsalz oft eng verflochten und so häufig vor, dass man früher fast geneigt war, das Vorkommen des Salzes auf den Muschelkalk zu beschränken[78]. Beispielsweise erwähne ich die Steinsalzstöcke von Wilhelmsglück und Friedrichshall in Württemberg, überhaupt die Salinen im Muschelkalkgebiet Thüringens usw. Endlich zeigt das dritte Glied der Triasformation, der Keuper ebenfalls die erwähnten Bildungen des Steinsalzes und seiner Begleiter in mächtig entwickelten Lagern, so in Frankreich, England und vielleicht auch im Keuper nördlich vom Harze. Im Gebiete der Alpen sind es besonders die der Trias angehörenden Werfener Schichten, welche die umfassenden Steinsalzlager von Oberösterreich, Salzburg, Tirol einschließen, die hier in Betracht kommen, wobei dann auch Bex in der Schweiz, ebenfalls hierher gehörig, nicht zu übergehen ist. Selbst in Nordamerika am Felsengebirge und an der Sierra Madre fehlt die salzführende Trias nicht und aus Ostindien scheinen die salzführenden Bildungen von Lehon hierher zu gehören.

Aus der Formation der Lias, einer großen submarinen Ablagerung, sind merkwürdigerweise keine Steinsalze bekannt. In dem Tal von Saline im französischen Jura sind Salinenwerke im Betrieb ob das durch sie gewonnene Salz aber dem Lias selbst angehört, weiß ich nicht. Ganz dasselbe gilt auch von der Juraformation, da ich

78 Diese Ansicht wurde noch dadurch bestärkt, dass das Steinsalz im bunten Sandstein fast nur in den oberen Schichten, im Keuper in den unteren, also beide Male im engen Anschluss an den Muschelkalk vorkommt.

keine Erwähnung von Salzlagern in diesem Schichtensysteme[79], ja auch nur Andeutungen davon (Salzquellen usw.) auffinden konnte. Es scheint mir überhaupt, dass das Salz von den Geognostikern noch viel zu nebensächlich behandelt wird; freilich liefert es keine Versteinerungen für das Kabinett und führt keine Leitfossilien, aber für die Entwicklungsgeschichte der festen Kruste unserer Erde ist es doch jedenfalls so wichtig, dass es wohl eine ganz besondere Aufmerksamkeit verdiente. Sollte es wirklich in der ganzen Periode des Lias und Jura und gerade nur in dieser an den Bedingungen zur Bildung von Salzbecken gefehlt haben?

Gehen wir nun zur Kreideformation über, so finden wir unzweifelhaft Steinsalzmassen und Gips in dem der Kreide angehörigen Hippuritenkalk in Algerien, z.B. bei Constantine, wo es oft förmliche Berge bildet, z.B. bei Biskra und bei Medeah. Nach Crouzat kommt auch in der Kreide des Adourbassins Gips und Steinsalz vor.

Endlich hätten wir die Tertiären Bildungen zu erwähnen, welche ebenfalls unzweifelhaft Salzlager einschließen. Die große Nummulitenformation in Sizilien und Katalonien, hier besonders bei Cardona, kann einige der bedeutendsten Massen von Steinsalz aufweisen. Auch die Salzlager von Valtierra unweit Tudela gehören dem tertiären Gebiet. Nach Verneuil und Collomb sind auch die ungeheuren Steinsalzstöcke von Kulpi und Nachitschewan in Armenien hierher zu rechnen[382].

Ehe ich weiter gehe und auch die Jetztzeit in Betracht ziehe, sei es mir erlaubt, auf einige der interessanten Erscheinungsweisen des Steinsalzes etwas näher einzugehen. Freilich wenn wir einmal bei Langro[80] die 1.200 in reines Steinsalz gehauenen Stufen hinabstiegen, um in die unterste der vier Etagen jenes ungeheuren Salzberges zu gelangen, wenn wir durch die Förderstrecken von Staß-

79 Nur Blum erwähnt der Salzlager von Hallein als dem Jura angehörig, was mir zweifelhaft erscheint (Blum, Lithurgik. Stuttgart 1840, S. 354.). Ebenso unsicher ist die Mitteilung, dass die Salzquellen von Slonsk oberhalb Thorn wirklich aus dem Jura entspringen (Karsten, Salinenkunde I, 541 ff.).

80 Nördlich von Altamonte in Kalabrien.

f u r t geschritten sind, wo uns nach allen Seiten nichts umgibt, als der fast immer kristallhelle Salzfels oder endlich, wenn wir die in Salz gehauene Kapelle und den im Salz ausgeweiteten Tanzsaal mit ihrem feenhaften Schimmer in W i e l i c z k a bewundert haben, so führt uns fast nichts mehr in die unterirdischen Salzschatzkammern ein als unsere Phantasie; wir müssen aber zusehen, wie wir ihren Bildern durch wissenschaftliche Beobachtungen wenigstens eine feste Zeichnung unterlegen können[383].

Ich beginne mit den Steinsalzablagerungen, die geradezu als gebirgsbildende auftreten, ein Fall, der viel häufiger ist, als man gewöhnlich annimmt. So finden sich zu Tage stehende Steinsalzfelsen in U s d u m an der Südseite des T o t e n M e e r e s . Es ist dies die Gegend, in der die angebliche Katastrophe von S o d o m und G o m o r r h a spielt; das Salzgebirge ist hier in die wunderlichsten Formen zerrissen, Pyramiden, Pfeiler, Säulen usw., sodass man hier die Auswahl von ein paar Hunderten in Salz verwandelter Weiber hat, aus denen die Sage einen ganzen Harem für L o t hätte bilden können[384].

In S i e b e n b ü r g e n bildet das Steinsalz eine Gebirgsmasse von in ihrer Tiefe noch nicht ergründeter Mächtigkeit. Häufig geht diese Masse zu Tage aus oder ist doch nur durch eine dünne Lage Dammerde bedeckt. An vielen Orten erhebt sich das Salz zu Hügeln und Bergen, in denen steile Schluchten zugleich das Innere bloßstellen, besonders bei S z o v a t a und P a r a y d im U d v a r h e l h e r Stuhl. Bei S z o v a t a ziehen sich die Berge über eine deutsche Meile fort, sind aber bis auf die steilen Schluchten mit dichtem Wald bedeckt. Durch Unterwaschungen, besonders bei Frühlingsregen, stürzen oft ganze Berghänge mit ihrem Wald krachend herab, den Salzstock entblößend und dafür andere Teile wieder bedeckend. Die steilen Abstürze mit ihren oft mehr als 200′ hohen schneeweißen Wänden gewähren dann einen herrlichen Anblick. Es gibt in S i e b e n b ü r g e n allein 120 Ortschaften, die Salzquellen besitzen. In dem Steinsalz sind sehr oft Wassertropfen eingeschlossen. Sehr häufig sind Kohlenstückchen und bei V i s a c k n a wurde ein starker noch mit Ästen versehener Holzklotz mitten im Steinsalz gefunden[385]. Im Steinsalz von T h o r d a und M a r o s U j v a r fand R e u ß Foraminiferen und Conchylienreste. Eins der normalsten und ungestörtesten Steinsalzflöße ist das von

Deeseckna[386]. Große und weite Täler, die im Steinsalzgebirge ausgewaschen sind, zeigen Talwände von diesem Material, so bei Parayd und Beretz in Siebenbürgen und ebenso südlich vom Himalaja, da wo der Indus die Salzkette durchbricht; am Hualaya in Peru wird das ganze Flusstal von 60 Quadratmeilen Ausdehnung nach Pöppig nur durch ein einziges, ungeheures Steinsalzgebirge dargestellt. Zur eingehenderen Beschreibung greife ich aber zwei Punkte heraus, wo das Salzgebirge noch besonders interessante Züge darbietet.

Am südlichen Abhang der Pyrenäen liegt Cardona am Eingang eines Tales von dem man auf den ersten Anblick glaubt, es sei von einem riesigen Gletscher ausgefüllt. Der obere Teil des Salzes füllt das Tal in seiner ganzen Breite und ist auf seiner freien Fläche ganz wie ein Gletscher mit zahlreichen Hörnern und Pyramiden besetzt, die durch die allmähliche Einwirkung des fallenden Regens gebildet werden[387]. Die allseitigen steilen Abstürze gestatten dem Wasser aber nur eine sehr geringe Zeit zum Auflösen und so nimmt die Höhe der ganzen Masse nach Cordiers Berechnungen durch Abschmelzen nur etwa 4 Pariser Fuß im Jahrhundert ab. Das zugrunde gelegt, muss dies Salzgebirge, zurzeit als die Römer es kennen lernten (M. Cato 100 v. Chr.) noch etwa 80′ höher gewesen sein. Die untere Partie, etwa 800′ breit und 400′ lang, hängt mit der anderen in der Tiefe zusammen, liegt näher an der Stadt, ist besonders in ihren oberen Teilen vollständig regelmäßig geschichtet, indem sich zwischen die einzelnen Salzlager Bänder eines rötlichen Mergels hinziehen und enthält übrigens Salzton und Gips eingemengt (wie?)[388]. Dieser Teil wird noch jetzt wie schon zur Römerzeit regelmäßig abgebaut. Schon zur Römerzeit betrachtete man den Salzberg als unerschöpflich in dem Glauben, dass immer ebenso viel nachwachse, als man davon nehme[389]. Wahr ist, dass der Raum, der die Stadt vom Salzberg scheidet, immer schmäler wird, und dass der Salzberg auch darin einem Gletscher gleicht, dass er allmählich gegen den Talausgang vorrückt und eine unvollkommene Auffassung dieser Tatsache konnte wohl jene Ansicht der Alten, die sich bis heute als Volksglaube erhalten hat, veranlassen. Der Abbau des Salzes, vollkommener Tagebau wie in einem Steinbruch, ist sehr alt und war schon zu Catos Zeit im Gange[390]. Der Salzberg liegt zwar oben frei, aber seitlich rings umgeben von Sandstein, dessen Schichten sich an ihn anlagern, so dass man annehmen muss, dass der ganze Salzberg durch plutonische Kräfte gehoben, die ihn bedeckenden Schichten durchbrochen habe, deren Reste von seiner oberen Fläche weggespült seien[81]. Aus dieser Ansicht folgt aber keineswegs, dass das Steinsalz selbst vulkanischen Ursprungs sei, es ist eben als schon bestehend empor gehoben worden, wie unzählige andere Gebirgsarten. Nach Marcel de Serres und Joly enthält das Steinsalz von Cardona zahlreiche Infusorienreste, wodurch allein schon erwiesen ist, dass es als Absatz aus dem Wasser und nicht etwa als vulkanische Sublimation entstand[391]. Dass ohnehin dieses Salzlager der neuesten Zeit der Tertiärsformation angehört, ist schon oben erwähnt.

Ich schließe hier die Schilderung eines zweiten Salzberges an, der in einer älteren Schicht unserer Erde, in der Permischen Formation auftritt. In der ganzen Kirgisensteppe, soweit sie dieser Formation angehört, sind zahlreiche Salzquellen bekannt. Mitten in der unendlichen Ebene erhebt sich aber auch unweit der Festung Ilezkaja aus den roten sandigen Mergeln und weißen Gipsen ein gewaltiger Steinsalzfelsen, dessen freie, nur mit Flugsand bedeckte Oberfläche dieselbe gletscherähnliche Zerklüftung zeigt, wie der Salzberg von Cardona. Das Salz ist sehr rein und weiß, grobkörnig und umschließt bisweilen Stücke von bituminösem Holze, was auch hier beweist, dass der Salzfels auf nassem Wege gebildet ist. Der Berg wird abgebaut und liefert jetzt jährlich 280.000 Zentner Salz[392].

Ich gehe nun zu ein paar Beispielen über von Salzwerken, in denen das Salz durch bergmännischen Tiefbau gewonnen wird. Beide Beispiele sind wohl die ältesten des Bergbaues auf Salz, von denen wir genauer unterrichtet sind und das erste können wir wohl mit Sicherheit auf eine Zeit von mehreren hundert Jahren vor Beginn unserer Zeitrechnung zurückführen. Es ist das, wie nach den Ausgrabungen und Gräberfunden am Hallstättersee bewiesen ist, schon von den Kelten abgebaute große Gebiet von Salzwerken in den österrei-

81 Ganz gleiche Lagerungsverhältnisse zeigen die Kalkfelsen (Kreide), welche die Talbildung umgeben, in der die Solquellen von Anana entspringen (Dufrénoy in Ann. des mines III. Série Vol. II, p. 35.).

chischen und bayrischen Voralpen von H a l l in T i r o l bis A u s s e e in der S t e i e r m a r k[82].

An der Nordseite der Alpen zieht sich von B e x in der S c h w e i z bis in die Nähe von W i e n ein (ununterbrochener?) Zug jüngerer Kalkgebirge, die in engster Verbindung mit großen Salzlagern zu stehen scheinen. Wie die anderen Flözschichten, so bäumt sich auch das Salzgebirge an jener großen Erhebung auf. Insbesondere aber tritt an einem Punkte in dem Salzkammergut und den zunächst daran stoßenden Regionen das Salz in mächtiger Entwicklung auf. Es sind hier die großen Salzstöcke von H a l l, von B e r c h t e s g a d e n (mit den reichen Solquellen von R e i c h e n h a l l), H a l l e i n, I s c h l, H a l l s t a d t und A u s s e e. Meistenteils erheben sich dieselben so hoch, dass man sie mit Stollen (ohne Schachtbau) anfahren kann. So erhebt sich z.B. der Salzberg von H a l l s t a d t 1.623‘ über den See und selbst der unterste der 17 Stollen liegt noch 1.100‘ über seinem Spiegel und dieser hat 1.900‘ über dem Meere. Wie weit diese Salzberge in die Tiefe reichen, ist noch an keiner Stelle ergründet. Alle diese Salzberge zeigen keine großen Steinsalzmassen, sondern sind hauptsächlich aus sehr salzreichem Ton (H a s e l g e b i r g e), Anhydrit, Gips, Mergel mit größeren oder kleineren Steinsalznestern zusammengesetzt. Die Kuppen dieser Salzberge bestehen meist aus Salzton, der aber in seinen oberen Teilen vollständig vom Regen ausgelaugt ist. Nur der Salzberg von A u s s e e ist auf der Spitze teilweise von Kalkmassen bedeckt. Die Salzflöße, sowie die sie bedeckenden Kalkflöze, wo sie vorhanden sind, fallen etwas nach Süden, also gegen die A l p e n, ein.

Die eigentümliche Natur dieser Salzgebirge bedingt eine ganz besondere Art der Ausnutzung. Es ist nicht vorteilhaft, die vereinzelten kleinen Steinsalzmassen aufzusuchen und auszubauen, man gewinnt daher das Salz durch sogenannte S i n k w e r k e. Man stellt nämlich große abgeschlossene Räume (sogenannte »Kammern«) her, lässt diese vom Grubenwasser sich füllen oder leitet künstlich Wasser hinein, was so lange stehen bleibt, bis es sich möglichst mit Salz gesättigt hat. Der Boden (oder die »Sohle«) einer solchen Kam-

82 Die Saline H a l l, später das »reiche Hall« (R e i c h e n h a l l) kommt schon 720–30 in Schenkungsurkunden, als lange bestehend, vor.

mer wird fast gar nicht ausgelaugt, weil die gesättigte Sole, die also kein Salz mehr aufnehmen kann, wegen ihrer spezifischen Schwere immer auf dem Boden ruht; mehr werden die Seitenwände (oder »Ulmen«) angegriffen, was man möglichst befördert; am schnellsten löst sich das Salz aus der Decke (der »Firste« oder dem »Himmel«) auf, wenn das Wasser dieselbe berührt, was man aber gewöhnlich zu verhindern sucht, da dadurch leicht Einstürze der Decke veranlasst werden. Die in diesen Sinkwerken gewonnene Sole leitet man dann durch Röhren nach Salinen, wo sie versotten wird. So wird die Sole von Berchtesgaden nach Reichenhall, Traunstein und Rosenheim geleitet, um versotten zu werden; die zu diesem Behufe hergestellten Röhrenleitungen haben eine Gesamtlänge von 14 deutschen Meilen. Nur Reichenhall hat auch (16) eigene zum Teil sehr reiche Solquellen (z.B. die »Edelquelle« von 23%), deren Wasser ebenfalls versotten wird. Der Berchtesgadener Salzberg (der Liebfrauenberg bei Frauenreit) ist von der Sohle des Almtals 480′ hoch. Er trägt die Spuren von uraltem Abbau, der von oben her durch Schachte und kleine Sinkwerke betrieben worden ist. Beim Eintreiben der Stollen traf man auf ausgelaugte Tonmassen, worin sich Holzspäne, Kohle, Gamshaare, ja sogar antike Münzen und Opferschalen vorfanden.

Weiter von Berchtesgaden nach Westen liegt der mächtige Salzberg von Hall in Tirol mit sehr gestörten Lagerungsverhältnissen. Wahrscheinlich aber in unmittelbarem Zusammenhang mit dem Liebfrauenberg und nach Osten von demselben treffen wir den Salzberg von Hallein, der fast 1.300′ hoch ist. Die Salzburgischen Salzwerke sind wohl auch keltische Einrichtungen. Weiter nach Osten und etwas südlich liegt der Hallstättersee mit seinem kolossalen Salzstock, den schon die Kelten abbauten. Seine Produkte führt der See und die aus ihm entspringende Traun nordwärts nach Ischl und weiter. Ein Teil der Hallstätter und Ischler Sole wird aber auch in Röhrenleitungen nach Ebensee an der Traun geleitet und dort versotten. In der Nähe von Ischl beim Dorfe Perneck wurde 1562 wieder ein großer Salzberg entdeckt, der jetzt mit 12 Stollen in verschiedenen Etagen und 28 Sinkwerken abgebaut wird. Auch dieses Salzgebirge erhebt sich über 1.200′. Endlich treffen wir noch etwas östlicher auf Aussee, wo sich eine halbe Meile nördlich (zu Altaussee, schon 2.593 Par. Fuß über dem Meere) ein 3.000′ hohes Salzgebirge erhebt, das bereits auf 5.500′ in seiner Längenerstreckung verfolgt ist.

Die sämtlichen hier erwähnten bayrischen und österreichischen Salzwerke liefern jährlich circa 2.300.000 preuß. Zentner Salz oder (1845) mehr als ein Drittel der Salzproduktion des gesamten Deutschlands[393].

Den zweiten hier zu erwähnenden Bergbau auf Steinsalz bilden die berühmten Werke von Wieliczka und Bochnia, von denen feststeht, dass sie nach 906 n. Chr. und vor 1136 n. Chr. eröffnet sein müssen. Die älteste Urkunde von 1044 nennt die Saline das »große Salz«[394]. Die Karpaten, die im Wesentlichen von Südost nach Südwest sich erstrecken, scheinen bei ihrer Erhebung ein großartiges Salzbecken durchbrochen und die Salzmassen teils gehoben, teils zerrissen zu haben. An beiden Längsseiten des Gebirges kann man die Steinsalzlager verfolgen. Im Nordosten von Wieliczka und Bochnia bis Thaczika in der Buckowina, Rynnoik und Okna in der Moldau sowie drei gleichnamigen Orten in der Wallachei ist an einigen 30 Orten das Steinsalz aufgefunden und die Südostseite bietet uns in Ungarn Soovar im Saroser Komitate, Sosartany und schließt dann an die kolossalen Steinsalzgebirge von Siebenbürgen an. Auf der 200 Meilen langen Ausdehnung der Karpaten zählt Brogniart 16 Steinsalzbergwerke im Bau, 43 nicht abgebaute und 420–430 Solquellen. Nicht die Vorräte geben hier das Maß für die Ausbeutung, sondern nur die Möglichkeit des Absatzes. Jener Salinenkranz um die Karpaten herum liefert (1846) im Ganzen 3.346.666 preuß. Zentner[395]. Die wichtigsten Werke bleiben immer die von Wieliczka. Die hier vorhandenen großen Salzlager sollen, wie alle karpatischen, den untersten Schichten der Kreideformation angehören und zwar dem sogenannten Grünsand[396]. Die Kreidegebirge sind nach ihrer Bildung durch plutonische Erhebungen vielfach in ihrer Lagerung zerstört und zeigen Risse, Spalten, Klüfte und Schichtenverwerfungen an vielen Orten und sind daher von Zwischenmassen: Ton, Sand und Gerölle durchsetzt, lauter Gebilde, die sich bei dem Absatz aus einem großen heftig bewegten Meere einfinden mussten. Diese gestörte Lagerung finden wir nun auch bei Wieliczka. Bei der Erhebung der Karpaten sind die Schichten des Grünsands gehoben, zertrümmert, die Bruchstücke verschoben und viele Schichten stehen ganz auf dem Kopfe, sodass von regelrechter Lage im ganzen Salzwerke fast nirgends die Rede sein kann. Oft ist das Steinsalz mit dem Sandstein unmittelbar verwachsen, seltener ist Gips, häufiger Mergel und Salzton dazwischen gelagert. Im Ganzen aber sind es Schichten in paralleler Lagerung von unten nach oben: Szybiker Salz – Spizasalz – Salzton mit Grünsalz – Salzton, Hangendtegel – Mariner Tertiärsand[397]. Der allgemein bekannte Ort liegt in einem Gebirgskessel, der von Osten nach Westen etwas verlängert ist und von hier seine Wasser nach der Weichsel abfließen lässt. Nach den Untersuchungen von Thürnagel ist das Salzlager, soweit es gegenwärtig abgebaut wird, von Osten nach Westen etwa 8–9.000′ lang, bei einer Breite von 3.500′ und ist bis zum Grunde des Wasserschachtes etwa 1.200′ tief. Zuoberst kommen wechselnde Lager an Lehm, Sand und Mergel, darauf folgt Salzton mit etwas Gips. Bei 238′ erreicht man die obere Etage des Salzbaues; hier ist für die unterirdische Gemeinde der Salzarbeiter im Steinsalz eine kleine Kapelle ausgehauen, mit mehreren aus Salz gearbeiteten Statuen, in der seit 1337 jährlich einmal Messe gelesen wird. Außerdem finden sich im Ganzen etwa 60 durch das Aushauen des Salzes entstandene sehr große Räume. Darunter zeichnet sich der sogenannte Tanzsaal durch seine Größe aus; derselbe ist mit einem kolossalen österreichischen Adler, dem Namenszug des Fürsten Lobkowitz und 6–8 Kronleuchtern, alles aus Salz gehauen, geziert; außerdem finden sich daselbst zwei transparente auf Steinsalztafeln gemalte Bilder, welche sämtliche beim Grubenbau angewendete Gerätschaften darstellen. Wie ausgedehnt hier die unterirdischen Werke sind, zeigt folgende Begebenheit: Joh. Harasiut hatte in der Tiefe des Trinitatisschachtes zu Bochnia das Glockenzeichen zum Ausfahren überhört. Als er spät folgen wollte, verlöschte sein Grubenlicht. Niemand war noch vorhanden, der seinen Hilferuf hören konnte. Er tappte von Angst getrieben im Dunkeln fort, traf tastend fast instinktmäßig die Verbindungsgänge, vermied die Abgründe, Bergrisse und Salzwasser. Endlich nach vielen Stunden langem Wandern erblickte er Licht und fand sich unter Bergleuten wieder, vor denen er mit einem Freudenschrei bewusstlos zusammenstürzte. Man brachte ihn auf die Oberfläche, er war in Wieliczka und hatte also in der dunklen Tiefe 4 deutsche Meilen durchwandert. Nach Hauer ist die Gesamtlänge der unterirdischen Grubenstrecken von Wieliczka 11 geografische Meilen[398].

In älteren Zeiten wurde der Bau sehr leichtsinnig als Raubbau betrieben und man hieb alles Salz weg, wo man es fand; so entstanden zahlreiche geräumige Höhlungen, die zum Teil zusammenbrachen und einstürzten und dann mit ungeheuren Kosten wieder ausgefüllt werden mussten[83]. Von der erwähnten (obersten) Etage erstreckt sich das Grünsalz (wegen feiner Farbe so genannt) mit Salzton wechselnd über 350′ tief. Dieses Grünsalz, sowie der dazwischen gelagerte Salzton schließen häufig bituminöses Holz, Muscheln und Haifischzähne ein. An das Grünsalz legt sich dann das reinere Spysasalz[84], graulich zum Teil aus spießigen Kristallen bestehend. Es ist oft so eng mit dem Sand verbunden, dass beide in einander übergehen und enthält häufig Versteinerungen[399]. Dann folgt durch eine Salztonlage geschieden das Szybiker Salz, das reinste von allen. Hin und wieder wiederholt sich der Wechsel von den beiden letzten Sorten zweimal. Beide Salzarten werden nur zerstoßen und sind so zum Gebrauch fertig, besonders das letztere als Tafelsalz. Aus dem Szybiker Salz, als dem härtesten, werden eine Menge Kunstwerke verfertigt: Kron- und einfache Leuchter, Urgehäuse, Dosen, Salzfässer, Rosenkränze usw. Damit sie nicht an der Luft zerfließen, werden sie mit frisch ausgepresstem Olivenöl eingerieben und dadurch dauerhafter gemacht. Hin und wieder kommt im Wieliczkaer Bergwerk sogenanntes Knistersalz vor, das bei seiner Auslösung im Wasser eine Anzahl kleiner Detonationen veranlasst und dabei aus kleinen Hohlräumen das darin komprimiert enthaltene Wasserstoff- und Kohlenwasserstoffgas ausstößt. Außerdem ist das Knistersalz bis jetzt nur noch in Staßfurt aufgefunden. Offenbar muss dieses Salz bei der Gegenwart jener Gase unter sehr hohem Druck kristallisiert sein. Aus der Szlatinaer Steinsalzgrube im

83 Ähnliches hat auch wohl in neuerer Zeit der Leichtsinn der Beamten herbeigeführt.

84 Bergleute aus Zips (Górnici ze Spiza) entdeckten zuerst diese Salzschichten, von ihnen wurde es Spiska-sool, Zipfer Salz, genannt (Hradina, Gesch. d. Wieliczka-Saline S. 105.).

Marmoroser Komitate strömen auch aus den Spalten des Steinsalzes brennbare Gasarten aus[85], welche man dort zu einer von der Natur freiwillig gegebenen Gaserleuchtung der Gruben benutzt. Philippi und Rendschmidt haben im Salze von Wieliczka Infusorien, Polythalamien, Muscheln, Schnecken und andere tierische Reste nachgewiesen. Reuß hat darin 270 Arten niederer Tiere von den Polythalamien bis zu den Dekapoden gefunden[400]. Schon Sternberg beschrieb eine Frucht (Juglans salinarum Sternb.) aus dem Steinsalze. Dann charakterisierte Göppert 2 Arten Juglans, zwei Zapfen von Koniferen und fossiles Holz von drei Arten. Unger fasste dann alle bisherigen Entdeckungen von Pflanzenresten aus Wieliczka zusammen und beschrieb 10 Arten von Früchten und 5 Arten bituminöses Holz daher. Die Pflanzen sind neuerdings genauer untersucht von Dr. Stur. Er fand: Föhrenzapfen, Caryafrüchte, Stückchen von Buchen und Birkenholz, selten Blattabdrücke. Viele der Zapfen waren sichtlich von Eichhörnchen angenagt[401]. Die sämtlichen Grubenwasser fließen durch einen eigenen Schacht in ein Reservoir (»den Sumpf««), von wo sie als starke Sole sich in die Weichsel ergießen, Bochnia kann als zu Wieliczka gehörig betrachtet werden. Es hat fast alles mit demselben gemein. Das ganze Salzlager von Bochnia ist aber von bituminösen Substanzen durchdrungen. Häufig strömt Kohlenwasserstoff aus Höhlungen und Spalten. Im Salze selbst finden sich Braunkohlenstückchen, auch Tannenzapfen und Nüsse[402].

Ich sollte jetzt gleich zur beispielsweisen Betrachtung der Salzquellen übergehen, wenn sich nicht ein so guter Übergang dazu darböte in den seit alten Zeiten in Betrieb seienden Salzquellen von Staßfurt bei Magdeburg, die erst in neuerer Zeit in eines der großartigsten Steinsalzbergwerke umgewandelt find.

Dem großen Salzlager der Salzburgischen Voralpen tritt ein nicht minder bedeutendes Salzbecken gegenüber, welches am Anfang der deutschen Tiefebene sich ausbreitet. Besonders nach Westen

85 Ähnliches erfuhr man in Staßfurt beim Abteufen des »von der Heydtschachtes«, wo den oberen Schichten, dem sog. Abraumsalz (ca. 800–1.000' unter der Oberfläche) auch brennbare und explodierende Gase entströmten.

und Süden, scharf begrenzt von Harz, Thüringer Wald und Fichtelgebirge bildet es eine Vertiefung, in welche sich von allen Seiten her die Flüsse: Bode und Wipper vom Harz, Weida, Unstrut und Ilm vom Thüringer Wald, Saale und Elster vom Fichtelgebirge, die Mulde vom Erzgebirge und die Elbe vom Riesengebirge her ergießen, deren Gewässer dann zusammen durch die Elbe ihren Abfluss nach Norden gewinnen. Hier scheint sich in einer älteren Periode wahrscheinlich zur Zeit der Permischen Formation ein großes Salzlager aus dem Urmeere abgesetzt zu haben, das an den Grenzen jener Gebirge etwa gehoben ist, aber auch in seiner Mitte nicht so tief unter der Oberfläche liegt, dass man dasselbe nur durch Bohrarbeiten und nicht auch durch Bergbau erreichen könnte. Um jenes Becken herum bilden Solquellen, zum Teil schon in uraltem Betrieb einen Kranz von Salinen. Beginnen wir mit Halle, so folgen sich rings herum Kötschau, Dürrenberg mit Teuditz, Kösen, Sulza, Heinrichshall bei Köstritz. Ernsthall bei Bufleben, Johannisfeld bei Erfurt, Louisenhall bei Stotternheim, Sulza, Auleben, Frankenhausen, Artern, Seeburg, Langenbogen und Schochwitz bei Eisleben. Den Beschluss machen am Ausgange des Beckens die reichen Salzlager von Elmen, Schönebeck und Staßfurt in der Magdeburger Gegend. Von diesen Orten kann man noch das Salzgebirge im ununterbrochenem Zusammenhang nach Nordwesten verfolgen, indem die Solquellen fast vier der Erhebungslinie des Harzes parallele Reihen bilden: 1. Sülbeck, Salzderhelden, Rüden, Pyrmont, Salzuffeln. 2. Juliushall bei Neustadt an der Harzburg, Salzdettfurt, Salzhemmendorf, Hasperde, Neusalzwerk bei Rehme, 3. Staßfurt, unbenutzte Solen im Halberstädtischen, Salzliebenhall, Heyersen, Eldagsen, Münder Masch bei Rodenberg, Sooldorf, 4. Elmen bei Magdeburg, Schöningen, Salzdahlum und Linden bei Hannover. Diese Linien würden von großer Bedeutung sein, wenn sie zugleich sogenannte geognostische Horizonte d.h. Linien gleichaltriger Schichten bezeichneten; da das aber nicht der Fall ist, so haben sie zunächst nur ein geografisches Interesse.

Ein Teil der angeführten Salinen steht in uraltem Betrieb, ein Teil ist erst in neuerer Zeit erbohrt, ein Teil endlich wurde wegen geringer Menge des Quellwassers oder zu geringem Gehalt der Sole entweder gar nie ausgenutzt oder ist in neuerer Zeit aufgehoben[86], da sich besonders seit der Aufschließung des Staßfurter Salzlagers der Betrieb nicht lohnen würde. Zu den älteren Salinen gehören Halle, Sulza, Frankenhausen[403]. Von den neu erbohrten oder durch neue Bohrungen vertieften Quellen sind einige durch die dabei gewonnenen geognostischen Aufschlüsse interessant. Die deutschen Salzwerke werden immer mit dankbarer Pietät sich dreier Männer erinnern müssen, deren regem, patriotischen Eifer sie ganz besonders ihren Aufschwung verdanken. Der Name Langsdorf knüpft sich vorzugsweise an die Wimpfener Salinen; Herr von Oeynhausen ist der, welcher das Bad Rehme-Oeynhausen hob und dort die für damalige Zeit tiefste Solquelle, den 2.200′ tiefen Brunnen von Neusalzwerk erbohrte. Den am weitesten verbreiteten Ruf durch seine unermüdliche und fast durchweg von Erfolg gekrönte Tätigkeit erwarb sich K. Ch. Fr. Glenk, 1845 als gothaischer Oberbergrat gestorben. Sein erster Versuch 1819 gab dem Neckargebiete bei Wimpfen die reichsten Solquellen; eine seiner letzten Arbeiten versorgte (1837) die Schweiz durch Anlage der Saline Schweizerhall in Basel mit dem lange ersehnten Salz. Die umfangreichste Tätigkeit aber entwickelte Glenk auf dem eben von mir umschriebenen thüringisch-sächsischen Gebiete. Die von ihm eröffneten Salinen (1828) Ernsthall bei Bufleben; (1829) Louisenhall bei Stotternheim und (1831) Heinrichshall bei Köstritz zwischen Gera und Eisenberg haben ihrer Umgebung einen so reichen Segen gebracht, dass eine dankbare Nachwelt den Namen des Urhebers nie vergessen wird. Betrachten wir nun einige dieser Bohrlöcher näher, so zeigen sie merkwürdige Übereinstimmungen, die auf einen geognostischen Zusammenhang aller hinzudeuten scheinen. Das neue Bohrloch neben dem Borlachschachte bei Dürrenberg an der Saale von 1831–37 niedergebracht durchteuft den ganzen bunten Sandstein, dann 1¾′ Gips, worauf das Steinsalz mit 986 Fuß

86 z.B. Eldagsen, Juliushall, Salzdahlum usw.

erreicht war; die Sole steigt im Borlachschachte mit großem Druck bis auf 17½′ unter der Oberfläche und fließt von hier durch horizontale Kanäle in die Saale ab, soweit sie nicht in der Saline verwertet wird. Ihr Gehalt war nur 3,483% und nach weiterer Aufbohrung bis 71′ 7,5%, ihre Temperatur in der erreichten Tiefe war 15 °R.[87], was vielleicht auf einen noch tieferen Ursprung der Quelle (von etwa 1.200′) schließen ließ[404]. Das neue Bohrloch ergab eine fast gesättigte Sole[405].

Das Bohrloch von Heinrichshall (Köstritz) beginnt auf rotem Letten und Schieferletten, dem bunten Sandstein angehörig, durchteuft dann den Zechstein und erreicht mit 126,7′ die den Salzflößen angehörigen Wechsellager von Gips und Ton bis mit 289′ das Steinsalz ganz angebohrt wurde[406]. Jedenfalls beginnt hier das Steinsalz noch einige 50′ über dem Spiegel der Ostsee.

Das Bohrloch von Ernsthall bei Bufleben, durch die hohe Talebene, worauf Gotha liegt von den Seebergen getrennt, durchsetzt mit 134′ 10″ den Keuper, dann mit 367′ 11″ die obere Abteilung des Muschelkalkes, endlich mit 111′ 10″ den mit Ton und Kalklagen abwechselnden Gips. Bei 614′ 8″ Gesamttiefe wird der Salzton erreicht, der immer salzhaltiger wird bis bei 677′ 7″ das Bohrloch auf reines Steinsalz aufsetzte. Die Sole enthält 27% und hat eine Temperatur von 11 °R., weist also auf einen weniger tiefen Ursprung der Wasser[407].

Nördlich von Erfurt auf den Höhen zwischen der wilden Gera und der Wippach treffen wir aus Stotternheim. Mächtige Keuperschichten (157′) bedecken hier Gips, Salzton, Steinsalz und Anhydrit in Wechsellagern, dann finden sich von 610′ an festere Muschelkalkbänke von etwa 400′ Mächtigkeit und dann wieder aufs Neue Gips, Salzton und Anhydrit-Schichten. Bei einer Tiefe von 1.174′ erreichte man das reine Steinsalz. Die Sole hält 27% und hat eine Temperatur von 8 °R. was für die erreichte Tiefe zu wenig scheint[408].

Zu den ältesten Salzorten in Deutschland gehört Frankenhausen an der Wipper und nicht weit davon liegt Artern an der

87 Anm. des Verlags: Die hier angewandte Temperaturskala ist vermutlich die Réaumur-Skala.

U n s t r u t . Auch hier floss seit älteren Zeiten eine Salzquelle. Nicht weit von derselben wurden seit 1837 mehrere Bohrlöcher ausgesetzt, durch welche in verschiedenen Tiefen reines Steinsalz erreicht wurde. Die Mundlöcher liegen etwas über 400′ über dem Spiegel der Ostsee. In der Nähe von A r t e r n gehen von einem an den K y s s h ä u s e r anschließenden Höhenzug die älteren Glieder des bunten Sandsteins zu Tage aus, in denen sich Einsenkungen mit Gips finden. Die ersten Bohrlöcher ergaben ca. 300′ aufgeschwemmtes Land, Sand und Gerölle, etwa 290′ Schichten des bunten Sandsteins, 195′ Gips zur selben Formation gehörig, dann etwa 200′ Zechsteinkalk und Zechsteingips; mit 986′, respekt. 970′ wurde dann das Steinsalz angebohrt. Die Sole hat durchschnittlich 25%. Die Sole der alten Quelle hat nur 3,7% und dient jetzt nur noch als Aufschlagwasser für die Pumpwerke der neueren Bohrlöcher[409].

Das Resultat aus diesen Untersuchungen ist, dass, wo die Zechsteinformation erreicht ist, sich in derselben auch große Salzflöze finden. Nur bei S t o t t e r n h e i m scheint das erreichte Salzlager dem unteren Muschelkalk oder dem oberen bunten Sandstein anzugehören und gewiss ist, dass hier und zwar durch starke Bänke des oberen Muschelkalks geschieden, auch ein minder mächtiges Salzlager im Keuper vorkommt. Das große Thüringisch-Sächsische Becken scheint also schon in der Periode des Zechsteins, dann aber auch noch auf der Grenze zwischen buntem Sandstein und Muschelkalk und nachher noch im Keuper die passenden Verhältnisse zur Bildung abgeschlossener Meeresbecken und damit zur Bildung von Salzlagern dargeboten zu haben. Soweit die bis jetzt allerdings noch nicht über allen Zweifel erhabenen Untersuchungen in der tiefsten Stelle des Beckens, da wo alle Gewässer desselben durch die Elbe nach Norden abfließen, reichen, scheint hier die Hauptmasse des großen Salzflözes im Zechstein zu liegen; es ist das das Salinengebiet von S c h ö n e b e c k und S t a ß f u r t . Charakteristisch ist noch, dass das Salz der Oberfläche näher liegt, je weiter man sich von der tiefsten Stelle des Beckens entfernt und dem begrenzenden Gebirge nähert; die Salzflöze sind also bei Erhebung der Gebirge mitgehoben worden.

S t a ß f u r t besaß schon seit den ältesten Zeiten Salzquellen, die eine reiche Sole von 17,75% lieferten. Neben dieser Quelle begann man 1839 die Abteufung eines Bohrschachtes, der mit 62′ Tiefe auf feste Gebirge (bunter Sandstein) aufsetzte. Von hier aus wurde gebohrt. Bei 790′ erschienen die ersten Spuren des Steinsalzes im Anhydrit; auf diesen folgten blaue Mergel, Gips, und grauer Kalkstein (Zechstein?) und bei 826′ 3½″ begann das Steinsalzlager (beiläufig 605′ unter dem Spiegel der Ostsee). Dieses wurde bis 1.851′ durchsunken, dann aber das Bohren abgebrochen, damit nicht etwa in der Tiefe erbohrtes Wasser den Abbau erschweren möchte. Die Temperatur im Bohrloche stieg ganz regelmäßig von 11 °R. bei 50′ Tiefe bis zu 16°, 2 bei 906′. Seit 1865 ist das Staßfurter Steinsalz noch an der Bode aufwärts bei Löderburg, Rothenförde, Partum und Westernegeln durch 7 Bohrlöcher in einer Ausdehnung von 17 Kilometer verfolgt worden. – Nicht weit von Staßfurt wurde auf Anhaltischem Gebiete (jetzt Leopoldshall) ebenfalls ein Bohrversuch vorgenommen, an einer Stelle, wo Anhydrit und Gips schon zutage lagen. Hier folgte nachdem die zutage liegenden Schichten mit 424′ durchsunken waren, sogleich Salzton, reinere und unreinere Salze von 84′ Mächtigkeit, dann wieder Salzton, Gips und farbiges Salz bis mit 634′ das reine Steinsalz erreicht und noch 365′ 3″ weit bis 1.000′ Tiefe verfolgt wurde. Das höhere Lager Steinsalz fehlt bei Staßfurt gänzlich und das zweite mächtigere Flöz liegt im Anhaltischen 372½′ höher als in Staßfurt. Nach den beim Bohren in Staßfurt gefundenen Resultaten wurde dann daselbst das Bohrloch als I. (Manteuffel-)Schacht abgeteuft und daneben noch ein II. als Kunstschacht (von der Heydtschacht) niedergetrieben. Die Schachte wurden dann durch Querschläge verbunden und vom Schacht II aus Strecken in das feste Steinsalz getrieben. Sowohl die begleitenden Gebirge, als auch das Steinsalz selbst fallen von O.N.O. nach W.S.W. also etwas gegen den Harz zu. Eine sonderbare Erscheinung bei der Bohrarbeit war es, dass die Sole des Bohrlochs zwar mit der Tiefe und besonders in der Nähe des Steinsalzlagers ziemlich plötzlich immer salzreicher wurde, aber auch immer wertloser; bei einer Tiefe von 963′ hatte die Sole zwar 33, 2% Rohsalzgehalt, aber davon nur 7, 15% Kochsalz. Erst die Schachtabteufung und die dadurch ermöglichte genauere Kenntnis der Lagerung des Salzes klärte dies Verhältnis auf. Unmittelbar über dem ganz reinen, nur von 1–6 Linien dicken

Schnüren von Polyhalit mit Anhydrit durchzogenen festen Steinsalze, das schwerer auflöslich ist, liegt eine bis 200′ dicke Schicht von unreinen Salzen, sogenanntem »Abraumsalz«, das größtenteils aus den leicht löslichen, zum Teil an der Luft zerfließenden bitteren Chlorsalzen besteht, die neben dem Kochsalz im Meer vorkommen, die sich natürlich zuletzt aus dem Meere absetzen mussten und nun dem die Sole bildenden Wasser sich leichter und schneller mitteilen als das schwerer lösliche Kochsalz. Dieses Abraumsalz bietet einen prachtvollen Anblick dar, indem sich dasselbe in bunten, weißen, blauen, gelben, roten Bändern darstellt[88]. Bei dem Eindringen in das Abraumsalz zeigten sich zumal in dem Schacht II brennbare explodierende Gase (Kohlenwasserstoff-Verbindungen). Die reineren Stücke des Abraumsalzes verhielten sich ganz wie das Kleistersalz von Wieliczka. Die blaugefärbten Salzbänder enthalten stets organische und bituminöse Substanzen beigemengt. Im Steinsalz finden sich abgesehen von den dazwischen liegenden Schnüren auch im reinsten Salze zuweilen beigemengt ganz feine (mikroskopische) Gipskristalle. Der Anhydrit enthält eingeschlossen kleine Kristalle von reinem Schwefel, der Gips des Steinsalzes freien durch Schwefelkohlenstoff ausziehbaren Schwefel. Im Carnallit (oberes Abraumsalz) wurden von Reichardt und Pringsheim unbestimmbare organische Substanzen gefunden. Nach Bischoff und Karsten kommen ebenda deutliche Zellen von Sphagnum und einer holzigen Pflanze (Cycadee?) vor.

Die Produktion des zum Gebiete Schöningen-Staßfurt gehörigen Salzlagers ist übrigens so außerordentlich, dass sie nur durch die Möglichkeit des Absatzes beschränkt wird. Staßfurt allein könnte jährlich 5 Millionen Zentner Steinsalz liefern[410].

Ich lasse nun hier die kurze Beschreibung von zwei wichtigen Salzquellen folgen, die noch manche interessante Eigentümlichkeit darbieten. Die erste ist die Nauheimer Quelle, die schon höchst wahrscheinlich von den Kelten in Betrieb genommen und sicher schon zur Römerzeit ausgebeutet wurde. Dieser Ort gehört einem Salzbecken an, das sich zwischen dem östlichen Abhang des Tau-

88 Ein hübsches Bild davon sieht man in dem Aufsatz von Reichardt in den Akten der Leopold.Carol.Akademie.

nus und dem Vogelsberg ausbreitet (der sogenannten Wetterau), dessen Gewässer von der Wetter, der Nidda usw. nach Süden in den Main abgeführt werden. Zu diesem Becken gehören Büdingen bei Gelnhausen, Salzhausen bei Nidda[89], Nauheim und Schwalheim bei Friedberg, Herrchern und Wisselsheim an der Wetter und Homburg vor der Höhe als äußerster und südwestlicher Punkt. Als Saline ist, außer etwa Salzhausen, nur Nauheim von Bedeutung, schon dadurch, dass seine Gradierwerke, die längsten in ganz Deutschland, 12,500′, also über eine halbe Meile sich hinstrecken. Die seit alten Zeiten benutzten Sinkbrunnen hatten nur eine Tiefe von 15′–60′, jetzt sind sie teils versiegt, teils dienen sie nicht mehr zur Salzgewinnung. 1824 wurde ein neues Bohrloch 330′ tief niedergetrieben, womit man das Übergangsgebirge erreicht zu haben glaubte. Die hierbei und bei einem schon 1823 gemachten Versuch erbohrten Quellen verfügten aber auch nach Vollendung der späteren Bohrarbeiten. Dasselbe gilt von einer dritten und vierten Quelle, die man anbohrte. Erst 1839 hatte die Arbeit einen für Nauheim glänzenden Erfolg. Man trieb das Bohrloch bis auf den Übergangskalk, dann 121,39 Meter durch diesen durch, hörte dann aber den 4. Juni in einer Gesamttiefe von 159,14 Meter auf, weil man doch nur eine Sole von 1¼% Salz erhalten hatte und deckte das Bohrloch zu. Am 22. Dez. 1846 morgens 7 Uhr brach aber plötzlich aus diesem Bohrloch mit Gewalt eine schäumende Quelle von 3,03% Salzgehalt und einer Temperatur von 25 °R. hervor. Die Quelle steigt noch jetzt, nachdem sie gefasst worden, als ein kleiner Springquell empor. Es ist die ursprünglich als »Großer Sprudel« oder Bohrloch Nr. 7 bezeichnete Quelle. Ich übergehe einige andere Bohrungen und wende mich zu der letzten bei Weitem interessantesten, dem Bohrloch Nr. 12, der jetzigen Friedrich-Wilhelmsquelle[90]. Im Jahr 1852 ward das Bohrloch angesetzt und mit 180,1 Meter der Tonschiefer unter der Grauwacke angebohrt, aber ebenfalls die Arbeit dann eingestellt, da man ein günstiges Resultat

89 Salzhausen kommt schon in Urkunden von 1187 und 1329 vor.

90 Weil diese Quelle höher spring als Nr. 7 wird sie jetzt häufig, aber ganz falsch, der große Sprudel genannt, z.B. von Meyn, das Salz, S. 134.

nicht mehr erwartete. Am 15. Mai 1855 wurde die Sole abends durch ein enges Saugrohr mittels Handdruckwerks ausgesaugt. Nach 15 Minuten zeigte sich die Quelle wieder als weißer Schaum und kam nach weiteren 20 Minuten aus dem etwa 4 Zoll weitem Einsatzrohr mit solcher Kraft zum Ausfließen, dass sie den Arbeiter das Saugrohr aus der Hand riss, gegen die Zimmerung der Bohrhütte schleuderte, dass es zerbrach. Die Quelle sprang 16,11 Meter mit 30 °R. und 4,3% Salzgehalt. Nr. 7 hat 0,12 und Nr. 12 noch 0,10 Gewichtsprozente freier Kohlensäure. An diesen Quellen fällt zunächst ihre hohe Temperatur auf, sie müssen also entweder aus einer viel größeren als der erbohrten Tiefe entspringen oder vulkanisch erhitzt sein. Das zweite bemerkenswerte ist der große Gehalt an freier Kohlensäure. Dieser kann aus vulkanischen Tiefen stammen, kann aber auch erst näher der Oberfläche sich in das Quellwasser eingedrängt haben, wie das neuere Untersuchungen bei der Biskirchener Quelle an der Lahn als gewiss nachgewiesen haben[411]. Die ganze Umgegend, man möchte sagen, der ganze Boden der Wetterau ist nämlich außerordentlich kohlensäurereich. Wenn man den Kies des Usatals oder der Höhen zwischen Nauheim und Wisselsheim durchbohrt, treten sogleich Ausströmungen von Kohlensäure aus, die selbst zur Bereitung künstlicher Mineralwasser benutzt werden. In allen Kellern Nauheims ist Kohlensäure verbreitet, und Vögel, die zu tief in Kiesgruben hinabfliegen, fallen tot zu Boden, gerade wie in dem großartigeren Todestal auf Java. Auch steigen in der Usa und den Wassergräben der Nähe fortwährend Kohlensäure-Bläschen auf. Endlich will ich noch bemerken, dass die Nauheimer Sole besonders aus dem großen Sprudel nicht nur im Gehalt an Rohsalz (2,63%) sondern auch in dem Verhältnis des Kochsalzes zu den Chlor- und Bromsalzen sehr genau der Zusammensetzung des Meerwassers entspricht. So bleibt denn hier mehr als bei vielen anderen Salzquellen noch sehr vieles Rätselhafte[412].

Die zweite Solquelle, die ich hier noch anschließen möchte, ist die Quelle von Kissingen, ebenfalls eine schon in sehr altem Betrieb stehende Saline speisend[91]. Der Name lautet ursprünglich

91 Sie wird schon 823 in einer Urkunde genannt.

kizziche oder chizzicha und stammt wahrscheinlich aus dem Slawischen (nach Miklosich)[413]. Kissingen mit dem benachbarten Bocklet liegen an der fränkischen Saale, die für sich ein kleines Salzbecken zwischen der Röhn und den Hassbergen zu durchfließen scheint. Zwar weiß man jetzt nur noch von Kissingen und Salz bei Neustadt, aber die vielen Ortsnamen wie Salztal, Salzburg[92], Sulzdorf, Sulzfeld zeigen, dass man in älteren Zeiten viele schwache, später wertlos gewordene Quellen hier ausgebeutet hat. Die älteste und Hauptquelle ist 325′ tief niedergebracht, ohne den bunten Sandstein zu durchteufen. Sie ist interessant durch die bei vielen kohlensäurehaltigen Quellen z.B. auch bei Bocklet vorkommende Periodizität ihres Ausflusses. Im Zustand der Ruhe steht das Wasser 15′ unter der Tagöffnung des Brunnens. Sobald die stärkere Entwicklung der Kohlensäure beginnt, fängt das Wasser an aufzuwallen, steigt heftig aufschäumend, bis es in ¼ Stunde die Erdoberfläche erreicht und dann abfließt. Das dauert etwa 2 Stunden, dann fängt es an bei verminderter Gasentwicklung zu fallen und erreicht etwa nach 20 Minuten seinen früheren tiefsten Stand, um nach ¼ Stunde (selten mehr) dieselbe Erscheinung aufs Neue zu zeigen. Ganz genau regelmäßig ist indessen die Periodizität nicht. Das Wasser hat eine Temperatur von 16°,5 R. (15°,6 R.?) und einen Gehalt von 2,24% Rohsalz. Dieses enthält 63,15% Kochsalz und an löslichen Chlor-, Jod- und schwefelsauren Salzen 32,03. Es steht also einer Mutterlauge des Meersalzes viel näher als dem Meerwasser, oder mit anderen Worten, die Quelle nimmt einen großen Teil ihrer Salze aus den oberen Schichten eines normalen Salzlagers auf. Die Temperatur zeigt, dass vulkanischer Einfluss hier nicht ausgeschlossen ist oder dass das Wasser aus einer viel größeren Tiefe als die des Bohrloches aufsteigt. Die Kohlensäure beträgt 0,21 Gewichtsprozent, also beträchtlich mehr als bei der

92 Salzburg, noch jetzt ein kleiner Badeort, ist sehr alt. Die Sage führt die Erbauung der »Burg Salz«, wie sie früher hieß, bis 622 zurück; offenbar war die Solquelle damals schon bekannt. Später wurde die Burg Kaiserpfalz, auf der auch Karl der Große oft residierte; seit dem XIII. Jahrhundert heißt sie »die Salzburg« (Illustrierte Zeitung 1875, S. 236).

Nauheimer Quelle[93]. Die Periodizität solcher kohlensauren Quellen ist darin begründet, dass dieselben in ihrem unterirdischen Laufe durch Höhlen kommen, in welchen sich die freie Kohlensäure nebst einem Teil des Wassers ansammelt, bis der Luftdruck so groß geworden ist, dass die Kohlensäure plötzlich das Wasser vor sich hertreibt und mit demselben sich ins Freie entleert, woraus dann wieder Stillstand eintritt, bis die Höhle abermals mit gespannter Kohlensäure sich gefüllt hat[414].

Ehe ich aus den vorgeführten Beispielen ein allgemeines Resultat ziehe, muss ich noch einen Blick auf die natürlichen Salzpfannen, die Salzseen werfen. Wir finden sie überall in Weite und Höhe, vom Titicacasee der südamerikanischen Anden 18.000′ über dem Meere, dem Vansee in Kurdistan, dessen Spiegel 5.460′ über dem Meere liegt, bis zum Toten Meere, dessen Oberfläche nach Seymonds noch 1312′ (nach Humboldt 1230′) unter der des Mittelmeer sich befindet[94]. Ich erwähne nur die großen Salzseen in Amerika den vorzugsweise so genannten »Großen Salzsee«, an dem die Mormonen sich niedergelassen haben und den See von Teczuko in Mexiko, da wir von beiden nicht mit wünschenswerter Genauigkeit unterrichtet sind.

In der alten Welt sind die beiden größten Salzseen, der Aralsee und das Kaspische Meer. Auch bei ihnen sind unsere Kenntnisse noch mangelhaft. In den Aralsee strömen salzige Flüsse aus den Salzsteppen. Sein Spiegel liegt 250′ höher als der des Kaspischen Meeres, welcher wieder 415′ über dem des Mittelmeeres liegt[415]. In den Aralsee ergießen sich von Osten her zwei aus den Salzsteppen kommende schon den Alten als salziges Wasser führend bekannte Flüsse Syr- und Amu-Derja (Ochus [?] und Oxus des Plinius). Über den Salzgehalt des Aralsees haben wir nur wenige ungenaue und sich widersprechende Nachrichten. Das Kaspische Meer ist ohne Frage ein ehemaliges Meerbecken, was die in ihm lebenden Seehunde und demselben eigentümliche Heringe[416] beweisen, die nie in einem erst später entstandenen

93 Noch reicher an Kohlensäure ist die Quelle von Bocklet.

94 Dabei ist die größte Tiefe des Toten Meeres 2.100′.

oder erst später salzig gewordenen Wasser sich finden könnten. Dass es seit undenklichen Zeiten schon bei seiner ersten Ufergestaltung salzig war, beweisen die überall auch in seinen höchsten Umgebungen sich findenden Cardiaceen (Herzmuscheln)[417]. Auch ist es entschieden salzig[418], obwohl der Salzgehalt geringer als selbst im schwarzen Meere (weniger als 1%) angegeben wird. Doch bezieht sich dies Resultat nur auf den flachen nördlichen Teil, in den sich von Norden her die großen Süßwasserströme, besonders der Embra, Ulu-Ujil, Ural und die Wolga ergießen. Erst vom Kap Tup-Karaghan wird das Meer plötzlich tiefer und immer salziger, je mehr man sich dem Südende nähert. Aber auch zwischen Ost- und Westseite ist in dieser Hinsicht ein Unterschied, da sich von Westen her ebenfalls recht ansehnliche Süßwasserflüsse in den See ergießen, z.B. der Kuma, Tereck und Kur. Am salzigsten ist das Meer an der Ostseite und hier ist der große durch eine Barre fast abgeschlossene Meerbusen, der Kara-Bogas[95]. Derselbe enthält gar keinen Zufluss weder süßen noch salzigen Wassers[419], nur rückt natürlich wie sein Wasser verdunstet ein entsprechender Teil vom Meere her nach. Dabei wird sein Wasser immer salziger und beträgt der Gehalt jetzt schon viel mehr als der des Ozeans. Der Kara-Bogas verhält sich also zum Kaspischen Meere genauso, wie ein Hauptbecken der Salzgärten von St. Ubes zum Weltmeer[420]. Im Kara-Bogas lebt kein Tier, den Boden bedeckt eine Salzschicht von unbekannter Mächtigkeit. Seine Oberfläche beträgt etwa 2.000 Quadrat-Seemeilen. Durch den täglichen Einfluss wird dem Kaspisee mehr Salz entzogen (täglich etwa 8.400.000 Zentner), als alle seine Zuflüsse ihm zuführen können. Dem Kara-Bogas gleichen noch mehrere kleinere Bassins an der Ostseite, namentlich der Kara-Su[421].

Ein noch merkwürdigerer Salzsee ist der Bahr el Lut[96] oder das Tote Meer. Von Norden nach Süden zieht sich durch Palästina eine auffallende Einsenkung der Oberfläche der Erde, die viel-

95 »Der schwarze Schlund«, wahrscheinlich nach der Farbe des Wassers so genannt, ähnlich wie der stark gesalzene Japanische Küstenstrom nach seiner dunklen Farbe »der Schwarze« genannt wird.

96 »Das Meer des Lot«.

leicht gleichzeitig mit der Erhebung des Libanon und Antilibanon entstanden ist. Der Seespiegel des Tiberias liegt 625′, der des Toten Meeres 1312‘ niedriger als der Spiegel des Mittelmeeres. Beide werden durch den Jordan verbunden, beide sind salzig. Der See Tiberias ist im Norden, wo der Jordan einfließt, noch süß und fischreich, im Süden, wo derselbe ausfließt, salzig und fischarm. Im Toten Meer leben am Einfluss des schwach salzigen Jordan noch einige kleine Fische, sonst ist das tierische Leben von ihm ausgeschlossen. Das Wasser in der Mitte und am Südende ist salziger als das Meerwasser. Es enthält 24,5% Rohsalz und in diesem nur etwa ein Drittel an Kochsalz. Das andere sind leicht lösliche Chlor- und Bromsalze. Das Wasser ist also eine Mutterlauge wie sie beim Abdampfen des Meerwassers entsteht, nachdem sich ein Teil des Kochsalzes niedergeschlagen. Meerwasser hat im Mittel 2,35% Rohsalz und in demselben mehr als siebenmal so viel Kochsalz als andere leicht lösliche Salze. Die Umgegend besonders im Süden ist reich an Steinsalz, wie schon erwähnt, und hat viele bituminöse Produkte (Steinöl, Asphalt), die aber nicht dem See entstammen Der Zufluss des Jordan scheint ungenügend um das vom Toten Meere verdunstende Wasser zu ersetzen, sodass also die Sole immer mehr konzentriert wird. Nach Plinius ist das Tote Meer 20 Meilen lang und 5 Meilen breit, nach Josephus 14⁴⁄₇ geografische Meilen lang und 3⁴⁄₅ Meilen breit; Diodor gibt etwas geringere Masse. Josephus, der aus eigener Kenntnis urteilt, ist wohl am glaubwürdigsten. Dagegen hat das Tote Meer nach Seetzen nur 2–3 Meilen Breite auf 10–11 Meilen Länge, es hat sich also in 1.800 Jahren entschieden auf ein geringeres Areal zurückgezogen[422].

Wir wissen gewiss, dass die ganze Mittel- und Nordasiatische Ebene sich erst spät (zuletzt zur postpliozänen Periode im Zeitalter des Mammuts und der ersten Menschen) aus dem Meere erhoben hat. Diese ganzen unendlichen Strecken, die zum Teil durch die Erhebung vom Meere abgeschnitten wurden, auf denen die letzten Reste desselben verdunsteten, sind daher durchsalzt. Zahlreiche größere und kleinere Salzseen bedecken die weiten Ebenen vom Altai bis zur Krim und vom Kaspischen Meere und Aralsee hoch hinauf nach Norden zu beiden Seiten des Ural. Auf dem trockenen

Boden wittert oft Salz in feinen Kristallen aus und lässt weite Flächen wie beschneit erscheinen. Salzige Lachen dunsten in der trockenen Jahreszeit ab, bedecken sich mit Salzkrusten wie mit Eis. Die Salzseen erhalten meist Zuflüsse von salzigen Bächen und Flüssen, die entweder nur durch Auslaugen des überall salzigen Bodens, ihren Gehalt gesammelt haben oder auch namentlich an beiden Seiten des Ural, vielleicht aus Salzquellen sich sammeln, die aus älteren durch den Ural mit gehobenen Steinsalzlagern stammen. Russland besitzt in diesem Gebiete ganz unerschöpfliche Reichtümer an Steinsalz.

Nur einen jener Seen will ich näher betrachten, der wegen seiner Größe und seiner regelmäßigen Ausnutzung als Hauptrepräsentant betrachtet werden kann. Es ist das der Eltonsee, den wir durch Göbel, Erdmann und Rose[423] genauer haben kennen gelernt. Dieser See, etwas südwestlich von der Wolga in der astrachanischen Steppe gelegen, ist etwa 3 Meilen lang und 2½ Meilen breit. Nach den in der Steppe gefundenen Muscheln war der Eltonsee in ältesten Zeiten nur das Nordende des Kaspischen Meeres. Seinen Namen (kalmück. Alton-nor, »der goldene See«) verdankt er dem eigentümlichen goldfarbigen Scheine, den er oft des Abends annimmt. Er enthält den Zufluss mehrerer kleinen stark salzhaltigen Flüsse, hat aber keinen Abfluss und die Verdunstung scheint grösser zu sein als der Ersatz durch Flüsse und Regen. Der Gehalt des Wassers nach den allerdings ganz unnatürlich voneinander abweichenden Analysen der genannten drei Männer ist im Mittel 37,1% Rohsalz und darin 21,6% Kochsalz und 78,2% auflösliche Chlor- und Bromsalze; das Wasser gleicht daher einer Mutterlauge des Meerwassers. Wir können an diesem See die noch jetzt fortgehende Bildung eines Steinsalzlagers beobachten. Auf der Oberfläche sondern sich fortwährend kleine Salzkrusten aus, die sich vereinigen, zu Boden sinken und so auf dem Boden eine neue Salzschicht bilden. Anfänglich ist diese Schicht locker, zerfließlich und bitter. Allmählich wird sie fester und im nächsten Frühjahr vom Regenwasser ausgelaugt. Das von den leicht löslichen Teilen gereinigte Salz sintert dann fester zusammen, wird steinähnlich und heißt nun »altes Salz«. Auf dieses alte Salz lagert sich dann eine schwärzlich schlammige Masse (Salzton) ab und trennt das Salz von der nächstfolgenden Schicht. Göbel ließ 1805 in dem sehr flachen[97] See 2 Werfte vom Ufer entfernt bohren. Er fand 42 abgesonderte Lagen Steinsalz, die obersten 1–4″, die untersten 9″ dick. In der Tiefe wurde das Salz immer fester und reiner. Bei der hundertsten Lage (in 12′ Tiefe) war das Salz so hart, dass die eisernen Geräte zerbrachen und es entwickelte sich eine so faulig-stinkende Luft (Kohlenwasserstoff-Verbindungen?), dass man den Ort verlassen musste. Merkwürdig ist, dass 14 in unmittelbarer Nähe der Salzniederlagen am See gegrabene Brunnen schönes süßes Wasser liefern. Fast noch interessanter und jedenfalls für die leichtere Verwertung des gewonnenen Salzes ist der Baskuntschatskoj-See, der erst in neuerer Zeit genauer bekannt geworden ist. Er enthält nach Göbel 25% Salz[424].

Schließlich will ich hier noch einen Blick auf die Gewinnung des Salzes aus dem Meere werfen. In den heißeren Ländern, wo die Sonne das Abdampfen unentgeltlich übernimmt, hat das Seesalz (Meer-, Bai- oder Boy-Salz) eine außerordentlich große Bedeutung.

Am rohesten ist die Gewinnungsweise in dem faulenzenden Italien, wo ohnehin so wenig wie in Spanien von einer Salz konsumierenden Industrie die Rede ist, weshalb auch die reichen Steinsalzlager Italiens und seiner Inseln größtenteils unbenutzt daliegen; ihre Ausbeutung würde ja Arbeit erfordern und die Italiener im Schwatzen und Faulenzen stören. Man begnügt sich daher größtenteils mit natürlichen Lagunen an der Küste (italienisch Salinas), die tiefer sind als der Meeresspiegel. In diese lässt man das Meer einlaufen, dämmt sie dann ab und räumt das Salz aus, wenn das Wasser verdunstet ist. Noch jetzt sind im ehemaligen Kirchenstaat, wie bei den Römern, die alten Lagunen von Ostia die wichtigsten Produktionsorte; ihnen am nächsten, an Umfang sie noch übertreffend, sind die Lagunen von Comachio und Cervia am Adriatischen Meere. Endlich sind noch als sehr bedeutend in ihrem Ertrag die Lagunen von Barletta (in der Provinz Terra di Bari) und von Trapani auf Sizilien zu nennen[425].

Ungleich mehr Fleiß wird in Portugal auf die Gewinnung des Seesalzes gewendet. Man nennt die hierzu bestimmten Anlagen

97 Zum Gewinnen des Salzes und zum Transport an das Ufer werden in dem festen Steinsalz Kanäle für die Kähne ausgehauen, um das aus dem Boden gebrochene Salz zu bergen.

»M a r i n h a s « oder »Salzgärten«. Sie bestehen aus einem großen Reservoir, das mittelst einer Schleuse mit Meerwasser gefüllt wird. Um dasselbe herum sind kleinere nur etwa 6″ tiefe Behälter, deren Wände und Boden aus fettem, festgestampften Ton bestehen und »Salzbeete« genannt werden. Diese füllt man aus dem großen Reservoir mit dem schon durch Verdunstung etwas konzentrierten Wasser und lässt hier das Kochsalz fast vollständig auskristallisieren; dieses wird dann vorsichtig von den Wänden und dem Boden abgelöst, herausgezogen und am Rande der Beete zum Ablaufen der Mutterlauge zusammengeschaufelt. Nach 1–2 Tagen wird es dann auf freie Plätze geschafft, wo es unter einer Strohdecke gegen den Regen so lange stehen bleibt, bis es verwendet wird. Größere Magazine zum Aufbewahren des fertigen Salzes kennt man nicht. Am bedeutendsten durch ihren Ertrag und die Güte des Salzes sind die Marinhas von S é t u b a l , zumal die von S t . U b e s , welches letztere besonders für das Einsalzen der holländischen Heringe und des englischen Marinefleisches gesucht ist. L i s s a b o n liefert nur eine zweite Qualität und noch weniger geschätzt ist das Salz von P o r t o , F i g u e i r a s und A v a p o . Ganz ähnlich sind die Marinhas von S p a n i e n , die vorzugsweise im südlichen Teil an der Küste des Mittelmeers wie des atlantischen Ozeans liegen. Das Salz von T o r r e v i e j a bei A l i c a n t e wird dem von S t . U b e s gleichgeachtet und fast ebenso das von C a d i x . I n g l i s erzählt, dass, wenn man zu Lande die Straße von S t a . M a r i a bis C a d i x verfolgt, die Küste zwischen dem Wege und dem Meere von großen Lagunen besäet sei und eine solche Anzahl großer weißer aus Salz zusammengeschaufelter Pyramiden zeige, dass man glaube, an den Zelten eines ausgedehnten militärischen Lagers vorbeizufahren[426].

Auch in F r a n k r e i c h stimmt die Salzbereitung mit der portugiesischen vollkommen überein, nur hat man in neuerer Zeit Vorrichtungen getroffen, um das Wasser in den Reservoirs in lebhafte Bewegung zu setzen, um die Verdunstung zu beschleunigen; auch hat man zwischen dem großen Reservoir und den Beeten noch Hilfsreservoirs zur Konzentrierung der Sole angelegt. Ganz verschieden ist aber die Einrichtung in den Norddepartements, wo die Sonne nicht mehr hinreicht, das Abdampfen des Meerwassers zu bewirken. Man nennt diese Anstalten L a v e r i e s (»Salzwäschen«). Man legt einen

Damm an, der nur bei den Springfluten vom Meerwasser überstiegen wird. In der Zwischenzeit bedeckt sich dann der Teilweise austrocknende Sand hinter dem Damme mit einer Salzfloreszenz; diese wird gesammelt in Schlemmgräben mit Meerwasser ausgewaschen und dann die so gebildete starke Sole in bleiernen Pfannen versotten[427].

Es sei hier noch erwähnt, dass im äußersten Norden die Kälte für das Salz in kleinem Maßstabe dasselbe tut, wie die Sonnenwärme im Süden. Auf die großen Eisschollen spritzen die bewegten Wellen an der Küste von Sibirien das Meerwasser. Dieses gefriert oder verdampft teilweise, wobei es jedenfalls das Salz ausscheidet und da der Prozess sich fortwährend wiederholt, ohne dass das Salz weggespült wird, so sammelt sich nach und nach auf der Oberfläche der Eisschollen eine Salzschicht an. Dies Salz (Rassol genannt) wird von den Fischern, die sich daher selten mit Salz versorgen, abgekratzt und benutzt[428].

Nur noch ein paar Striche seien mir gestattet um die Skizze, die ich von dem Vorkommen des Salzes auf der Erde entworfen habe, zu vollenden. Man hat einige Male die Erfahrung gemacht, dass bei vulkanischen Ausbrüchen auch Kochsalz in Dampfform aufsteigt (sublimiert wird) und sich in Kristallen absetzt, z.B. nach Monticelli und Covetti 1805 beim Ausbruch des Vesuvs. Im Jahr 1822 warf der Vesuv eine so große Menge Salz aus, dass die benachbarten Dörfer sich davon ihren Hausbedarf holten, bis die jetzt der allgemeinen Verachtung jedes halbwegs ehrenhaften Mannes preisgegebene brutale Despotie der Bourbonen dieses Salz als Regal erklärte und die armen Leute vertreiben ließ[429]. Durch Kochsalz, Chlorkalk, Glaubersalz und eine Spur von Gips bewies auch dieser Auswurf seine Abstammung aus dem Meerwasser[430], mag nun ein Arm des Feuerstromes ein Steinsalzlager gestreift haben oder ein Einbruch vom Meere aus in den Feuerraum erfolgt sein. So finden wir das Kochsalz auf der Erde überall in jedem Weltteil, in jeder Zone und in vertikaler Verbreitung von dem Steinsalz bei St. Maurice an der Isère (Savoyen), das in 6.800′, also über der Schneelinie, zu Tage tritt bis zu dem Steinsalzlager von Speremberg 4.000′ unter der Oberfläche[431].

Nun können wir noch einmal die Frage nach dem Ursprung des Kochsalzes auf der Erde aufwerfen und, auf die gesamten Tatsachen der Beobachtung gestützt, besser und mit größerer Sicherheit beantworten als oben schon angedeutet wurde. Es gibt in jeder Wissenschaft Beispiele dafür, dass eine einseitige Beobachtung Vorurteile hervorruft, die dann allen Tatsachen und allen anerkannten Methoden zum Trotz lange Zeit mit Hartnäckigkeit festgehalten werden. Eine solche jeder vernünftigen Grundlage entbehrende Theorie war es, die lange Zeit geherrscht hat und das Kochsalz als ein ausschließlich vulkanisches Produkt angesehen wissen wollte. Man vergaß dabei vor allem zu erklären, wie denn Natrium und Chlor, beide schon bei gewöhnlicher Rotglühhitze flüchtig in die Tiefen der Erde, die doch einmal feurig flüssig war, habe hineingelangen und sich daselbst halten können. Ja selbst das weniger und erst bei Weißglühhitze flüchtige Kochsalz musste zur Zeit des Glühens der Erde doch auch als Dampf in der Atmosphäre sich befinden. Man übersah ganz, dass gerade die ältesten Vulkane, die wir kennen, die der Eifel, keine Spur von Salzlagern aufweisen, während sie doch gerade vor allen das so flüchtige Kochsalz hätten auswerfen müssen[432]. Auf der anderen Seite konnte bei der Bildung der festen Kruste der Erde die Entstehung von abgeschlossenen Meeresbecken und die Abdunstung des so eingeschlossenen Wassers gar nicht ausbleiben, also musste man doch mindestens einen doppelten Ursprung des Kochsalzes und zwar den einen als Absatz aus dem Meere zugeben. Aber worauf stützte sich denn jene Theorie vom vulkanischen Ursprunge des Salzes? Auf die paar vereinzelte Beobachtungen über Sublimation einer sehr geringen Menge von Salz bei vulkanischen Ausbrüchen und das räumliche Zusammenvorkommen von vulkanischen Erscheinungen und Steinsalz und endlich auf gewaltige Lagerstörungen in einigen Steinsalzgebirgen an der Hebungsgrenze bedeutender Gebirgszüge. Die beiden letzten Verhältnisse finden sich ja aber ohne Ausnahme bei allen Formationen und können daher für den Ursprung der Salzgebirge nicht verwertet werden, wenn man nicht gleichzeitig alle Schichtensysteme ohne Ausnahme für vulkanischen Ursprungs erklären will.

Es ist gut, dass man nicht überall so oberflächlich zu Werke gegangen ist, sonst ständen wir mit unserer gesamten Geognosie noch weit selbst hinter Werner zurück. Es versteht sich wohl ganz von selbst, wenn man sich über die geognostischen Verhältnisse irgendeiner Gebirgsart – und als solche tritt das Steinsalz auf – eine vernünftige

Vorstellung machen will, dass man sie vor allem da aussucht und studiert, wo dieselbe möglichst in ungestörter und daher ursprünglicher Lagerung anzutreffen ist. Aber gerade diese beim Steinsalz doch nichts weniger als seltenen Verhältnisse hat man ganz naiv ignoriert und sich immer auf die wildesten Zerrüttungen bezogen.

Ein solches Normalgebiet, wie es hier gefordert ist, bietet sich uns nun in dem Magdeburg-Halberstädtischen und Thüringischen Saalebecken dar. Die große norddeutsche Ebene war früher ein flacher Seeboden, der später langsam und ohne gewaltige Störungen über das Niveau der Nord- und Ostsee gehoben ist. Die Grenzen des denselben bedeckenden Meeres sind uns noch heute ganz genau durch natürliche Grenzsteine, nämlich durch die von skandinavischen Gebirgsgletschern auf Eisinseln und Eisbergen herübergetragenen und nach Wegschmelzen des Eises liegen gebliebenen Findlingsblöcke (erratische Blöcke) vorgezeichnet. Die erwähnten Becken bildeten einen großen Meerbusen jenes Meeres. Hinausgerückt ins Meer vor jenem Meerbusen liegt das Gebiet, auf welchem sich die bedeutenden Salzwerke von Elmen, Schöningen und Staßfurt befinden, wo ein weit ausgedehntes Steinsalzflöz erschlossen ist und wo uns die bergmännischen Arbeiten von Staßfurt und Leopoldshall eine fast ganz normale Lagerung aller in Frage kommenden Schichten gezeigt haben. Es scheint, dass das hier sich findende Salzlager in der Permischen Periode gebildet, dann gesunken und Teilweise mit den späteren Formationen bis zum Muschelkalk bedeckt und endlich mit dem Boden der ganzen norddeutschen Ebene wieder gehoben ist. Wir nehmen an, dieses Salzflöz sei als Ablagerung aus verdunstendem Meerwasser entstanden. Um zu entscheiden, ob das der Fall sein kann, ob dieser Vorgang hier wirklich war, müssen wir zusehen, wie sich ein solcher Abdunstungsprozess des Meerwassers vollzieht.

Dafür haben wir nun die vortreffliche Arbeit von J. Usiglio[433] über die allmähliche Abscheidung der einzelnen Bestandteile des Meerwassers bei der Verdunstung. Daraus ergibt sich, soweit die Einzelheiten uns hier interessieren können, dass sich zuerst kohlensaurer und schwefelsaurer Kalk (also Gips und Anhydrit) aber keineswegs ganz vollständig abscheidet, dann folgt die Absetzung des Kochsalzes, immer mit kleinen Anteilen von schwefelsaurer Magnesia und Chlormagnium Hauch Brommagnium) versetzt. Die (bei einer Konzentration von 35 °R.) zurückbleibende Mutterlauge enthält dann nahe bei 52,2% Rohsalz und darin neben etwas Kochsalz, Chlormagnium, schwefelsaure Magnesia (Bittersalz), Chlorkalium, Bromnatrium, also lauter leicht lösliche Salze, die sich also ganz zuletzt abscheiden müssen und zwar kristallisiert ganz zuletzt Carnallit und dann Chlormagnium aus. Denselben Prozess schildert in seinen Hauptzügen nach den Beobachtungen am Eltonsee G. Rose, wo sich im Sommer zuerst Gips, dann Kochsalz, dann Bittersalz niederschlägt, während Chlormagnium am längsten in Lösung bleibt und die Löslichkeit des Kochsalzes noch vermindert. Eine Bemerkung von H. Rose wird hier noch wichtig, dass nämlich sich bei höheren Temperaturen die Schwefelsäure mit Natron zu Glaubersalz, bei niederen Temperaturen mit Magnesia zu Bittersalz verbindet, wodurch sich der verschiedene Gehalt vieler Solen und vieler Vorkommnisse in den Deckschichten der Steinsalzlager erklären. Endlich ist noch das hervorzuheben, dass die genannten leicht löslichen Salze häufig Doppel- und Tripelsalze bilden, die man nach ihren verschiedenen Gemengeteilen[98] als Kainit, Schönit, Carnallit, Leopoldit, Kieserit, Martinsit, Tachhydrit, Polyhalit unterschieden hat[434]. Ein solches ganz normales Salzlager ist nun das Staßfurter, soweit es durch Schachte und Bohrung aufgeschlossen ist. Aber es ist durchaus nicht das einzige. Es ist schon erwähnt, dass die ganz regelmäßige Flözlagerung sich auch, wenn man mit nicht durch Vorurteile geblendeten Augen zusteht, als eine normale in Siebenbürgen bei Deesakna und bei Wieliczka zu erkennen gibt. Bei Kalucz in Ostgalizien findet man auch neben dem Steinsalz im Hangenden, also ganz normal Nester oder linsenförmige Massen von Kainit und Sylvin (Chlorkalium)[435]. Andere Beispiele werde ich sogleich erwähnen.

Sobald sich die Einbrüche des Meeres oder die Ergüsse salzigen Wassers aus den Wolken periodisch wiederholten, mussten die Salz-

98 So viel mir bekannt, sind nur ein paar dieser Salze kristallisiert gefunden worden und ich lasse es dahingestellt sein, ob es nicht vielmehr ziemlich genau sich durch die Bedingungen der Ausscheidung wiederholende Gemenge sind. Auch ist wohl keins ganz rein gefunden.

lager auch regelmäßig geschichtet werden; die Grenzen der Schichten bezeichneten die zuerst und zuletzt auskristallisierenden Substanzen oder die Schichten wurden, wie im Eltonsee, wenn die neuen Wasser eine Menge Schlamm zusammenspülten durch Schichten desselben, der sich uns jetzt als Salzton darstellt und natürlich nach den lokalen Verhältnissen von verschiedener Mächtigkeit war, voneinander geschieden. Eine solche ganz normale Schichtung von Salz und Salzton finden wir in 6–13-maliger Wiederholung im Seilletal bei Vic, Petoncourt, Mulcey und Dieuze[436]. Eine ähnliche etwas einfachere aber ganz normale Lagerung des Steinsalzes (es liegt fast immer ganz regelmäßig horizontal geschichtet) zeigt sich in der reichen Salzgegend um Northwich in England, besonders bei Marburg, Lawton, Moulton usw. und ebenso bei Droitwich und Stoke-Prior[437]. Wie man die stets in so enger Beziehung zum Steinsalz als Um- oder Zwischenlagerung vorkommenden Salztone, die sich hinsichtlich ihres geologischen Ursprungs ja gar nicht vom Steinsalz trennen lassen, vulkanisch ableiten will, ist mir absolut unbegreiflich.

Ehe ich weitergehe, muss ich noch ein paar Worte über die beständigen Begleiter der Salzlager sagen: über Gips und Anhydrit (wasserfreien Gips). Der Gips ist ohne Frage ein Bestandteil des Meerwassers, wenn auch in geringer Menge; er ist schwer löslich im Wasser (in heißem Wasser noch weniger als im kalten) und scheidet sich daher beim Abdunsten desselben wenigstens größtenteils zuerst aus. Es lässt sich aber auch ein anderer Ursprung des Gipses als Gebirgsart nicht in Abrede stellen, indem teils Kalksteine durch schwefelige Exhalationen direkt in Gips umgewandelt sind, teils Anhydrit durch Aufnahme von Wasser in Gips übergeführt wurde. Auf der anderen Seite kann Gips durch hohe (vulkanische) Temperaturen leicht zu Anhydrit geworden sein, es kann aber auch Gips durch Berührung mit leicht zerfließlichen Salzen und deren Kraft der Wasseranziehung entwässert sein und so als Anhydrit erscheinen, was Reichardt für die Staßfurter Verhältnisse wahrscheinlich gemacht hat. Endlich kann auch sowohl Gips als Anhydrit durch Berührung mit organischen in Auflösung begriffenen Substanzen dergestalt zerfetzt werden, dass der Schwefel teils als Schwefelwasserstoff entweicht, teils als reiner Schwefel selbst in Kristallform zurückbleibt, wie das wohl für S t a ß f u r t nach R e i c h a r d t gewiss ist. Da wir auch nicht im Entferntesten Anhaltspunkte besitzen, um zu beurteilen wie massenhaft an einem gegebenen Orte sich das Meerwasser in Salzlager umwandelte, ob und wie oft neue Überflutungen schon gebildeter Salzlager vorkamen, in welcher Weise schon fertige Salzlager durch Meerwasser und besonders durch Süßwasser (Regen und Bäche) ausgelaugt wurden, ist es töricht aus dem quantitativen Verhältnisse der verschiedenen Bestandteile zueinander, zumal des Gips-Anhydrit zu den Salzen, Verhältnisse von denen wir ohnehin gar nichts wissen, Schlüsse auf die Entstehung der Salzlager zu ziehen. Nur die qualitativen Verhältnisse und die Anordnung der einzelnen Lager geben uns hier sichere Grundlagen. Im S t a ß f u r t e r Steinsalzlager finden wir nun die Absätze eines Meeres, das in fast regelmäßiger Periodizität ein tiefes Becken überflutete. Jede neue Überflutung nahm die leicht löslichen Salze des früheren Niederschlages wieder in sich auf, ohne aber das schon fest zusammengesinterte Steinsalz wieder auflösen zu können, aus demselben Grunde, weshalb in den Sinkwerken die Sole wohl die Seitenwände und die Decken, aber nie die Sohle angreift. Denselben Prozess finden wir noch jetzt ununterbrochen im E l t o n s e e sich wiederholend. Etwas schwer lösliche Kalk-Magnesiasalze (Polyhalit) bildeten dann eine dünne Schicht, auf der sich das neue Steinsalz ablagerte und so fort, bis das ganze Becken endlich vollkommen vom Meere getrennt auch die leicht löslichen Salze seiner Mutterlauge abscheiden musste. Gipslagen (oder zu Anhydrit umgewandelter Gips) bildeten dann eine feste Decklage, wodurch das Ganze vom Einfluss der Atmosphäre abgeschlossen wurde[438].

Die letzte Bemerkung hat nun eine große Wichtigkeit für viele Prozesse, die sich später in solchen Salzlagern notwendig einfinden mussten. Wenn sich das Salz aus dem Meere absetzte, so mussten sich auch mit ihm große Mengen der Reste des so reichen marinen Tierlebens unter und über ihm ablagern. Wir finden die Salzlager im Wesentlichen nie anders als innerhalb meist versteinerungsreicher Schichten von aus dem Meere abgesetzten Formationen. Der Boden, worauf sie lagern, das »Liegende«, die Decke, welche nach Oben abschließt das »Hängende« sind immer Petrefakten führende aus dem Meere abgelagerte Schichten. Je mehr man anfängt, die Salzlager genauer zu erforschen, desto sicherer findet man in ihnen selbst und den so häufig mit ihnen vergesellschafteten Salztonen Reste von Organismen, die im Meere gelebt haben. Cardona, Wieliczka, Bochnia, Dürrenberg bei Salzburg, der Salzfels bei Ilezkaja und Staßfurt haben in dieser Beziehung schon höchst bedeutende Ausschlüsse gegeben. Ein einziges solches Vorkommen wie das von bituminösem Holze mitten im Salzfels von Ilezkaja ist schon genügend um die Theorie des vulkanischen Ursprungs der Salzflöße als Unding darzustellen[439]. Bituminöse Substanzen, Bergöl, Kohlen- und Schwefelwasserstoffe usw. können ihren Ursprung nur der Zersetzung organischer Substanzen für sich oder in Berührung mit verschiedenen besonders schwefelsauren Salzen verdanken. Jene Stoffe finden wir aber fast überall mit dem Steinsalz vergesellschaftet. Brennbare Gase finden sich in sehr vielen Salzwerken. Am interessantesten, weil am großartigsten sind die Ausströmungen brennbaren Gases bei den chinesischen Feuerbrunnen (Ho tsing), von denen Imbert und Humboldt uns nähere Nachrichten gegeben haben. Man hat in China schon lange die Kunst gekannt und geübt Quellen zu erbohren. Nach Imbert gibt es Gegenden, wo die erbohrten Salzbrunnen nach vielen Tausenden zählen[99]. Einige sollen bis 3.000′ tief gegraben sein, also fast die Tiefe des Speremberger Bohrloches erreichen. Viele liefern Kohlenwasserstoffgas in so reichlicher Menge, dass man mit Hilfe dieses Gases das Salz versiedet und mit demselben Häuser und Straßen erleuchtet. Auch liefern die tieferen Bohrlöcher neben der Sole viel Erdöl, als wichtigen Handelsartikel[440]. Vielleicht ist hierbei auch noch an die wunderbaren Lichterscheinungen zu erinnern, welche die Salzseen der Krimschen Halbinsel besonders in trockenen heißen Sommern darbieten, 1833 war die Umgegend durch sie alle Abend mehr oder weniger erleuchtet; am 4. August wehte der Wind stark und das Wasser flammte blau gleich brennendem Spiritus; auch der wolkenbedeckte Himmel wurde davon beleuchtet. Gewiss steht diese Erscheinung mit dem Naphtaerguss der Schlammvulkane

99 In dem Bezirk von Ou-Tong-Kiao (29° 33′ R. Br.; 122° 11′ O.L.) auf 50 Lieues, 10.000. Ähnlich im Bezirke von Tsélicou-Tsing (29° 27′R. Br; 122° 29′O.L.).

jener Gegend namentlich »auf der Halbinsel Taman in Verbindung. Schon Homer kannte dieselben (Odyssee X. XI.) wie das von R. C. von Baer wohl unwiderleglich nachgewiesen worden ist[441]. Auch zu Gajarine im Bezirk von Conegliano im Venezianischen wurde ein artesischer Brunnen erbohrt, aus dem ein Strahl von Kohlenwasserstoff hervordrang[442]. Steinöl wird oft erwähnt und zeichnet in großer Menge vorkommend, das Tote Meer und die Salsen am Westufer des Kaspischen Meeres aus[443]. Bituminöse Substanzen begleiten fast alle Salzlager und durchdringen besonders die Gipse, Anhydrite und den Salzton. Endlich machen auch die im dichten Steinsalz eingeschlossenen Wassertropfen z.B. in Siebenbürgen die Annahme der vulkanischen Entstehung des Salzes unmöglich.

Hat man sich einmal ein deutliches Bild von der Ablagerung des Salzes aus dem Meere nach den vorliegenden Beobachtungen entworfen, so ist klar, dass die Steinsalze Flözgebirge sind, wie alle anderen, und dann auch allen den Veränderungen unterliegen, welchen die anderen geschichteten Gebirge durch Hebungen, Senkungen, vulkanische Ausbrüche und Einwirkung der unterirdischen Feuer ausgesetzt sind. Daraus erklären sich dann außerordentlich leicht alle noch so abweichenden Lagerungsverhältnisse, die beim Steinsalz vorkommen, während die normal gelagerten Salzflöze nur durch die wunderlichsten Phantasiegebilde auf vulkanischen Ursprung zurückzuführen wären[444]. So kann man denn in den normalen Salzlagern folgende Schichten unterscheiden: 1. Gips (oder Anhydrit mit Borazit oder Staßfurhit); 2. Carnallit und die übrigen leicht löslichen Salze; 3. Steinsalz mit Polyhalit und endlich Salzton in mannigfacher Auf- und Zwischenlagerung[445]. Die boraxsauren Salze kommen allerdings jetzt noch so selten vor (Staßfurt, Lüneburg, Volterra in Toskana und die Boraxseen nördlich vom Himalaja[100]), dass ich es nicht für angezeigt gehalten habe, dieselben als normale Bestandteile der Salzlager auszuführen.

100 Z.B. im Tsomoririsee unweit Nortu in Spiti (Tibet) 4.555 Meter über dem Meere.

Zweiter Abschnitt

Produktion, Handel und Gewerbe, Volkswirtschaft

Liebig hat gemeint, die Seife sei ein Maßstab für den Wohlstand und die Kultur der Staaten. Das kann sich doch nur auf die größere Reinlichkeit beziehen und die hängt nicht ausschließlich von der Seife ab. Anwohner des Meeres haben in den Seebädern einen genügenden Ersatz für die Seife und wir wissen, dass wenigstens viele davon ausgiebigen Gebrauch machen. Ich möchte daher lieber sagen: Die Zivilisation misst sich ab an der Menge des Salzes, die ein Volk verbraucht, worin ohnehin die Seifenproduktion eingeschlossen ist, wovon aber außerdem Gesundheit und Ernährung des Volkes, Entwicklung der Viehzucht, Ausbreitung der Industrie und damit auch Ausdehnung des Handels abhängt. Es wäre sehr zu wünschen, dass man den Beweis für diese Ansicht vollständig für alle Länder der Erde durchführen könnte, aber leider fehlt es dazu an den so nötigen, statistischen Grundlagen. Es ist eben charakteristisch für die am höchsten zivilisierten Nationen, dass sie allein den Wert einer gründlichen und vollständigen Statistik erkannt haben und sich bestreben, dieselbe möglichst durchzuführen. Für den größten Teil der Erde fehlt es uns selbst an den ersten Grundlagen, um daraus eine auch nur einigermaßen brauchbare Schätzung der in Frage kommenden Werte ableiten zu können. Die Angaben, deren wir bedürfen würden, um den ausgesprochenen Gedanken vollständig durchzuführen, umfassen die genaue Statistik über Einwohnerzahl, Areal des Ackerlandes, Viehstand, Produktion, Aus- und Einfuhr des Salzes, endlich über die Form und Durchführung der Salzsteuergesetzgebung. Theoretisch gibt uns die Physiologie, praktisch der Versuch Auskunft über die Menge des Salzes, die zur Ernährung der Menschen der Tiere und zur Düngung des Ackerbodens notwendig ist, und diese Menge, von der Gesamtkonsumtion abgezogen, ergäbe dann den Betrag des in den Gewerben verwendeten Salzes. Aber alle diese Grundlagen fehlen uns für die ganze Erde mit Ausnahme von Europa und dem asiatischen Russland und selbst in Europa von der Türkei und für die anderen europäischen Länder find dieselben größtenteils auch nur annäherungsweise richtig und vollständig. Doch können wir schon für Europa unseren Satz bestätigt finden. Den Bedarf an Salz zur Ernährung der Menschen schlägt man auf 15 Pfund für den Kopf an. In ganz Europa mit Ausschluss von Russland kommen abgesehen von der nicht gut zu berechnenden Ausfuhr 30 Pfund Salz auf den Kopf der Bevölkerung. Ganz anders aber stellt sich das Resultat heraus, wenn wir die einzelnen Länder miteinander vergleichen. Es kommen auf den Kopf in Spanien 9,5, in Frankreich 10,4, in Italien 12,5, in Deutsch-Österreich 15,4, im Russischen Reich 17 Pfund, in England 25, in Portugal 30,5 Pfund, in Deutschland 39,6 Pfund[446]. Die europäische Türkei besitzt die größten Salzlager im Lande, das verkommene Volk ist aber zu faul, sie auszubeuten und führt nur für den allernotdürftigsten Bedarf der Menschen Salz von den Nachbarländern ein. Bemerken wir noch, dass Portugal und England keine Salzsteuer kennen, so zeigt uns diese Übersicht sogleich, wie Kultur und Salzkonsumtion aufs Engste miteinander verknüpft sind.

Ich habe soeben nebeneinander von Produktion, Einfuhr und Ausfuhr des Salzes gesprochen und dieses Wort bedarf noch einer weiteren Erläuterung. Mit der Produktion des Salzes in jedem Staate, und wäre dieselbe nicht nur genügend, sondern könnte sie selbst im höchsten Grade den Bedarf übersteigen, ist der Salzhandel noch keineswegs überflüssig geworden. Russland hat geradezu unerschöpfliche Salzschätze, nichtsdestoweniger muss es, um seine nördlichen und westlichen Provinzen mit Salz zu versorgen, eine große Menge Salz einführen, weil wegen der weiten Transporte, von anderen Verhältnissen noch ganz abgesehen, das eigene Salz teurer sein würde, als das fremde; so gingen denn (1845) über das Weiße Meer etwa 2.000 Zentner, über die Ostseehäfen 1.200.000 Zentner, über Preußen 20.000 Zentner und aus Galizien 200.000 Zentner Salz nach Russland hinein. Aber dasselbe Land, das Salz einführen muss, kann doch aus denselben Gründen Gelegenheit haben, auf der anderen Seite Salz mit Vorteil auszuführen. So führte Hannover (1845) im Süden und Osten bedeutende Salzmengen aus, während es im Westen und Norden Salz einführen musste. Ja zwischen Bayern und Württemberg findet sogar ein Austausch statt, indem die aus den eigenen Salinen am schwierigsten zu versorgenden Landesteile ihren Bedarf vom Nachbar beziehen. Auch die nordamerikanische Union hat zwischen den Alleghanies und dem Mississippi einen unendlichen Salzreichtum und führt dennoch für den Osten (1845) etwa 3.700.000 Zentner Salz ein[447]. Dass auch andere Rücksichten sich hier geltend machen können, zeigt England, das bei großem, um nicht zu sagen unerschöpflichem Reichtum an Salz und einer jährlichen Ausfuhr von 5 Millionen Zentner doch noch 200.000 Zentner Salz von St. Ubes einführt, weil dieses Salz für gewisse Zwecke für besser geachtet wird als das englische[448].

Es gibt aber auch immer noch viele Länder, denen die Natur die Gabe des Salzes versagt hat oder in denen die Bevölkerung wie in der Türkei zu faul ist, das bei ihnen vorkommende Salz auszubeuten. So gibt es also immer noch Veranlassung genug zum Handel, wie aus der folgenden Übersicht sich ergeben wird. Ich beginne mit Europa.

Preußen produziert gegenwärtig (1870) etwa 7.443.069 Zentner, wovon nur 4.261.691 Zentner für die Ernährung von Menschen und Vieh im Lande konsumiert werden. Hierbei ist Preußen nach dem Umfange, den es seit 1866 erreicht hat, verstanden. Schleswig-Holstein produziert aber nur etwa 40.000 Zentner in Travensalze bei Oldesloe, die dem Bedürfnis dieser Provinz lange nicht genügen und 1846 wurde noch sehr viel Salz aus England, Frankreich, Spanien und Portugal eingeführt[449]. Nassau produziert gar kein Salz, muss seinen Bedarf also anderweitig decken[450].

Braunschweig besitzt die Salinen Salzdahlum und Schöningen, aus denen es 17–18.000 Zentner bezieht. Dazu kam vor 1866 noch 6.430 Zentner ans der Hannover-Braunschweigischen Kommunionssaline. Wie dies Verhältnis gegenwärtig geordnet ist, weiß ich nicht.

Hessen und bei Rhein gewinnt aus eigenen Salinen 226.000 Zentner, wovon es noch an die preußischen Rheinprovinzen abgibt[451].

Baden erzeugt (1870) 484.062 Zentner und verbraucht 471.523 Zentner für Menschen und Vieh[452].

Sachsen (Königreich) produziert gar kein Salz auf eignen Salinen, erhält dagegen laut Staatsvertrag von Preußen seinen Bedarf bis zu einem gewissen Maximum zu einem sehr niedrigen Preise. Für Menschen und Vieh konsumiert es jährlich 250.673 Zentner[453].

Bayern hatte 1870 eine Gesamtproduktion von 1.003.911 Zentner. Der Verbrauch bei der Ernährung von Menschen und Vieh wird sehr hoch, zu 1.192.114 Zentner, angegeben. Es müsste also noch Salz einführen, was nur von Österreich und Württemberg her geschehen kann[454].

Württembergs Salzgewinn beträgt 1.234.411 Zentner. Der Verbrauch für Menschen und Vieh wird auf 477.957 Ztr. angegeben. Es bleibt also die bedeutende Menge von 756.454 Zentner für Industrie und Ausfuhr übrig. Wohin die Ausfuhr außer Württemberg geht, ist nicht leicht auszudenken, da alle angrenzenden Länder sehr reich an Salz sind[455]. Ein Teil wird wohl in die Schweiz gehen.

Mecklenburg gewinnt auf seiner Landessaline 75.000 Zentner und führt 40.000 Zentner aus England ein, über die Konsumtion ist mir keine Quelle zugänglich. Da von der genannten Menge nur 20 Pfund auf den Kopf kommen, was gewiss in einem so viel Viehzucht und Ackerbau treibenden Lande viel zu wenig ist, so sind die Angaben vielleicht nicht vollständig[456].

Oldenburg produziert gar kein Salz und muss seinen ganzen Bedarf von England einführen.

Anhalt produzierte früher gar kein Salz, jetzt seit der Eröffnung des Steinsalzlagers in der Nähe von Staßfurt eine den eigenen Bedarf mindestens vollkommen deckende Menge, für deren Bestimmung mir aber keine Angaben zugänglich sind.

Lippe und Waldeck gewinnen auf den Salzwerken von Salzuffeln und Pyrmont 32.500 Zentner.

Die sächsischen Herzogtümer produzierten auf ihren zahlreichen Salinen (1846) 147.000 Zentner. Bemerkenswert ist Salzungen an der Werra wegen seines uralten Betriebes, Stotternheim wegen seines reichen Ertrags, der wegen Mangel an Absatz nicht einmal ausgenutzt werden kann; dasselbe gilt für Ernsthall bei Buffleben. Coburg besitzt keine Salinen.

Schwarzburg und Reuß wären dann noch mit 92.000 Zentner auszuführen, die bei Frankenhausen und Köstritz gewonnen werden[457].

Die Gesamtproduktion des Zollvereins im Jahre 1870 war 14.658.990 Zentner. Bis 1862 überstieg die Einfuhr von Salz die Ausfuhr um ein Beträchtliches: 1848 um 1.541.770 Zentner, 1862 noch um 7.637 Zentner. Dies Verhältnis wurde aber durch die rasche Entwicklung der Steinsalzgewinnung zu Staßfurt so verändert, dass 1866 die Einfuhr schon um 307.395 Zentner von der Ausfuhr übertroffen wurde[458].

Österreich gewinnt in seinen deutschen Provinzen so viel Salz als es selbst verbraucht und als es ausführen kann. Davon kommen auf Ebensee, Ischl und Hallstadt 869.101⅘ Zentner, auf Hallein 239.602 Zentner, auf Aussee 239.602 Zentner, auf Hall 250.493 Zentner. Die Meersalinen an der Küste von Triest, Istrien und Dalmatien liefern 490.091 Zentner. In Ungarn, Siebenbürgen und Galizien 3.346.666 Zentner. Ausgeführt wurden (1846) nach Graubünden 27.237 Zentner, nach Preuß.-Schlesien 136.137 Zentner und nach dem Königreich Polen 773.261 Zentner. Von dem adriatischen Seesalze ging ein großer aber unbestimmbarer Teil (gegen 250.000 Zentner) nach Venedig und Chioggia zur Versorgung der Lombardei. Somit blieben gegen 4.248.922 Zentner für den heimischen Verbrauch[459]. Für Gesamtösterreich kommen also doch nur 12,6 Pfund auf den Kopf.

Russland: Die Angaben für die russische Monarchie sind sehr unsicher, sie schwanken nach den Jahren um mehrere Millionen Zentner auf und nieder, widersprechen sich untereinander, ja oft der einzelne Schriftsteller sich selbst. 1846 gab Karsten für den ganzen Staat 7.670.446 Zentner an. Nach Obruscheff ist die mittlere Produktion der drei Jahre 1866 bis 1868 ungefähr 11.290.036 Zentner. Eine neuere Angabe für 1872 hat 14.844.920 Zentner[460]. Dabei ist wohl daran zu erinnern, dass in den Steppen von der Wanderbevölkerung große Mengen von Salz gesammelt und verbraucht werden müssen, die sich jeder behördlichen Kontrolle entziehen[461]. Die angegebenen jedenfalls unzulänglichen Zahlen würden einen Verbrauch von 14,8 Pfund pro Kopf ergeben.

Schweden und Norwegen müssen fast ihren sämtlichen Salzbedarf von auswärts einführen. Nur bei Walloe in Norwegen ist eine Saline, auf der man (der einzige Ort auf der Erde) das Meerwasser gradiert; die Sole wird durch Zusatz von eingeführtem Salz angereichert und versotten. Man gewinnt auf diese Weise (nach Abzug des zugesetzten fremden Salzes) etwa 566.000 Zentner Salz[462], d.h. nur etwa 9,8 Pfund pro Kopf.

England verbrauchte vor 1825 etwa 1.680.000 Zentner. In diesem Jahre wurde die Salzsteuer aufgehoben und 1833 war der Verbrauch schon auf 6.160.000 Zentner[101] gestiegen. Dazu kommt eine Ausfuhr von 5,600,000 Zentner und eine Einfuhr von gegen 168,000 Zentner von Portugal. So stellt sich die Gesamtproduktion auf etwa 11.592.000 Zentner[463].

Holland hat keine Salinen. Es führt nur fremdes Salz ein, löst dies in Meerwasser auf und versiedet es. Das Produkt beträgt 600.000 Zentner. Eingeführt wurden aus Frankreich (1836) 169.621 Zentner, aus England (1842) 299.505 Zentner. Die Ausfuhr nach Preußen betrug zugleich 180.000 Zentner, so dass sich also der eigene Gewinn aus dem Meerwasser auf 130.874 Zentner, der Verbrauch im Lande auf 420.000 Zentner beziffert[464]. Danach würde die Konsumtion pro Kopf nur 11,9 Pfund betragen, was schon des Heringsfanges wegen unglaublich ist. Die Angaben müssen also irgendwo mangelhaft sein.

Belgien produziert gar kein Salz, sondern raffiniert nur eingeführtes.

Frankreich zeigt auch in seinem Salzwesen die Launenhaftigkeit eines völlig charakterlosen Volkes. Seit hundert Jahren hat die Salzgesetzgebung mehrfach von einem Extrem zum anderen und durch fast alle Mittelstufen geschwankt und das reflektiert sich dann natürlich auch in Produktion, Konsumtion und Ausfuhr dieses Landes. Für die letzte Zeit mag sich das aus den nachfolgenden Zahlenangaben ergeben. Frankreich produzierte 1845: 7.136.132 Zentner, in 1847: 10.240.000 Zentner, 1861: 12.600.000 Zentner. Der Verbrauch nahm 1836 5.190.792 Zentner in Anspruch, 1847:

101 Karsten gibt S. 3 diesen Betrag an, aber S.89 nur 4–4½ Millionen Zentner, Mac Culloch gibt 1844 den Verbrauch auf 4 Millionen Zentner an. So unsicher sind alle Angaben über Salzverbrauch mit wenigen Ausnahmen.

4.716.538 Zentner, 1861: 7.907.258. Die Ausfuhr betrug 1836: 1.945.340 Zentner, 1847: 5.523.462 Zentner, 1861: 4.692.742 Zentner. Auf den Kopf der Bevölkerung kamen 1848: 12,4 Pfund, 1862: 12,04 Pfund und 1863: 16,6 Pfund. Diese Sprünge stehen im Wesentlichen ganz unmotiviert da[465].

Spanien gewinnt aus seinen großen Steinsalzlagern, aus Solquellen und Marinhas nur etwa 6 Millionen Zentner, wovon 4½ Millionen (meist Seesalz) ausgeführt werden. Es bleiben also nur 1.500.000 für den einheimischen Verbrauch übrig[466].

Portugal steht in dieser Beziehung ganz anders da. Seine Steinsalzlager und Solquellen beutet es zwar nicht aus, aber die Salzgärten liefern jährlich 5 Millionen Zentner Kochsalz, wovon etwa 2½ Millionen ausgeführt werden, sodass eine sehr große Menge zur einheimischen Konsumtion übrig bleibt[467].

Die Schweiz ist von der Natur, wie es scheint, hinsichtlich des Salzes stiefmütterlich behandelt. Bis 1845 hatte sie nur die beiden Salinen von Bex und Schweizerhall in Betrieb und gewann davon im Ganzen 230.000 Zentner, so dass sie ihren Bedarf durch Einfuhr aus allen Nachbarländern decken musste[468].

Italien lässt sich nur sehr annähernd in diese Übersicht einreihen, da es überall an sicheren Angaben fehlt. Für 1845 finde ich folgendes bemerkt: Das damalige Königreich Sardinien gewann aus den Meersalinen der Insel Sardinien ungefähr 1.200.000 Zentner und 30.000 Zentner aus anderen Quellen. Davon wurden etwa 810.000 Zentner ins Ausland verführt, eine ungleich größere aber unbestimmbare Menge von fremd her eingeführt. Venedig und die Lombardei produzierten nichts, Parma gewann zu Salso etwa 64.000 Zentner. Modena, Massa-Carrara, Lucca und S. Marino entbehren alle des selbst erzeugten Salzes. Der Kirchenstaat gewann aus Meersalinen 610.000 Zentner; davon wurden 290.000 Zentner ausgeführt und hinwiederum 40.000 Zentner eingeführt. Toskana erzeugte 194.000 Zentner. Neapel und Sizilien besitzen außerordentlich reiche Steinsalzlager. In Sizilien liegt das Steinsalz fast immer nackt zu Tage oder doch nur unter einer dünnen Diluvialdecke. Bei Castrogiovanni ragen 50′ hohe Salzfelsen hervor; aber überall bleiben diese Schätze von der stinkend faulen, durch Pfaffen fast vertierten Bevölkerung unberührt. Man begnügt sich mit den wenig Arbeit erfordernden Meersalinen. So gewinnt man etwa 3.100.000 Zentner, von denen 1.756.000 Zentner auf Sizilien kommen. Gegen 1.780.000 Zentner wurden ausgeführt. Fassen wir diese Angaben, ihre Gültigkeit auch für die Gegenwart vorausgesetzt, zusammen, so erhalten wir für das ganze jetzige Königreich Italien eine Gesamtproduktion von 4.938.000 Zentner[469].

Moldau und Walachei produzieren 380.000 Zentner.

Die Türkei lässt alle ihre reichen Salzschätze unbenutzt liegen.

Die ionischen Inseln gewinnen Meersalz nur zu eigenem Gebrauch in unbestimmbarer Menge.

Griechenland erzeugt 300.000 Zentner Salz in Meersalinen[470]. Wenn wir das Vorstehende zusammenfassen, erhalten wir für den zivilisiertesten Weltteil, für Europa, eine Gesamtproduktion von 75.633.121 Zentner. Die Gesamtkonsumtion lässt sich aber daraus nicht ableiten, da es sowohl für die Einfuhr (aus Kleinasien, den Inseln des grünen Vorgebirges usw.), als auch für die Ausfuhr (nach Amerika usw.) an allen brauchbaren Angaben fehlt.

Für alle anderen Gebiete der Erde haben wir wohl Angaben über die vorhandenen Salzschätze, aber mit einigen unbedeutenden Ausnahmen gar keine Grundlagen um zu bestimmen, wieviel gewonnen, wieviel verzehrt wird. Einige wenige Bemerkungen müssen hier genügen, um die Übersicht zu vervollständigen.

Beim Übergang von Europa nach Asien stoßen wir auf die Insel Zypern, wo eine ausgiebige Bereitung von Seesalz stattfindet. Man gibt den jährlichen Ertrag auf 600.000 Zentner an. Für das ganze übrige Asien aber fehlen uns durchweg die statistischen Grundlagen. Arabien, Syrien, ganz Kleinasien, Persien, Indien, China, Xiva, die Bucharei und die Länder nördlich vom Himalaja sind außerordentlich reich an Steinsalz, Salzquellen und Salzseen. Überall wird das Salz ausgebeutet, aber bis zu welchem Betrag bleibt unbekannt. Dasselbe gilt für Afrika, wo Salz genug vorhanden, Salzhandel in Blüte ist, wo wir aber genauere Angaben als die schon mitgeteilten überall vermissen[471].

Wie beim Eintritt in Asien (Zypern) so stoßen wir auch beim Verlassen Afrikas auf Inseln, über die wir etwas näher unterrichtet sind. Die Azoren erhielten ihren ganzen Salzbedarf von Portugal, die Kanaren bereiten selbst Seesalz. Am interessantesten aber sind die Inseln des grünen Vorgebirges, deren Bewohner eigentlich ganz allein durch ihr Salz erhalten werden. Den wichtigsten Handelsartikel auf diesen Inseln bildet das Salz, insbesondere von den drei Salzinseln Sal, Maja und Boa Vista. Die erste führt jährlich 454.000 Zentner aus. An der Nordseite von Boa Vista liegen große natürliche Salzgruben. Das Salz von Sal wird in einer großen Vertiefung gewonnen, aus der, etwa mitten auf der Insel, eine Salzquelle von so starkem Gehalt hervorquillt, dass sie förmliche Salzgletscher bildet. Man befördert ihr Produkt mittelst einer kleinen Eisenbahn an die Küste. Seit 1844 ist der Salzhandel immer beträchtlicher geworden und eine Haupterwerbsquelle für die Inseln. Sie bezahlen mit demselben alle ihre Bedürfnisse. Durchschnittlich kommen 60–80 nicht portugiesische Schiffe um Salz zu laden[472].

Durchwandern wir nun Amerika von Norden nach Süden, so treffen wir zuerst auf Kanada. Wir finden zwar Nachrichten genug über das häufige Vorkommen von Solquellen in diesem Lande, so wie von Salzsümpfen und Salzsteppen, besonders in den westlichen Bezirken. Nach Franklins Beobachtungen findet sich am Saltriver in der Nähe des großen Sklavensees Salz und noch weiter nördlich sind die Bäche, die sich in den Mackenzie ergießen, so salzig wie das Meer. Von der Ausbeutung dieser Schätze wird aber nichts erwähnt und Kanada bezieht sein Salz aus England und der nordamerikanischen Union. Kanada hat sogar den Einfuhrzoll aus diesem letzten Lande zugunsten des Salzes ermäßigt[473].

Für die nordamerikanischen Freistaaten wurde nun 1845 die Produktion von Salz auf 2.075.591 Zentner angegeben und daneben eine Einfuhr von 3.750.000 Zentner ausgeführt. Seitdem sind viele neue Salzwerke zwischen dem Mississippi und den Alleghanies in Betrieb gesetzt. Mir stehen aber neuere Angaben über die quantitativen Verhältnisse der Salzbereitung nicht zu Gebote.

Die sämtlichen Länder von Mexiko bis zur Südspitze von Amerika, können wir in eins zusammenfassen. Durch die nichtswürdige katholische Pfaffenwirtschaft ist die ganze Bevölkerung dieses ungeheuren Landstriches bis auf die niedrigste Stufe der Menschheit herabgedrückt worden. Wenn wir etwa Brasilien ausnehmen, ist das Schauspiel, welches diese Länder darbieten, der ununterbrochene Kampf von Schurken, vertierten Bestien und Dummköpfen um den Besitz einer kurzen Herrschaft zur Ausbeutung des geistig und physisch wehrlosen Volkes. Hier ist von Gesittung, von Völkerwohl, Industrie usw. gar nicht die Rede. Dass die Salzschätze in diesem Gebiete außerordentlich reich sind, vielleicht die Niederungen am Amazonas und Orinoko ausgenommen, dafür aber bis hinauf zu dem 18.000′ über dem Meere liegenden Salzsee von Titicaca, das wissen wir durch die Mitteilungen vieler Reisenden. Dass bei Pilluana und einigen anderen Orten Salinen in Betrieb sind, haben wir durch Pöppig erfahren. In Peru sind die höchst eigentümlichen Meersalinas von Huacho. Das Meerwasser sickert hier durch das poröse Gestein des Ufers durch und verdunstet auf der Fläche dahinter. Tschudi vergleicht die Ebenen mit dem Anblick eines großen Gletscherfeldes, auf dem sich die Sonnenstrahlen in wunderbarem Farbenspiele brechen. Das ausgehauene sehr reine Salz versorgt den größten Teil von Peru und Chile. Die Indianer der Gebirge kommen mit ihren Lamas hierher, um das Salz zu holen, von dem jedes Tier einen Klumpen von genau 100 Pfund forttträgt. Von den 10 Provinzen Brasiliens grenzen 7 an das Meer und nur 3, Minas Geraes, Matto Grosso und Goyaz sind Binnenländer. Aber die ersten 7 bereiten auch nur wenig Seesalz und müssen ihren Hauptbedarf von Europa einführen. Die anderen, z.B. Matto Grosso, gewinnen etwas Salz aus Salzseen, hängen aber im Ganzen auch von Europa ab. Wie groß aber Ausbeute, Einfuhr und Verbrauch sind, meldet uns keine Quelle[474].

Ähnliches gilt von Australien. Wir haben nur dürftige Nachrichten über einige Solquellen, Salzsümpfe und Salzseen, aber keine Angaben über den Umfang der Ausbeutung, die jedenfalls noch sehr in der Kindheit ist.

Aus allem bisher Vorgetragenen ergibt sich wohl ohne Zweifel, dass die Vorräte des Salzes auf der Erde so ziemlich unerschöpflich find. Die Ausbeutung der meisten und wichtigsten Salzwerke wird nicht durch den vorhandenen Vorrat, sondern nur durch die Möglichkeit des Absatzes beschränkt und dieser Absatz kann in erster Linie nur durch die Kosten der Ausbringung des Salzes bestimmt werden. Wir besitzen auch nur für die wenigsten Länder genügende Angaben über den Produktionspreis des Salzes. Im deutschen Reiche hat Preußen gegenwärtig die unerschöpflichen Salzlager und hier stellen sich die Produktionskosten durchschnittlich ans 0,43 M. für den Zentner Steinsalz und 1,5 M. für den Zentner Sudsalz. In Österreich sind die Produktionskosten 0,30 M. für den Zentner Steinsalz und.1,10 M. für den Zentner Sudsalz und 0,18–0,68 M. für den Zentner Meersalz. In Frankreich betragen die Unkosten für den Zentner Seesalz 0,2 bis 0,3 M.; in Russland für den Zentner Salz aus den Salzseen 0,7 M. und aus den Bergwerken 0,75 M. Wenn man diese Preise auch noch um 5% als Gewinnentnahme erhöht, so erscheint doch das Salz als etwas so billiges, dass der Preis desselben dem Verbrauch auch keine Grenzen zu setzen imstande ist. Wenn wir aber sehen, dass der Verbrauch noch vielfach weit unter dem anzunehmenden Bedarf steht, so deutet das auf fremdartige Einflüsse, die ich aber erst am Schlusse meiner Arbeit berühren will.

Die Übersicht, die ich im Vorigen von der Salzproduktion auf der Erde gegeben habe, ist, durch die Verhältnisse bedingt, sehr mangelhaft; noch weniger ist es möglich, daraus mit einiger Sicherheit den Betrag des wirklich in jedem einzelnen Lande verzehrten Salzes abzuleiten, da Ausfuhr und Einfuhr gegenwärtig wenigstens noch weniger auf bestimmte Zahlen zurückzuführen sind als die Produktion selbst.

Dessen ungeachtet führt uns diese Stufe unserer Betrachtung zu der Frage, wie und in welchen Mengen das gewonnene Salz von den Menschen verbraucht wird. Wir könnten hier die Fragen stellen, wie viel muss der Mensch an Salz verbrauchen, um seine normale Existenz zu sichern, wie viel und in welcher Weise kann er Salz verbrauchen, um seine Existenz angenehmer, leichter, besser zu machen. Aber auch hier stoßen wir fast überall auf die Unzulänglichkeit der Grundlagen, durch welche wir unsere Beantwortung der obigen Fragen sicher stützen könnten. Nur in wenigen Fällen können wir zu einer einigermaßen annähernd richtigen Schätzung gelangen. Wir stellen daher besser folgende einzelne Fragen, zu deren Beantwortung einige Tatsachen vorliegen: Wie viel braucht der Mensch zu seiner eigenen Ernährung? Wie viel braucht er für die Ernährung seiner Haustiere?

Wie viel bedarf er zur Verbesserung seines Ackerbodens? Und endlich: In welcher Weise und in welchen Mengen verbraucht er das Salz in den Gewerben, in der Großindustrie und somit zur Erhöhung des allgemeinen Wohlstandes? Keine dieser Fragen lässt sich mit Vollständigkeit beantworten, bei keiner lässt sich die Beantwortung vollständig auf alle Länder anwenden und so bleiben unsere darauf gebauten Schlüsse nur Wahrscheinlichkeitsschlüsse. Wir können vielleicht in vielen Fällen das Notwendige, das Wünschenswerte angeben, können Ansichten aufstellen, die theoretisch sich rechtfertigen lassen, aber nicht bis zu der mathematischen Begründung für das Praktische fortschreiten, die allein als eine zwingende Macht im Leben sich geltend machen kann. Der theoretische Naturforscher kann ganz wohl wissen, so ist es und muss es sein, wenn er aber den praktischen Staatsmann zu irgend einer Handlung seinen Ansichten gemäß zwingen will, so muss er demselben ein Rechnungsexempel vorlegen können, in dem jede Zahl des Ansatzes zweifellos richtig und das Fazit nach den unerschütterlichen Gesetzen der vier Spezies gewonnen ist.

Zuerst haben wir die Frage ins Auge zu fassen, ob denn wirklich der Salzgenuss für den Menschen ein wesentliches Bedürfnis ist und welche Bedeutung derselbe in der Ökonomie des menschlichen oder überhaupt des tierischen Körpers hat. Schon gleich hier müssen wir gestehen, dass diese Fragen noch keineswegs in solcher Vollkommenheit beantwortet sind, dass wir sagen könnten, die Sache sei für immer abgemacht. Viele Menschengruppen genießen kein Salz; wir sehen, dass das solche sind, die so gut wie ausschließlich von tierischer Nahrung leben und schließen daraus, dass das Bedürfnis nach Salz sich erst beim Genuss vegetabilischer Nahrung einstellt. Damit stimmt der tierische Instinkt allerdings überein, da nur die Pflanzenfresser unter den Tieren, aber nicht die Fleischfresser das Salz in der Natur aufsuchen und genießen. Freilich muss ich dabei gleich gestehen, dass ich über den Salzgenuss der Tiere im Naturzustand im Allgemeinen nichts weiß, wenn ich die Wiederkäuer ausnehme. Von allen anderen Tieren, unter denen sich doch noch viele Pflanzenfresser befinden, habe ich keine Angaben auffinden können. Und wenn wir einen Mann wie B u r g e r fragen, der lange Zeit eine große Autorität in der Landwirtschaft war, so finden wir bei ihm die Erklärung: Salz sei für das Vieh eine bloße Leckerei und es sei reine Verschwendung, dem Hornvieh und den Schafen Salz zu geben, ausgenommen bei der Mastung[475]. Allerdings war zu seiner Zeit die Landwirtschaft mit sehr wenigen Ausnahmen noch nichts als eine völlig kindische Pfuscherei, die sich erst sehr langsam durch Männer wie Thaer, Liebig, Boussingault, von Thünen, Henneberg, Nathusius usw. zu einer wissenschaftlichen Grundlage herausgearbeitet hat. Auf der anderen Seite ist es doch aber gar keinem Zweifel unterworfen, dass die wiederkäuenden Tiere in ihrem ganzen Verdauungs- und Ernährungsprozess selbst in anatomischer Hinsicht so wesentlich von allen übrigen Tieren abweichen, dass ein Schluss von jenen auf diese von vornherein wenigstens als ein übereilter erscheinen muss. Ein ganz wesentlicher Unterschied findet in der wichtigsten Ausscheidung statt. Der Harn der fleischfressenden Tiere reagiert sauer, der der Pflanzenfresser (Wiederkäuer und Pferd) reagiert alkalisch. Bei den Fleischfressern reicht das Natron der Galle bei weitem nicht hin, um die auszuscheidenden Säuren zu neutralisieren, während bei den Pflanzenfressern der Harn eine überwiegende Menge von Natron und Kali enthält. Die grasfressenden Tiere genießen daher normal eine größere Menge von Natron als zur Neubildung ihres täglichen Bedarfes an Blut notwendig ist[476]. Bis jetzt besitzen wir noch über kein einziges Tier vollständige Versuchsreihen über die Ernährung (Zunahme oder Abnahme) und Ausscheidung bei vollständigem Ausschluss des Salzes und bei allmählich steigendem Salzzusatz zur Nahrung. Solche Versuchsreihen müssten wir aber wenigstens von einem Wiederkäuer, einem Körnerfresser (Pferd) und einem Fleischfresser haben, um darauf ganz sichere Schlüsse bauen zu können. Ja ein so gewiegter Vertreter der physiologischen Chemie wie C. G. Lehmann sprach noch 1853 ganz bestimmt die Meinung aus, dass der gesonderte Genuss von Kochsalz für den Menschen ganz überflüssig sei, und dass alle gewöhnlichen Nahrungsmittel genug davon enthielten, um dem Bedarf des Körpers vollkommen zu genügen[477].

Es bleibt nichts übrig als die einzelnen Tatsachen zusammenzustellen, auf welche der Naturforscher seine Ansicht über die Notwendigkeit des Kochsalzgenusses baut. Als Grundlage für alle weiteren Betrachtungen müssten wir hier eigentlich die Frage aufwerfen und beantworten: Wie viel Kochsalz enthält der normale menschliche Körper? Und wie wird die Frage beantwortet? Meyn bestimmt, aber ohne irgendwie anzugeben, worauf er sich stützt, das Körpergewicht des Menschen aus 150 Pfund, den Salzgehalt darin auf 1 Pfund, also auf 6,6 Promille. A. Schmidt gibt den Salzgehalt zu 2,7 Promille an und berechnet dann falsch den Salzgehalt des Körpers von 61.000 Gramm auf 12,67 Gramm (statt 164,7 Gramm). Auch er gibt nicht an, auf welche Grundlagen er sich stützt. Mit dergleichen ist natürlich wissenschaftlich nichts anzufangen. Wir haben also noch gar keine solche Analysen, nach denen wir die Bestandteile des Menschen für je 100 Pfund Körpergewicht bestimmen könnten. Es sind nur ungefähre Schätzungen[478]. Das Foods Museum in South-Kensington in London zeigt unter anderem die vollständige Analyse eines Mannes von 155 Pfund; auf dieses Körpergewicht (berechnet oder dargestellt? und von wem?) 67 Natrium und 17,5 Kalium (d.h. auf 1 Äquivalent Natr., 0,36 Äq. Kal.) und als Verbindungen 111 Pfund Wasser, 112 Gramm Kochsalz, 0,6 Gramm kohlensaures Kali, 40,0 Gramm Glaubersalz, 35,0 Gramm Soda, 25,0 Gramm phosphorsaures Natron usw. Ich kenne diese Angaben nur aus den Mitteilungen der pharmazeutischen Zeitung, die wenig Vertrauen einflößen, schon weil darin Pfunde (welche?), Grammes, Unzen konfus durcheinanderlaufen. Quantitative Bestimmungen der Ausscheidungen fehlen gänzlich[479].

Die Flüssigkeiten des menschlichen Körpers, soweit sie analysiert sind, enthalten folgende Mengen Kochsalz:

<table>
<tr><td>Menschliches Blut in 1.000 Teilen</td><td>4,21</td><td rowspan="4">Nach Lehmann</td></tr>
<tr><td>Milch " " "</td><td>0,87</td></tr>
<tr><td>Speichel " " "</td><td>1,53</td></tr>
<tr><td>Galle " " "</td><td>3,64</td></tr>
<tr><td>Schleim " " "</td><td>5,83</td><td rowspan="2">Nach Nasse</td></tr>
<tr><td>Blutflüssigkeit (Serum)</td><td>4,60</td></tr>
</table>

Endlich enthält der Magensaft freie Salzsäure (und zwar in 1.000 Teilen 1,18 bis 1,71), die aus der im Körper vorgegangenen Zersetzung des Kochsalzes stammen muss. Diese Mengen bleiben bei jeder Ernährungsweise ziemlich konstant, sodass, wenn eine geringere Menge von Kochsalz aufgenommen wird, als gewöhnlich die Ausscheidungen enthalten, sich das Salz in den Ausscheidungen, aber nicht in den Körpersäften vermindert[480]. Was aus dem Menschen (oder auch einem Tiere) wird, wenn man nicht nur den Salzzusatz zu den Nahrungsmitteln weglässt, sondern auch den Nahrungsmitteln vorher das in ihnen enthaltene Kochsalz entzieht, darüber liegt noch kein einziger Versuch vor.

Welchen Nutzen kann das Kochsalz im Körper haben? Zunächst wissen wir, dass das Blut zwar durch Herz und Adern im ganzen Körper herumgeführt wird, dass aber weder aus dem Darmkanal in die Blutgefäße, noch aus diesen in die geformten Bestandteile des Körpers, (die Gewebe) offene Wege führen, dass vielmehr aller Stoffwechsel durch Endosmose, d.h. Durchschwitzen oder vielmehr Durchgesogen werden durch die Wände der tierischen Membranen vor sich gehen muss. Nun zeigen uns die gemachten Untersuchungen, dass gerade das Kochsalz die Eigenschaft hat, diese Aufsaugung von Flüssigkeiten (also die Nahrungsaufnahme aus dem Darmkanal und die Ernährung der Gewebe) außerordentlich zu fördern[481]. Die Magenverdauung (großteils auch die Darmverdauung) besteht, wie alle Versuche nachweisen, namentlich in der Einwirkung freier Säuren auf die stickstoffhaltigen Nahrungsmittel, immer ist dabei Salzsäure tätig, die nur in selteneren Fällen ausgeschlossen und durch Milchsäure ersetzt erscheint[482], sodass die Salzsäure als wichtiger Faktor in dem wesentlichen Teil der Ernährung auftritt. Einen nicht unwichtigen Anteil scheint die Galle an der Verdauung der Fette zu haben, wenn auch derselbe noch unaufgeklärt und in keine bestimmte Beziehung zum Kochsalz gebracht ist[483]. Gewiss ist aber, dass der Speichel und der pankreatische Saft den wesentlichsten Einfluss auf die Umwandlung der Stoffe der Stärkemehlgruppe in Trauben- (oder Krümel-) Zucker ausüben, dass beide Säfte sehr reich an Kochsalz sind und dass Kochsalz selbst mit dem Traubenzucker eine innige chemische Verbindung eingeht, so dass das Chlornatrium dadurch in eine besondere Beziehung zur Verdauung der stickstofffreien Substanzen in den Nahrungsmitteln tritt[484]. Ferner müssen wir eine gewisse Beziehung des Kochsalzes zur Bildung der tierischen Zellen anerkennen, wenn auch das Wie dieses Einflusses noch ganz im Dunkeln liegt. Es spricht dafür, dass diejenigen Materien, in denen eine lebhafte Zellenbildung vor sich geht oder vorbereitet wird, stets außerordentlich reich an Kochsalz gefunden werden, so Lymphe, Galle[102], Eiter, Schleim, junge Knorpel[485]. Endlich scheint auch das Kochsalz in bestimmten Verhältnissen zur auflösenden und ausscheidenden Stoffumwandlung zu stehen, denn wir finden es überall mit der letzten Metamorphose der stickstoffhaltigen tierischen Bestandteile, dem Harnstoff, wo derselbe auch erscheinen mag verbunden[486].

Eine andere Betrachtungsweise über die Notwendigkeit des Kochsalzgenusses bei der Ernährung durch Vegetabilien ist zuerst von Liebig und Lehmann erkannt und dann von G. Bunge weiter und wohl zu weit ausgeführt worden. Es geht von den Tatsachen aus, welche das Verhältnis des Natron zum Kali im Körper der Tiere und ihrer normalsten Nahrung der Milch darlegen. So kommen nach Bunge aus:

1,0 Äquivalent Natron	Kaliäquivalente
im Gesamtorganismus der Säugetiere	0,66–1,27
" Milch der Fleischfresser	0,80–1,59
" " " Milch der Frauen	1,33–4,32
" " " Milch der Pflanzenfresser	0,76–5,58
" Rindfleisch	3,38
" Weizen	12,0–22,6
" Reis	24,3
" Roggen	8,5–57,(?)
" Wiesenheu	35,0
" Kartoffeln	31,0–42,0
" Erbsen	44,0–50,0
" Äpfel	100,0
" Gartenbohnen (?)	110[487]

102 Es ist wohl nicht in Abrede zu stellen, dass die Leber bei der Bildung und Umbildung der Blutzellen wesentlich beteiligt ist.

Daraus würde folgen, dass der Mensch unbedingt allen Nahrungsmitteln Kochsalz hinzufügen muss, um das normale Verhältnis zwischen Natron und Kali im Körper zu erhalten[488]. Aber vor allem ist hier hervorzuheben, dass die Milch keine Erhaltungsnahrung ist, sondern eine Mastungsnahrung, da der Säugling bei der Milchnahrung in einem Verhältnis rasch zunimmt, wie später in keiner Lebensperiode wieder vorkommt. Und dann ist zu erwähnen, dass diese Generalanalysen nur, wenn sie in ganz großer Zahl ausgeführt werden, wirklich Mittelzahlen geben können, die als normale angesehen werden dürfen, da der tierische Körper durchaus keine nach chemischen Äquivalenten zusammengesetzte Verbindung ist, vielmehr in sehr weiten Grenzen durch innere Anpassungen den sich ändernden äußeren Verhältnissen sich anschmiegen kann. Nach den Sammlungen des Food schen Museums in London würde das Verhältnis für die Kalisalze noch viel ungünstiger sein, da danach auf 1 Äquivalent Natrium nur 0,36 Äquiv. Kalium kommen[489]. Gewiss ist endlich, dass es im Körper Teile gibt, bei denen der Kaligehalt den Natrongehalt auch normal sehr bedeutend überwiegt, z.B. kommen auf 100 Teile Natron:

beim Huhn im Blute	40,8	Kali im Muskelsaft	381 Kali
" Ochsen	5,9	"	273
" Pferd	9,3	"	203

Die Asche des Blutserum beim Pferd enthält aber nach R. Weber 73%, der Muskelsaft nur 7% Kochsalz.

Das Blut selbst zeigt in sich in dieser Beziehung nach C. Schmidt scharfe und konstante Gegensätze, indem die Blutzelle fast nur Chlorkalium, das Blutserum dagegen fast nur Chlornatrium enthält[490].

G. Bunge meint, dass das phosphorsaure Kali im Blute mit Chlornatrium seine Bestandteile austauscht und dann als phosphorsaures Natron und Chlorkalium durch den Harn ausgeschieden wird und wendet das vorzüglich auf die Pflanzenfresser an, die eine an Kochsalzen reiche Nahrung genießen (aber die Phosphorsäure?). Dass die Sache so einfach doch nicht sein kann, geht schon sogleich aus der Bemerkung hervor, dass bei Fleisch- und Pflanzenfressern gleichmäßig alle Phosphorsäure, die zum Teil ohne Frage im Körper aus den phosphorhaltigen Albuminoiden gebildet wird, als phosphorsaures Natron aus dem Körper entfernt wird. Dass aufgenommenes Kochsalz im Körper auch normal in seine Bestandteile, die dann für sich besonderen Zwecken dienen, zerlegt wird, ist wohl nicht zu bezweifeln. Dass Kalisalze für viele Körperbestandteile normal sind, ist schon nach obigen Angaben gewiss und dadurch widerlegte sich sogleich (was A. Schmidt hinzugefügt)[491], dass Kali im Körper als Gift wirke. Bei großem Übermaß des Kali mag das richtig sein, bei großem Übermaß des Kochsalzes wirkt dieses aber auch als Gift, wie Meyn[492] sehr richtig bemerkt.

So sehen wir, dass wenn wir das Salz physiologisch durch den Körper verfolgen, wir wohl die Überzeugung gewinnen, dass es für dessen Wohlbefinden wünschenswert, ja vielleicht notwendig ist, aber alle Zahlenangaben sind viel zu unsicher und schwankend, um die Frage zu entscheiden, ob die in den Nahrungsmitteln enthaltene Menge von Kochsalz genügt oder nicht. Nur im Allgemeinen können wir sagen, dass dieselbe bei reiner Pflanzennahrung weniger genügen wird als bei rein animalischer Nahrung. Dafür spricht denn auch, dass erfahrungsmäßig die ländliche Bevölkerung, die größtenteils von Pflanzennahrung lebt, in Frankreich durchschnittlich dreimal so vier Satz konsumiert als die Stadtbewohner[493].

Wir werden auf die regelmäßigen Ausscheidungen verwiesen als auf den einzigen Anhalt. Aber auch dieser ist unsicher. Die Schwankungen in den täglichen Harnmengen und dem Gehalt desselben sind so ungeheuer, dass mittlere Zahlen aus den wenigen Angaben, die wir bis jetzt besitzen, nur geringen Wert haben. Rose berechnet die tägliche Ausscheidung an Kochsalz durch den Harn zu 9 Gramm; Ludwig dagegen zu 14 Gramm. Jene Angabe entspricht einem jährlichen Bedarf von 6,5 Pfd., diese von 10,2 Pfund[494]. Zu noch geringeren Angaben führt Barral[495]. Aus vier Versuchsreihen an Erwachsenen bestimmt er »die mittlere tägliche Harnmenge zu 1.272,8 Gramm mit einem Kochsalzgehalt von 7,593 Gramm, was für das Jahr 2.771,445 Gramm also etwas über 5 Pfund ausmacht. Davon wären noch die mit der Nahrung aufgenommenen Quantitäten abzuziehen, was wegen mangelnder Grundlagen untunlich ist. Danach würde sich dann allerdings herausstellen, dass die gewöhnliche Angabe, wonach der Mensch im Mittel[103] 15 Pfund Salz jährlich seiner Nahrung hinzufügen müsse[496], den wirklichen Bedarf bis um das Doppelte übersteigt.

Noch eine Grundlage könnte man für die angeregten Fragen suchen in dem Vergleich der Völker, die wenig oder gar kein Salz genießen[497], mit solchen die im Salzgebrauch absolut unbeschränkt sind. Ich zweifle nicht daran, dass sich dabei sowohl physisch als psychisch ganz bestimmte Unterschiede herausstellen würden, aber der Nachweis ist zurzeit noch nicht zu liefern. Wir bedürften dazu vor allem der Statistik, die bis jetzt wenigstens sich ohne Beihilfe von Regierungsbeamten nicht durchführen lässt. Nun haben viele Regierungen wohl die Statistik in die Hand genommen. und gefördert, aber bis in die neueste Zeit fast nur soweit, als dieselbe mit dem Militärwesen und der Steuerfähigkeit zusammenhängt. Also gerade da, wo kein Salz verzehrt, oder keins versteuert und daher wahrscheinlich viel verzehrt wird, lässt uns die Statistik im Stich. Von den nicht Salz essenden Völkern wissen wir wenig mehr als die genannte Tatsache. Von den viel Salz genießenden Engländern können wir wohl behaupten, dass sie im Ganzen ein kräftiges Volk mit sehr günstiger Lebensdauer sind, aber ob in dieser Beziehung mit der Aufhebung der Salzsteuer (1825) Veränderungen sich bemerklich gemacht haben, kann ich wegen Mangel an Zahlenangaben nicht entscheiden und so bleibt es unbestimmbar, ob ihr physisches Übergewicht irgendwie mit dem Salzgenuss zusammenhängt. Aus dem Mitgeteilten geht aber so viel hervor, dass es ganz willkürlich ist, wenn man den Bedarf des Menschen an Kochsalz, als Zusatz zu der übrigen Nahrung im Mittel auf 15 Pfund pro Kopf ansetzt; der Bedarf kann nach dem was vorliegt sehr viel geringer, aber auch sehr viel größer angenommen werden. Dabei ist noch hervorzuheben, dass in demselben Volke die wohlhabende Bevölkerung mehr fleischessend, die ärmere dagegen nahebei ausschließlich pflanzenessend ist, dass

103 Was das heißen soll, verstehe ich ohnehin nicht, denn es ist wohl gewiss, dass Kinder, Erwachsene und Greise, Männer und Weiber nicht gleicher Mengen bedürfen; vergleichende Untersuchungen, die eine statistische Grundlage liefern könnten, fehlen aber ganz und gar; die Annahme von 15 Pfund ist also rein aus der Luft gegriffen Das preußische Zwangsmaß von 12 Pfund würde der Wahrheit vielleicht schon jetzt näher kommen.

also beide gar nicht mit demselben Maß gemessen werden können[104]. Vorläufig scheint mir der Versuch, solche Zahlen zu verwerten, bloße Spielerei zu sein.

Ich wende mich nun zu der Ernährung der Haustiere, bei der wir einer ähnlichen Unzulänglichkeit der Grundlagen gegenüberstehen. Nach den Analysen des Kuhharn durch Brande und des Kuhkotes durch Haidlen scheidet die Kuh überhaupt gar kein Natron aus[498] – folglich braucht sie auch keins aufzunehmen. Dass mit solchen Pfuscherarbeiten nichts anzufangen ist, versteht sich von selbst. Aber auch nach Boussingault enthält der Kuhharn nur sehr wenig Chlornatrium und doch enthält daneben die Milch nur im Ganzen ⅕% löslicher Salze, wovon bei weitem der geringste Teil Kochsalz ist[499]. Ein ausgezeichneter Landwirt, ein gediegener Chemiker, ein geübter Experimentator und umsichtiger Beobachter Boussingault ernährte monatelang Rinder mit dem gleichen Futter, drei mit Zusatz von Kochsalz, drei ohne dergleichen. Die genauen Wägungen zeigten, dass der Zusatz von Kochsalz nicht den geringsten Einfluss auf Fleisch-, Fettbildung und Milchertrag gehabt hatte. Aber die ohne Kochsalz gefütterten Tiere hatten am Ende des Versuches weniger glänzendes fast struppiges Haar, das zum Teil selbst ausfiel, waren träge und phlegmatisch geworden[500]. Ich halte diesen Versuch keineswegs für genügend, um zu beweisen, dass die Ernährung und Milchbildung beim Rindvieh keinen Kochsalzzusatz zur Nahrung erfordere. Wohl aber zeigt der Versuch, wie schwierig es ist, darüber bestimmte Ansichten zu gewinnen und dass nach der einen wie nach der anderen Seite einzelne Versuche zum Beweise nicht genügen können. Insbesondere sind hier die Angaben der bloßen Landwirte und zumal der deutschen älteren Schule, die sämtlich von der Monomanie des

---

104 Auf der anderen Seite dürfte man aber auch nicht außer Acht lassen, dass gerade bei dem niederen Volk gesalzene Heringe ein häufiges und allgemeines Nahrungsmittel ist, wodurch ihnen sehr viel Salz zugeführt wird. In einfacheren sozialen Verhältnissen macht sich das sehr auffällig sichtbar. So machte man in Danzig im XV. Jahrhundert schon die Bemerkung, dass die Ankunft der holländischen Heringsschiffe, dort sowohl wie in Lievland sogleich ein bedeutendes Fallen der Salzpreise zur Folge hatte (Dr. Th. Hirsch, Danzigs Handels- und Gewerbegeschichte. Leipzig 1858, S. 134.).

»Reinertrags« besessen, zu jeder reinen und unbefangenen Naturbeobachtung unfähig waren[105], mit dem größten Misstrauen oder doch mit großer Vorsicht aufzunehmen.

Stellen wir Boussingault einen anderen Beobachter entgegen. Dr. Plouvier in Lille hatte ein junges Pferd, das 465 Kilogr. wog; den gewöhnlichen Futterrationen fügte er 50 Gramm Salz zu und binnen 12 Tagen hatte das Pferd 5 Kilogr. an Gewicht zugenommen. Nun gab er statt täglich 10 Liter nur 6 Liter Hafer aber noch 50 Gramm Salz mehr und das Gewicht des Tieres erhielt sich auf gleicher Höhe. Nun wurde dem Pferde bei derselben Nahrung alles Salz entzogen, in Folge dessen dasselbe binnen 8 Tagen um 10 kg an Gewicht verlor[501]. Ist der Versuch entscheidend? So wie mitgeteilt, ist er vielmehr völlig nichtssagend. Ein Pferd verliert in 24 Stunden an festen und flüssigen Ausleerungen 15,5 kg. Wenn eine Wägung also nach einer vollständigen Ausleerung und eine zweite vor der Ausleerung vorgenommen wird oder umgekehrt, so ergibt sich ein Spielraum von 31 kg. Eine angebliche Gewichtsabnahme von 5 oder Gewichtszunahme von 10 Kilogr. ist also völlig bedeutungslos.

»Nach Demesmay«, fährt dann Schmidt fort, »ist gewiss, dass rationelle Salzfütterung die Mastung fördert, indem sie in gegebener Zeit eine größere Menge zu verfüttern gestattet, durch Beschleunigung der Verdauung, wodurch die Mastung billiger wird; sie verlängert die Milchzeit, die Quantität der Milch wird grösser, auch die Qualität besser, sie wird butter- und käsereicher[106].« Das Fleisch wird schmackhafter, daher das englische Mastvieh so berühmt ist[107], die Kälber von den Kühen werden kräftiger; bei Schafen wird die Wolle elastischer und besser[108] und die Vortrefflichkeit der spanischen Wolle

105 Sie waren nie imstande, die naturwissenschaftliche Grundlage ihres Gewerbes von der kaufmännischen Ausbeutung desselben gesondert ins Auge zu fassen. Leben doch noch jetzt viele in dem Aberglauben eines alleinseligmachenden Bewirtschaftungssystems, so klar ihnen auch von Thünen in seinem isolierten Staat den Unsinn davon aufgedeckt hat.

106 Im Widerspruch mit Boussingault.

107 England holt bekanntlich seine besten Mastochsen aus Schleswig-Holstein und Oldenburg.

108 Das würde mit Boussingault übereinstimmen.

soll von den an salzhaltigen (?) Pflanzen reichen Wiesen Spaniens herrühren[109]«. An einem anderen Orte heißt es: »Es gibt Gegenden, wo man den Tieren Salz reichen muss, um sie am Leben zu erhalten; z.B. nach Warden starben in den nördlichen Ländern Brasiliens die Haustiere, wenn man ihnen nicht eine bestimmte Portion Salz oder Salzsand gab; und nach Roulin wurden in Kolumbien, wenn das Vieh nicht Salz in Pflanzen, in Wasser oder Erde vorfand, die weiblichen Tiere weniger fruchtbar und die Herde kam schnell herunter[502]. Ich will keinen dieser Punkte als unrichtig bezeichnen, kann aber doch nicht umhin zu bemerken, dass solche auf allgemeine Eindrücke gegründeten Aussprüche so lange in der Wissenschaft keinen Wert beanspruchen können, ehe sie nicht durch vollständige mit aller Umsicht und Vorsicht angestellte Versuchsreihen bewiesen find. Ich meine gerade ein Nationalökonom vor allem sollte alle seine Aussprüche nur auf ganz sicher gestellte Zahlen bauen. Nach Kerst[503] kommen in England täglich

auf 1 Pferd oder 1 Ochsen	11 Lot Salz
" 1 Milchkuh	8 "
" 1 jähriges Kalb	5 "
" 1 Schaf, Schwein, Ziege	1 ".

Nach Lippowitz[504] kommen in der Rheinpfalz, nach Demesnay[505] in der Schweiz täglich

Auf 1 Pferd oder 1 Mastochsen	6–10 Lot Salz
" 1 Ochsen, 1 Kuh, 1 Esel	4–6 "
" 1 Ziege, 1 Schaf, 1 Schwein	½–1½ ".

Nach Settegast[506] kommen in Deutschland täglich

auf 1 Pferd mittlerer Schwere	½–1 Lot Salz
" 1 Rind	1–2 "
" 1 Schaf, 1 Schwein	1–2 Quäntch. Salz.

109 Wie steht's aber mit der noch viel edleren sächsischen Elektoralwolle?

Diese Zahlen weichen untereinander so ungeheuer ab, dass sie schon dadurch sich selbst als unbrauchbar und sinnlos charakterisieren. Was ist das richtige Maß? Das lässt sich nur nach dem erlangten Resultat entscheiden. Schmidt sagt: »In England und der Schweiz wird schon seit langer Zeit eine rationelle Salzfütterung des Viehs und zwar mit dem größten Erfolg betrieben.« Der größte Erfolg müsste sich zeigen in stärkerer Vermehrung des Viehstandes, in größerer Produktion von Fleisch, Fett, Milch, Butter und Käse, in größerer Arbeitskraft. Das alles sind Dinge, die sich in ganz bestimmten Zahlenwerten ausdrücken lassen und erst, wenn sie diesen Ausdruck erhalten, einen Anspruch auf wissenschaftliche Verwertung haben. Wo sind die dazu nötigen Zahlentabellen? Ich kenne keine. Aber nicht genug; der größere Erfolg der englischen und Schweizer Viehzucht zugestanden, so müsste doch noch erst durch sehr genaue eindringende und schwierige Untersuchungen festgestellt werden, dass dieser Erfolg ganz oder doch größtenteils von der stärkeren Salzfütterung und nicht von anderen Einflüssen abhängt. Ich bin nicht Landwirt und doch fallen mir gleich einige wesentliche Verhältnisse ein, die wohl ebenso großen Einfluss haben könnten als die Salzfütterung. Es ist der sommerliche Weidegang und der große Futterwert der Kräuter und Gräser auf den Alpen, die Herbstweide und das üppige Wachstum von Gras und Klee in dem immer feuchten englischen Inselklima; es ist die hochgetriebene Hautpflege, die der Schweizer und Engländer seinem Vieh angedeihen lässt, von der man in Deutschland in der Masse (bei den Bauern) kaum noch eine Ahnung hat[507]. Professor Blomeyer in Leipzig (nach Schmidt) hält die niedrigen deutschen Sätze für die zweckmäßigsten; weshalb? Hat er genügend umfassende und sorgfältige vergleichende Versuche angestellt, oder anstellen lassen, um zu erfahren was bei stärkerer Salzfütterung herauskommt? Soviel ich weiß, nicht; es ist also leeres für die Wissenschaft unverwertbares Gerede.

Was ich hier gesagt habe, hat keineswegs den Zweck zu beweisen, dass das Salz nicht zu den wichtigsten Nahrungsmitteln gehört, wovon ich doch selbst fest überzeugt bin, aber die mitgeteilten Tatsachen sind nach zwei Seiten hin unzulänglich: aus ihnen allein ließe sich nicht der Beweis ableiten, dass das Salz ein notwendiges

Nahrungsmittel ist und dies letztere zugegeben, lässt sich aus ihnen nicht ableiten, bis zu welchem Betrag das Salz in den Nahrungsmitteln vertreten sein muss. A. Schmidt gibt eine Tabelle, worin er für die Länder des deutschen Zollvereins, Österreich, Frankreich und Russland den faktischen und nach seinen Berechnungen wünschenswerten Salzkonsum einander gegenübergestellt. Ich glaube das Vorstehende hat gezeigt, dass solche Tabellen zurzeit noch wenig Wert haben können[508]. Wir müssen einen andern Weg einschlagen.

In der Physiologie steht jetzt folgendes fest: Der tierische Körper besteht aus einer bestimmten Anzahl chemischer Elemente, die zu seinem Bestehen notwendig sind und zwar stehen sie unter einander in einem ganz bestimmten oder in sehr geringe Schwankungen eingeschlossenen quantitativen Verhältnis. In diesem Verhältnis müssen sie alle dem werdenden Körper von außen her zugeführt werden, wenn er sich entwickeln soll, denn der Organismus ist unfähig ein Element zu bilden oder eins in das andere überzuführen. Das Leben des tierischen Körpers besteht in einer ununterbrochenen Tätigkeit des Ganzen und seiner Teile und diese Tätigkeit ist in der Weise an die Elemente gebunden, dass dieselben dabei beständig ihren Ort im Körper verändern, sich aus Verbindungen, in denen sie zu anderen Elementen standen trennen, um wieder andere Verbindungen einzugehen, mit einem Wort, in einem andauernden höchst verwickelten chemischen Prozess sich befinden, bis zuletzt dieselben in Verhältnisse oder Verbindungen geraten, in denen sie nicht mehr den Tätigkeiten des Körpers dienen können und daher von diesem ausgestoßen werden. Dadurch würde der Körper rasch aufgelöst werden, das Leben aufhören müssen, wenn nicht gleichzeitig neue Elemente allein (z.B. Sauerstoff) oder in passenden Verbindungen wieder aufgenommen würden, um die normale Zusammensetzung wieder herzustellen. Das bedingt die Notwendigkeit der Ernährung. Manche Elemente gehen ihrer Natur nach rasch durch den Körper durch, manche langsam, wonach sich der Ersatz als ein dringenderer oder weniger dringender bestimmt, aber alle ohne Ausnahme gehen in dieser Weise nur durch den Körper durch. Auch die langsamsten Elemente, das Wort sei erlaubt, haben nach wenigen Jahren den Körper verlassen und sind durch andere ersetzt worden[110]. Alle Elemente, die wir als konstante Teile des Körpers erkannt haben, sind zu seiner Existenz notwendig, müssen also dem Körper wieder ersetzt werden, so wie er sie ausscheidet. Solche Elemente sind Natrium und Chlor, d.h. Kochsalz und Kochsalz ist also ein notwendiges Nahrungsmittel. Somit ist die Theorie fertig und unumstößlich gewiss. Aber aus dieser Theorie lassen sich nicht deduktiv die einzelnen Erscheinungen der Wirklichkeit entwickeln, sie dient uns nur für unsere weiteren Forschungen als leitender Grundsatz, dem nichts widersprechen darf, ohne gleich als falsch verworfen zu werden, der wir aber die Wirklichkeit nur unterordnen können, indem wir beide durch die langsam wachsende Erfahrung miteinander in Verbindung bringen. Wir sind hier nach zwei Seiten darauf verwiesen in langsam und mühselig zu sammelnder Erfahrung gleichsam die Untersätze für jenen Obersatz zu suchen, um so zu gesicherten Schlüssen zu kommen.

I. Die erste Erfahrungsreihe beginnt mit der leicht zu findenden Tatsache, dass wir lange nicht alle einzelnen Elemente, die unseren Körper bilden, als solche aufnehmen können und dürfen. Von vielen wären die meisten Menschen schon dadurch ausgeschlossen, dass sie sich dieselben als Elemente gar nicht verschaffen könnten, z.B. Kalzium, Natrium, Kalium, Chlor, Phosphor. Andere erweisen sich bald als unbrauchbar für den Körper oder geradezu als schädlich, z.B. Kohlenstoff, Wasserstoff, Stickstoff. So kommen wir dazu die Verbindungen aufsuchen zu müssen, in denen die notwendigen Elemente, allein oder doch am vorteilhaftesten, unserem Körper zugeführt werden können. Für den Tierkörper kommen wir bald dahin, einzusehen, dass nur sehr wenige Elemente allein (Sauerstoffs) oder in den einfachen Verbindungen, die wir unorganische nennen (Wasser, Kochsalz) von unserem Körper aufgenommen

110 Beiläufig bemerkt ist die Identität des Bewusstseins, die Überzeugung, dass dasselbe Ich vor langen Jahren als Knabe spielte, später als Mann wirkte und jetzt als Greis der Überführung in einen anderen Zustand entgegengeht, der unwiderleglichste Gegenbeweis gegen den Materialismus. Wäre unser geistiges Leben eine Funktion der Materie, so wäre dieses Selbstbewusstsein unmöglich. Die Materie im Greisenkörper könnte nie die Funktion haben, sich mit etwas zu identifizieren, was sie nicht ist und nie gewesen ist.

und zum Ersatz des Verlorenen verwendet werden können; im Übrigen aber ist der tierische Körper ganz auf die sehr komplizierten Verbindungen angewiesen, in den die Elemente sich als Teile der Pflanzen oder Tiere befinden (Stärkemehl, Eiweiß, Fett, Blätter, Früchte, Fleisch usw.). Hier scheint nun die Erfahrung in Bezug auf unseren speziellen Gegenstand dafür entschieden zu haben, dass Natrium und Chlor nur dann ihrer Aufgabe im Tierkörper genügen können, wenn sie sich vorher bereits zu Chlornatrium (Kochsalz) vereinigt haben, mag übrigens das Kochsalz als in pflanzlichen oder tierischen Stoffen schon enthalten, oder gesondert zugesetzt aufgenommen werden. Doch sind wir noch nicht soweit gekommen, dass wir mit Sicherheit behaupten dürften, es sei unmöglich, den Körper durch kohlensaure und andere Natronsalze und Chlorsalze (Chlorkalium, salzsaurer Kalk) mit dem nötigen Natrium und Chlor zu versehen. Jedenfalls ist Kochsalz das nächstliegende, sicherste und am leichtesten zu beschaffende Material.

II. Der zweite Punkt ist noch wichtiger für unsere Betrachtung des Salzes. Es ist gewiss, dass die den Körper bildenden Elemente in demselben, wenn er normal bestehen soll, in einem ganz bestimmten relativen Verhältnis zu einander stehen müssen, aber die absolute Menge derselben ist dadurch nicht gegeben. Es gibt sogenannte (relativ) gesunde Körper, die schlecht ernährt sind, und solche, die gut ernährt sind. Die letzteren zeigen in Verhältnis zu den ersteren eine größere Arbeitskraft, größere Leistungsfähigkeit. Wir können diese durch bessere Ernährung, d.h. durch Zuführung besser gewählter Nahrungsmittel, in größerer Menge herbeiführen. Hier wirft sich denn die Frage nach der Zweckmäßigkeit der größten Nahrungsmenge im Allgemeinen, sowie der einzelnen Nahrungsmittel auf. In beiden Beziehungen zeigt uns eine tägliche leicht zu machende Erfahrung, dass es nach oben und unten Grenzen gibt, die nicht überschritten werden dürfen, wenn der Mensch nicht aufhören soll, seinem Begriffe zu entsprechen. Ein mit guten Nahrungsmitteln reichlich ernährter Mensch wird alle seine Aufgaben als Mensch besser lösen können als ein anderer[111]. Wer aber die möglichst reiche Ernährung mit den besten Stoffen zum

111 »Der Mann, der recht zu wirken denkt, muss auf das beste Werkzeug halten.« Goethe.

Hauptzweck seines Lebens macht, wird ein Tier. Ebenso ist es im Einzelnen. Stärkemehlhaltige Substanzen sind ein gutes, ja notwendiges Nahrungsmittel, aber wer fast ausschließlich Reis oder Kartoffeln genießt, wird ein für die höheren Aufgaben der Menschheit unfähiger, unvermeidlich von energischeren Menschen beherrschter Siamese oder Heidebauer. Fleisch ist ein unentbehrlicher Bestandteil für die gesunde Entwicklung des Menschen; wer aber nur von Fleisch lebt, wird ein unzivilisierbarer Gaucho. Das gilt aber von allen einzelnen Substanzen, die Nahrungsmittel des Menschen sein können und die Auffindung der richtigen absoluten und relativen Mengen der einzelnen, um die vollkommenste Ernährung zu erzielen, kann nur das Resultat einer sehr langen Reihe der äußerst schwierig zu sammelnden, äußerst schwierig zu beurteilenden und zu verwertenden Erfahrungen sein.

Unter diesen und nur unter diesen Gesichtspunkten müssen wir die einzelnen Tatsachen der Erfahrung, wie sie sich uns nach und nach darbieten, auffassen und beurteilen, wie ich das eben bei den Angaben über Salzverbrauch für die Ernährung des Menschen und die Fütterung des Viehs getan habe. Entweder steht die Viehzucht in England wirklich so hoch über der deutschen und ist in der Tat namentlich der reicheren Salzfütterung zuzuschreiben, dann ist Prof. Blomeyers Ausspruch kindisches Geschwätz, aber keine Wissenschaft[112], oder es steht die englische Viehzucht nicht höher als die deutsche und ihr Vorzug, wenn er besteht, ist von anderen Verhältnissen als von der Salzfütterung abzuleiten, dann ist es lächerlich den angeblich hohen Stand der Viehzucht ist dem Salz in Verbindung zu setzen. Ich dächte

112 Ich vermute allerdings, dass die Ansicht des Professor Blomeyer, vollständig ausgesprochen, ganz vernünftig ist und etwa so lauten würde: »Es kann sein, dass eine stärkere Salzfütterung für die Ernährung und sonstige Entwicklung des Viehes vorteilhaft sein möchte, aber unter den gegebenen Verhältnissen, klimatischen und staatlichen, bei unseren Bodenverhältnissen, unseren Marktbedürfnissen, bei dem bestehenden hohen Salzpreise würde der durch größere Salzfütterung erzielte Mehrertrag nicht in dem richtigen Verhältnis zu den erhöhten Produktionskosten stehen und deshalb würde stärkere Salzfütterung unzweckmäßig sein! Es ist dann aber auch sogleich klar, dass das in gar keiner Beziehung zu der besseren Zucht und Ernährung des Viehstandes steht.

Quetelet, der Begründer der wissenschaftlichen Statistik, hätte zur Genüge nachgewiesen, wie unsicher der Schluss aus zwei kombinierten Zahlenreihen ist, wenn man nicht gleichzeitig alle anderen möglicherweise in Frage kommenden Verhältnisse mit in Rechnung bringt. Bei jeder anderen Verfahrungsweise werden nur Irrtümer stereotypiert. Im Verlauf dieser Arbeit sind schon einzelne Erfahrungen in größerer Anzahl vorgeführt, die zusammengenommen die Notwendigkeit eines reichlichen Salzgenusses für eine gesunde Entwicklung des tierischen Körpers erweisen, und es werden auch in Folgendem noch manche der Art vorkommen. Sie reichen aber nicht aus, quantitativ festzustellen, bis zu welcher Grenze der Salzgenuss ein notwendiger ist, wo er anfängt, ein angenehmer Luxus zu werden und wo er gar in sein Gegenteil umschlägt und schädliche Einwirkungen hervorruft, die durch andere Einwirkungen ausgeglichen werden müssen.

Schließlich ist hier noch an eine Bedeutung des Salzes für die Viehzucht zu erinnern. Die Erfahrung scheint dafür zu sprechen, dass reichlicher Salzgenuss die Tiere vor Krankheiten bewahrt. Ausgesprochen finden wir diese Beobachtung schon 350 Jahre vor unserer Zeitrechnung bei den Ardiäern in Illyrien, welche durch Salzfütterung ihr Vieh vor Seuchen zu bewahren glaubten. In England sollen die Viehseuchen seit Aufhebung der Salzsteuer nach einigen Angaben sehr bedeutend nachgelassen haben[113]. In Frankreich will man beobachtet haben, dass von auf denselben Weiden ernährten Schafen 50% starben, aber nur 1%, wenn die Tiere gleichzeitig Salz erhielten[509]. Indessen sind auch diese Angaben alle viel zu allgemein und zu oberflächlich (da sie auch nicht einmal andeuten, wie hier das Salz wirkt), um dieselben wissenschaftlich verwerten zu können. Wir bleiben also hier vor einer großen Menge noch unbeantworteter Fragen stehen.

Nicht immer und notwendig wird übrigens das Futtersalz für sich besonders gegeben, es wird vielmehr häufig und wie man sagt mit großem Nutzen auch mit minder gutem Futter z.B. nicht ganz lufttrocken

113 Nach den neuesten Mitteilungen des Board of Trade erscheint aber diese Angabe doch sehr zweifelhaft Es erkrankten in den Jahren 1870 und 1871 an Seuchen 909.389 Stück Rindvieh, 291.067 Stück Schafe, 93.338 Stück Schweine, von denen ein beträchtlicher Prozentsatz starb (Kölnische Zeitung d. 3. März 1875, Drittes Blatt.).

eingebrachten Heues oder hartstängeliger Pflanzen, so wie zu saftiger Blätter, z.B. von Runkelrüben, vermengt, dasselbe wird zur Verbesserung eingesalzen. Schon die Israeliten scheinen dies Verfahren gekannt zu haben, denn so möchte ich die Stelle im Jesaias deuten, wo er von »gesalzenem« Futter spricht[510]. Die Besitzer größerer Jagden wenden die absichtliche Salzfütterung auch auf das jagdbare Wild an, indem sie in den betreffenden Revieren sogenannte »Salzlecken« oder »Sulzen« anlegen, zu welchem Zwecke man in besonderen Rahmen von ungeschälten Stämmen ein Gemenge von ½ Scheffel Salz mit 2–3 Scheffel reinem Lehm ausbreitet[511].

Gleichsam als Verbindungsglied des soeben besprochenen mit dem Folgenden erwähne ich hier einer eigentümlichen Erscheinung, wodurch sich die Nordseeküsten des deutschen Reiches auszeichnen, die sogenannten »Queller- (dialektisch auch Weller- oder Heller-) Wiesen«. Das ganze Küstenland ist gegen die hohen Fluten eingedeicht, aber außerhalb der Deiche bleibt immer ein größerer oder kleinerer niedriger Landstrich, der sich begrast, die sogenannten »Butenwischen«, Außenwiesen. Dieses Land, nicht selten vom Meere überströmt und bei starken Winden fast immer vom Sprühwasser getränkt nährt eine eigentümliche Vegetation von Salzpflanzen, worunter besonders Plantago maritima L., Triglochin maritimum L., Glyceria maritima M. u. K., Artemisia maritima, Atriplex litoralis L., und auch wohl Salicornia herbacea L. und Aster tripolium L. zu nennen sind, die mit einigen anderen Gräsern und Kräutern einen zwar nicht sehr hohen, aber sehr dichten Rasen (Queller) bilden[512]. Diese Wiesen sind es, auf denen die dürren jütischen Ochsen in einem Sommer so gemästet werden, dass sie das Material zu dem berühmten Hamburger Rauchfleisch und dem köstlichen englischen Lendenbraten (Sir loin of beef) liefern können, weshalb sie auch »Fettweiden« genannt werden. Hier scheint sich eine doppelte Wirkung des Salzes geltend zu machen, indem einesteils die Salzdüngung des Bodens die Entwicklung einer eigentümlichen dichten und nahrhaften Vegetation hervorruft, andernteils die unvermeidliche Salzfütterung (bei jedem starken Winde und Wellenschlag schmecken die Pflanzen von der Sprühe salzig) eine außerordentlich kräftige Ernährung fördert. Ähnliche Erscheinungen wenigstens in Bezug auf die Vegetation zeigen häufig die Umgebungen der Salzquellen, ja selbst die Nähe großer Gradierwerke, aus denen Spritzwasser und Wind dem benachbarten Boden Salzwasser zuführen[513].

Nicht diese Beobachtung, sondern die sich verbreitenden Ansichten über die Bedeutung der Mineraldüngung führten auch zur Anwendung des Kochsalzes als Düngungsmittel, obwohl man schon früher einzelne dahin weisende Beobachtungen findet[514]. Es ist nicht in Abrede zu stellen, dass dadurch sehr oft bedeutende Resultate erzielt sind und besonders in England macht man vielfach Gebrauch davon. Auch in der Bretagne wird diese Düngung schon seit mehr als einem Jahrhundert angewendet. In Deutschland wendet man meist das sogenannte Abraumsalz z.B. aus Staßfurt an, was freilich hier gar nicht in Betracht kommen kann, da es ein Gemisch sehr verschiedener Salze, besonders Kalisalze usw. mit sehr wenig Kochsalz ist. Nach Liebig steht das Kochsalz keineswegs auf gleicher Stufe mit denjenigen Mineralbestandteilen, die der Pflanze, als zu ihrer Ernährung erforderlich, notwendig zugeführt werden müssen, sondern es wirkt nur auf die Zersetzung und Umwandlung der Bestandteile und macht dieselben, z.B. die Phosphorsäure den Pflanzen leichter zugänglich[515]. Auch die Entfernung des Mooses aus den Wiesen, wofür man es empfohlen hat, kann nicht auf Rechnung des Kochsalzes kommen, denn Kalisalze wirken genau dasselbe. Alle Alkalien sind den Moosen feindlich[516].

Nachdem ich hier einen Überblick über die Bedeutung des Salzes für Ernährung der Menschen, der Tiere und Verbesserung des Kulturbodens gegeben, erübrigt es noch, seine Anwendung in den Gewerben und der Großindustrie ins Auge zu fassen. Ehe ich dazu übergehe, will ich gleichsam als Einleitung die Gewinnungsweisen des Salzes noch einmal etwas genauer vorführen. Ich beabsichtige hier keine Salinenkunde, wofür wir eigene, größere Werke zur Genüge besitzen, so namentlich den zweiten Band des oft angeführten Buches von Karsten. Nur die Hauptpunkte will ich berühren für das allgemeine Verständnis, sowie für das mancher Ausdrücke, die schon in dieser Arbeit vorgekommen sind.

Die Darstellung des Salzes zum Gebrauch hat zwei Hauptformen, entweder wird das gebrochene Steinsalz ohne weiteres zu feinerem oder gröberem Pulver zerstampft oder man gewinnt das in Wasser aufgelöste Salz durch Abdampfen und Auskristallisieren. Die erste Weise setzt natürlich Steinsalzlager voraus und das Produkt ist nach der Natur des Steinsalzes mehr oder weniger rein, nach der Art des Stampfens mehr oder weniger fein und danach bestimmt sich seine Anwendung zu verschiedenen Zwecken.

Umständlicher ist die zweite Art der Darstellung aus aufgelöstem Salze, aus sogenannten Solen (den Salzquellen) oder aus dem Meerwasser, also natürlichen Auflösungen oder endlich aus künstlichen Auflösungen wie die Solen der Sinkwerke (S. 145 f.) oder Wiederauflösungen von Stein- und Seesalz, um durch die Kristallisation und Scheidung von der Mutterlauge ein reineres Salz zu gewinnen. Die Solen, wie die Natur sie darbietet, sind nur selten so konzentriert, dass man sie ohne weiteres abdampfen könnte, weil noch seltener das Brennmaterial (wie in Hampshire die Steinkohle) so wertlos ist, dass das gewonnene Salz die Herstellungskosten bezahlt machen würde.

Man konzentriert die Sole deshalb vorher bis zu dem Grade, dass sie siedewürdig ist, was man »Anreichern« (d.h. reicher machen) der Sole nennt. Dies geschieht auf zweierlei Weise, indem man entweder Stein- oder Meersalz in der gegebenen Sole bis zu dem gewünschten Grade der Stärke auflöst, oder dadurch, dass man einen Teil des Wassers an der Luft (ohne künstliche Wärme) verdunsten lässt, was man als »Gradieren« der Sole bezeichnet. Im Durchschnitt heißt eine Sole siedewürdig, wenn sie in 100 Gewichtsteilen 16 Teile Salz enthält, d.h. »sechzehnlötig«, ist. Das Gradieren geschah ursprünglich so, dass man die Sole mit Schaufeln auf Strohbunde warf und davon abtropfen ließ. Die Gradierhäuser hat ein Arzt zu Langensalza, Matth. Meth, 1599 erfunden[517]. Jetzt geschieht das Gradieren sehr allgemein auf sogen. Gradierwerken. Das sind lange Wände, die aus geschichtetem Dornenreisig aufgebaut werden. Die Sole wird in eine oben über dem Reisig weglaufende Rinne gepumpt, aus welcher sie auf die Dornen herabtröpfelt. Durch die Verteilung auf den Zweigen und durch das Tröpfeln bietet sie der Luft eine große Fläche dar, von der das Wasser verdunsten kann, was von Trockenheit, Wärme und Bewegung der Atmosphäre abhängt. Bei feuchtem, kühlem, stillem Wetter verdunstet zuweilen gar nichts. Je nach dem ursprünglichen Konzentrationsgrade der Sole und den begünstigenden äußeren Umständen muss die Flüssigkeit wiederholt hinaufgepumpt werden, bis der Zweck erreicht ist. Unten sammelt sich die Sole in einem großen hölzernen Kasten, dem »Salzschiff« und wird von hier, wenn sie genügend gradiert ist, in die Siedehäuser, »Salzkotten«, gepumpt. Den Konzentrationsgrad der Sole kann man auf verschiedene Weise bestimmen, gewöhnlich misst man nur durch irgendeinen Aerometer das spezifische Gewicht, nach welchem der Konzentrationsgrad berechnet wird. Um den Salinenleuten die Berechnung des Salzgehaltes aus dem spezifischen Gewicht zu ersparen, hat man Aerometer konstruiert, die (wenn auch nur annähernd richtig) sogleich den Salzgehalt angeben, man nennt sie »Salzspindeln«. Als einfachstes Aerometer gebrauchte man schon in ältesten Zeiten sehr häufig, und auch wohl noch jetzt an einigen Orten, z.B. in Ulverstone in Lancashire, ein rohes Ei; wenn dasselbe auf der Sole schwamm so war sie siedewürdig[518].

Das Abdampfen der Sole geschieht in flachen Siedepfannen von Eisen. Anfänglich erhält man die Flüssigkeit im Sieden und lässt immer frische Sole nachließen, bis sich auf der Oberfläche ein dünnes aus kleinen Salzkristallen gebildetes Häutchen zeigt. Dann wird dieser Prozess, der das »Stören« genannt wird, unterbrochen und der Zufluss wird abgestellt. Nun lässt man bei mäßigerer Hitze das Salz auskristallisieren, welches sich dabei am Boden der Pfanne ansammelt, bis die Flüssigkeit zum größten Teil verdampft ist. Dieser Teil der Operation heißt das »Soggen«. Will man feines Salz haben, so unterhält man das Wasser in gelindem Sieden, will man grobkörniges Salz, so erniedrigt man die Temperatur. Ist nur noch wenig Flüssigkeit (»Mutterlauge«) vorhanden, so schaufelt man das gewonnene Salz aus, lässt es auf Brettern abtröpfeln (die abtröpfelnde Flüssigkeit fließt wieder in die Pfanne) und füllt dann die Siedepfanne aufs Neue mit Sole[519].

Schon durch die Herstellung des Siedesalzes verknüpft sich die Salzproduktion mit der Industrie, denn auch die Nebenprodukte bei der Darstellung selbst sind heut zu Tage nicht mehr ein wertloses Material, das man wegwerfen könnte. Der ganze Prozess der Darstellung des Kochsalzes aus der Sole verfolgt nämlich zwei Zwecke: einmal das Kochsalz in fester Form zu gewinnen und zweitens dasselbe von den beigemengten Salzen zu trennen, die sich unter anderen Bedingungen als das Kochsalz aus der Flüssigkeit ausscheiden. Jede Sole enthält Gips und dieser Bestandteil als der am schwersten lösliche scheidet sich zum großen Teil schon beim Gradieren aus, indem er an den Zweigen des Reisigs kristallisierend sich ansetzt und so den sogenannten »Dornstein« bildet, der nach und nach die Zweige mit einer Kruste überzieht. Derselbe besteht hauptsächlich aus Gips mit etwas kohlensaurem Kalke und schließt stets einen geringen Anteil von Kochsalz ein. So dient er gepulvert für manche Gewächse, namentlich für Kohlpflanzen und Hülsenfrüchte und zwar besonders auf gewissen Bodenarten wegen seines Kalk- und Schwefelgehalts als ein vorteilhaftes Düngemittel[520]. Ganz scheidet sich bei schwächeren Solen der Gips auf dem Gradierwerk nicht aus, den Rest erhält man dann beim Sieden als den sich zuerst am Boden der Siedepfannen absetzenden »Pfannenstein«[114], der noch reicher an Kochsalz zu sein pflegt und ähnlich wie der Dornstein verwertet wird.

Auch die Mutterlauge wird häufig noch in Fabriken zur Gewinnung der darin vorhandenen leicht löslichen Salze benutzt. Namentlich wird aus Mutterlauge und Pfannenstein das oft in Menge darin enthaltene schwefelsaure Natron (Glaubersalz) dargestellt. Die größte fabrikmäßige Verwendung findet aber das Kochsalz selbst, noch außer seinem Verbrauch in der Ernährung der Menschen, der Tiere und der Düngung des Ackers.

Hier ist nun zuerst seine Benutzung zum Einsalzen von Butter, Käse, Fleisch, Fisch usw. zu erwähnen, die zwar auch in der privaten Hausindustrie, aber in neuerer Zeit immer häufiger im Großen in fabrikähnlichen Anstalten geschieht. Wie alt der Gebrauch des Einsalzens ist, wurde schon im ersten Teil dieser Arbeit (S. 85 ff.) besprochen. Die Verwertung der Milch unserer Haustiere geschieht im Ganzen (Selbstkonsumtion und die Nähe größerer Städte abgerechnet nur in den beiden Formen von Butter und Käse. Beide bedürfen zu ihrer längeren Erhaltung des Salzzusatzes. Gerade in dieser Verwendung des

114 Dorn- und Pfannenstein heißen im Württembergischen »Hallerde«.

Salzes macht sich nun ein großer Unterschied in dem Wert der verschiedenen Sorten des Salzes bemerkbar, der schon, wie früher angeführt wurde, den Alten bekannt war. Zum großen Teil beruht das wohl auf der verschiedenen Natur der einzusalzenden Stoffe. Die Tatsache, dass der Salzzusatz die fraglichen Substanzen konserviert, steht zwar unerschütterlich fest, aber keineswegs die Art und Weise seiner Wirkung. Bei Fleisch und Fisch scheint der Erfolg dafür zu sprechen, dass die konservierende Eigenschaft wesentlich in der Wasserentziehung liegt. Das Wasser selbst verliert dann als konzentrierte Salzlösung (Salzlake) seine Fäulnis hervorrufende Eigenschaft[521]. Diese Erklärung findet aber auf die wasserleere Butter keine Anwendung und das Salz muss hier dahin wirken, die Zersetzung des Fettes zu den verschiedenen Fettsäuren (das Ranzigwerden) zu verhüten. Erfahrungsmäßig steht nach Versuchen, die in Kopenhagen im Großen angestellt sind, fest, dass ganz reines Kochsalz die Butter nicht schützt, wohl aber, wenn dasselbe etwa 2% (zerfließliches) Chlorkalzium enthält. Daneben ist das ganz feine Siedesalz unbedingt den gröberen Salzsorten vorzuziehen. So beruht der Vorzug der Holsteinschen Dauerbutter auf der Benutzung des feinen Lüneburger Salzes[522] und die irländische Butter, die nur mit dem fein raffinierten holländischen Salz bereitet ist, wird vorgezogen, da das Liverpooler Sudsalz sich als unbrauchbar erweist. Den Vorzug der holländischen Heringe schreibt man allgemein der Benutzung des sehr groben Meersalzes von St. Ubes zu und die gesalzenen Heringe der Ostsee sollen sich gebessert haben, seit man das gröblich gestoßene Steinsalz von Staßfurt anwendet[523].

»Heringe in schottisches Salz gelegt verderben sehr bald; der norwegische Hering mit französischem Salze in Tonnen von Fichten- oder Tannenholz eingesalzen wird säuerlich- und schlechtschmeckend[524].« Die Mengen der jährlich eingesalzenen Fische: Thunfisch, Sardelle, Hering, Stockfisch usw., ist ganz ungeheuer, gewiss Tausende von Milliarden übertreffend, aber quantitativ zur Zeit nicht zu bestimmen und deshalb lassen sich für das dabei gebrauchte Salz auch keine Zahlen angeben (vgl. S. 49 für die Heringe). Nicht minder großartig muss das Einsalzen des Fleisches betrieben werden, da hiervon zurzeit noch die Ernährung der Schiffsmannschaften wesentlich abhängt.

Auch hier find aber allgemeine Zahlenangaben noch unmöglich. Als Anhaltspunkt mag hier der nordamerikanische Handel mit Schweinefleisch angeführt werden. So wurden 1850 fast ganz für die Ausfuhr, im westlichen Nordamerika 1.871.330 Schweine geschlachtet, gesalzen und geräuchert; besonders zeichnet sich in dieser Hinsicht Cincinnati aus, das davon scherzhaft wohl Porkopolis (Schweinestadt) genannt wird. In einem Etablissement gibt es Rauchkammern, in denen 400.000 Pfund Schinken auf einmal geräuchert werden können[525].

Einen außerordentlich großen Anteil hat das Kochsalz an der Entwicklung der Industrie und des Gewerbes im bestimmteren Sinne der Wörter. Den besten Einblick darin gewinnt man, wenn man sich die große Anzahl der Gewerbe vorführt, denen vertragsmäßig im deutschen Zollverein das Salz abgabenfrei überlassen wird. Das Verzeichnis für das Jahr 1867 nennt folgende:

1. Soda- und Glaubersalzfabriken,
2. Chemische Fabriken,
3. Seifenfabriken,
4. Glashütten und Glasfabriken,
5. Lederfabriken, Gerber, Häutehändler,
6. Farbefabrikanten und Färber,
7. Steinzeug-, Ofenfabriken, Töpfer
8. Viehsalzlecksteinfabriken,
9. Feilenfabriken,
10. Eisenhütten,
11. Kürschner,
12. Papierfabriken,
13. Eisen- und Stahlfabriken,
14. Düngerfabriken,
15. Konditoreien,
16. Kunstwollefabriken,
17. Darmsaitenfabriken,
18. Schiffbauer,
19. Ölfabriken,
20. Tuchfabriken,
21. Amidonfabriken,

22. Zinkhütten,
23. Handschuhfabriken,
24. Darmhändler,
25. Maschinenfabriken,
26. Seiler,
27. Gelbgießer,
28. Zementfabriken,
29. Schnellbleicher.

Den größten Bedarf haben hiervon ohne Frage die drei ersten, wie aus folgenden Zahlen erhellt. 1872 wurden

617.239 Zentner wasserfreie Soda und
7.110.857 " Glaubersalz produziert[526].

Man gewinnt die Soda hauptsächlich so, dass man Kochsalz durch konzentrierte Schwefelsäure zersetzt, wobei schwefelsaures Natron und als wertvolles Nebenprodukt Salzsäure gewonnen wird, die wiederum zur Herstellung von Chlorkalk (Bleichkalk) dient und bei der Fabrikation von Zucker, Knochenleim und auch sonst noch in Anwendung kommt. Das schwefelsaure Natron wird dann mit kohlensaurem Kalk und Steinkohle gemischt im Flammenofen zersetzt; die geschmolzene Masse wird ausgelaugt, verdampft (kalzinierte Soda), diese wird abermals aufgelöst und abgedampft, woraus man die kristallisierte Soda des Handels gewinnt. Diese Darstellung der Soda wurde 1789 von Leblanc eingeführt, jetzt wendet man aber fast noch häufiger die Methode von Schlössing (oder richtiger von Dyar und Hemmings) an, nach welcher Kochsalz unmittelbar durch doppelt kohlensaures Ammoniak in kohlensaures Natron und Salmiak umgesetzt wird[527]. Ursprünglich kannte man die Soda nur als Naturprodukt aus den sogenannten Natronseen (als anderthalb kohlensaures Natron), besonders in Ägypten im Westen des Delta, in Fezzan (diese Soda heißt im Handel »Trona«), in Ungarn bei Debreczin usw. Dann bereitete man auch aus der Asche von Strandpflanzen eine unreine Soda, die in Alexandria den Namen »Rochetta« führt. Die Sarazenen führten die Bereitung der Soda aus Strandpflanzen in Spanien ein, sie nannten die hauptsächliche Pflanze Kali (mit dem arabischen Artikel al kali, daher das Wort »Alkalien«). Es war Salsola soda L., die zu diesem Zwecke auch auf großen vom Meere abgedämmten Feldern angebaut und dann verascht wurde; die (zusammengesinterte) Asche nannte man barilla, wie sie noch jetzt im Handel heißt. Besonders geschätzt war die Barilla von Alicante, die 14 bis 20% kohlensaures Natron enthält. Aber auch nach den Balearen, Italien usw. verbreitete sich diese Industrie. Noch 1834 führte England über 230.000 Zentner Barilla ein. Im südlichen Frankreich stellte man Soda in ähnlicher Weise, unter dem Namen salicor, her aus der Asche von salicornia herbacea L. und eine geringere Sorte unter dem Namen blanquette aus Salicornia europaea Gouan, Salsola varec? u.a. (mit nur 4% Sodagehalt). Diese armen Sorten haben wegen ihres großen Kochsalzgehaltes in Frankreich großen Wert für die Seifenfabrikanten. Im nördlichen Frankreich erhielt man eine ähnliche rohe Soda durch das Veraschen von Seetang unter dem Namen »varec«. In noch größerem Umfang aber wurde diese Industrie getrieben an den Westküsten von Schottland, Irland und den westlichen Inseln. Hier führte die Asche aus Tang den Namen Kelp; sie enthielt etwa 5% Soda. Die Aufhebung der Salzsteuer in England und die Einführung der künstlichen Sodafabrikation hat die Industrie der Kelpgewinnung fast gänzlich vernichtet und die Einfuhr von Barilla war 1841 schon auf wenig mehr als 47.000 Zentner gesunken[528].

Wenn wir nun die weitere Verwendung der Soda verfolgen, tritt uns zunächst Liebigs Wertmesser der Kultur, die Seife, entgegen. Die Fette und fetten Öle sind Zusammensetzungen von Fettsäuren (Stearin-, Margarin-, Elainsäure) und einer süßlichen Substanz, dem Glycerin (den Damen von ihrer Toilette bekannt). Es sind Gemenge von fettsauren Glycerinsalzen und alle im Wasser unlöslich. Die Seifenbildung besteht wesentlich darin, diese Glycerinsalze in fettsaure Alkalien umzuwandeln. Die Alkalien für sich allein sind ätzend, lösen viele organische Substanzen auf, zerstören sie zum Teil und greifen selbst lebendige Teile z.B. die Haut an. Die auflösende Eigenschaft behalten sie, die ätzend zerstörende verlieren sie aber, wenn sie durch ihre Verbindung mit Fettsäuren gleichsam gesänftigt werden; darin liegt der unersetzliche Vorteil der Seife als Reinigungsmittel. Früher stellte man sie allgemein so dar, dass man die Fette mit Pottasche (kohlensaurem Kali) kochte (»verseifte«). Die so erhaltene schmierige Flüssigkeit (»Seifenleim«), die man auch als »Schmierseife, schwarze, grüne oder weiche Seife, Scheuerseife« zu gröberen Zwecken verwendet und noch jetzt dazu besonders aus Hanföl und Tran darstellt, ist für die bessere (Wasch-)Seife nur eine Übergangsstufe. Das fettsaure Kali wird durch Zusatz von Kochsalz (durch »das Aussalzen«) in fettsaures Natron und Chlorkaliumlauge umgewandelt und jenes in der Lauge so gut wie unauflöslich, scheidet sich auf der Oberfläche der Mutterlauge aus, wird abgehoben, in schwacher Lauge wieder aufgelöst und dann noch einmal ausgesalzen, wodurch man dann die reine, feste »Kernseife« erhält. Aus dieser werden weiter durch mancherlei Zusätze, Farben, Wohlgerüche usw. die mannigfaltigen »Toilettenseifen« dargestellt. Seit die Pottasche (Holzasche) immer teurer geworden, dagegen die Soda in Folge der künstlichen Darstellung derselben aus Kochsalz so sehr billig geworden ist, so braucht man jetzt sehr vielfach besonders in Frankreich und England zur ersten Darstellung des Seifenleims eine Natronlauge. Man überschüttet gelöschten Ätzkalk in einem Kübel von Tannenholz (dem »Äscher«) mit aufgelöster Soda, von dieser tritt die Kohlensäure an den Ätzkalk und man erhält so eine Natronätzlauge, die zum Verseifen dient. Der weitere Prozess der Seifendarstellung bleibt dann eben derselbe[529].

Die zweite Anwendung der Soda im Großen lässt uns vielleicht noch mehr die Unentbehrlichkeit dieses Stoffes erkennen, wenn wir uns in unserer Häuslichkeit umsehen. In der gemäßigten und kalten Zone können wir uns kaum noch eine erträgliche Wohnung denken ohne Fenster, also ohne Glas, obwohl es allerdings eine Zeit gegeben hat, wo sich die Menschen ohne dergleichen behelfen mussten. Dazu kommen Flaschen, Gläser und Spiegel, die wir jetzt wohl selbst in der kleinsten Hütte antreffen, die durch Größe, Form und Farbe ausgezeichnet, einen großen Anteil an dem Luxus der Reicheren behaupten. Auch das Glas ist eigentlich ein Salz, in welchem die Kieselerde die Stelle der Säure vertritt. Sie gibt mit Natron, Kali, Kalk oder selbst Blei verbunden Verbindungen, die geschmolzen und beim Abkühlen erstarrt eine mehr oder weniger farblose, durchsichtige, harte Substanz darstellen. Da diese Substanz (»Glas«), wenn noch im Übergang vom Schmelzen zum Erstarren begriffen sich leicht formen lässt, so kann sie zu den mannigfachsten Zwecken verwertet werden. Die Kieselerde für sich ist in der stärksten Ofenhitze unschmelzbar, schmilzt aber leicht mit Oxiden, besonders mit den Alkalien, zusammen. Als Kieselerde benutzt man allgemein feinen, reinen (Quarz-)Sand. Als alkalisches Schmelzmittel dient zum Teil Kali, zum Teil Natron, letzteres entweder als Soda oder der Billigkeit wegen als Glaubersalz. Die reinen Natrongläser sind eigentlich die besten und dauerhaftesten; dazu gehören »Fensterglas«, »Spiegelglas« und einige Sorten »Bouteillenglas«, die alle drei auch noch Kalk enthalten; »Böhmisches Glas«, »Kronglas«, »Kristallglas«, »Flintglas« enthalten statt Natron nur Kali, die beiden letzten auch noch Bleioxid. Die grünliche Farbe der geringeren Glasarten rührt von einer Verunreinigung durch Eisenoxidul her. Das Glas muss rasch abkühlen, weil es sonst sich in eigentümlicher Weise im Inneren zerfetzt und milchweiß wird (sogenanntes »R é a u m u r - s c h e s Porzellan«). Das Glas ist umso brauchbarer, je geringer die Menge des Alkalis in der Mischung ist. Wenn dieselbe bis zu einer gewissen Grenze steigt, wird das Glas schon durch öftere Berührung mit kochendem Wasser angegriffen. Bei einem noch größeren Zusatz von Natron oder Kali entsteht sogenanntes »Wasserglas«, d.h. ein Glasfluss, der in heißem Wasser leicht auflöslich ist und eine große Verwendung in der Technik findet. Es dient als wetterfester Anstrich für Mauern und Kalkbewurf, Sandstein und Gipsarbeiten; es bildet einen Überzug über Holz und andere brennbare Gegenstände, durch welchen die Feuergefahr verringert wird, indem die Gegenstände unfähig gemacht werden, mit Flamme zu brennen. Schließlich dient das Wasserglas auch dazu, Al-Fresko-Malereien zu fixieren, so sind z.B. die K a u l b a c h schen Bilder im Treppenhaus des Berliner Museums gegen Beschädigungen geschützt worden[530].

Kochsalz besteht aus zwei Elementen, Natrium und Chlor. Dass erste haben wir beim Prozess der Sodabildung verfolgt, das zweite wird als Nebenprodukt in der Form von Salzsäure gewonnen und findet dann ebenfalls eine weite Verwertung. Es ist nämlich das Chlor selbst, welches eine wichtige Rolle in der Industrie als bleichende, aber auch als desinfizierende, immer als zersetzende Substanz für eine große Reihe organischer Stoffe spielt. Das gewöhnliche Bleichen ist ein sehr langsamer Prozess. Unter Mitwirkung von Feuchtigkeit,

(Sonnen-) Licht und Wärme verbindet sich der Sauerstoff der Luft mit dem Wasserstoff (und Kohlenstoff?) der organischen Substanz, zerstört (verbrennt) sie so teilweise und macht sie im Wasser auflöslich; am leichtesten werden die färbenden Substanzen der Leinwand usw. angegriffen und diese wird dadurch von den färbenden Stoffen befreit. Es ist, chemisch genommen, ein beginnender Verwesungsprozess. Das Chlor wirkt nun in derselben Weise, aber sehr schnell. Indem es der organischen Substanz Wasserstoff entzieht, um sich mit demselben zu Salzsäure zu verbinden, macht es den Sauerstoff frei, der nun als ein eben aus der Verbindung frei gewordener mit umso größerer Energie den übrigen Teil der organischen Substanz ergreift und zerstört. Diese allgemeinen Bemerkungen über das Bleichen müssen hier genügen; eine speziellere Theorie des Bleichens würde uns zu weit in zum Teil noch nicht einmal vollendete chemische Untersuchungen hineinführen. Da der gewöhnliche Rasenbleichprozess einesteils so sehr von Begünstigungen der Witterung abhängt, anderenteils einen sehr langen Zeitraum (Monate) in Anspruch nimmt, so war die Entdeckung der Chlorbleiche, die zu demselben Resultat nur wenige Stunden braucht, zumal für die so hoch gesteigerte Baumwollindustrie von ganz entscheidender Bedeutung. Die Aufhebung der Salzsteuer und die dadurch bedingte Möglichkeit, sich Chlor billig und in großer Menge zu verschaffen, wurde in England gleich ausgebeutet und hat wesentlich dazu beigetragen, diesem Lande den kaum wieder einzuholenden Vorsprung in der Baumwollindustrie zu sichern.

Das Chlor wird nun dargestellt entweder aus der bei der Sodafabrikation als Nebenprodukt gewonnenen Salzsäure, oder direkt aus dem Kochsalz, in beiden Fällen unter Zusatz von Braunstein, im zweiten noch unter Hinzufügung von Schwefelsäure. Man erhält neben Chlor im ersten Falle salzsaures Mangan, im zweiten Glaubersalz und schwefelsaures Mangan. Das Chlor wird dann mit gebranntem und gelöschtem Kalk zu sogenanntem »Chlor- oder Bleichkalk« verbunden und so verwendet[531]. Nur erwähnen will ich noch, dass der Chlorkalk auch bei der Papierfabrikation als Bleichmittel benutzt wird, dass das Chlor in der Färberei als Beizmittel dient, dass das vielfach gebrauchte Chloroform mit demselben dargestellt wird u. dergl. mehr.

Hier wäre vielleicht noch darauf hinzuweisen, dass man aus den Rückständen bei der Sodabereitung hin und wieder auch wohl noch unterschwefligsaures Natron und schwefligsaures Natron darstellt. Ersteres findet besonders in der Fotografie Anwendung[532].

Von den übrigen Industrien, die des Salzes bedürfen, hebe ich nur noch einige heraus. Die Lederfabriken, Gerber und Häutehändler sind sehr von Salz abhängig, da man die gesalzenen Häute unbedingt den bloß getrockneten vorzieht, weil dieselben dauerhafter und geschmeidiger sind. Zum Einsalzen einer Haut gehören etwa 15% ihres Gewichtes Salz. Da wir einen großen Teil unserer Häute aus weiter Ferne beziehen, werden wir auf jene Gegenden hingewiesen, wo besonders Salzfleisch und Haut die fast einzigen Gewinne der Viehzucht ausmachen, wie im südlichen S ü d a m e r i k a , wo jetzt im Jahre durchschnittlich 3.600.000 Stück Rindvieh geschlachtet werden. Die großen S a l a d e r o s [115], die Schlacht- und Pökel-Anstalten, sind für diese Gegenden charakteristisch. Man schlachtet ein Tier, ledert es ab und zerteilt das Fleisch in 8 Minuten, dann werden Fleisch und Haut in verschiedener Weise eingesalzen. Dazu kommt dann noch die große Anzahl von Pferden, die geschlachtet werden, um Haut und Fleisch herzugeben. Allein in U r u g u a y sind 1866 über 30.400 Stück Pferde geschlachtet[533]. Man kann leicht schätzen, wie groß hierbei der Bedarf von Salz ist.

Einen nicht unbeträchtlichen Gebrauch von Kochsalz machen auch die Töpfereien und zwar zur Glasur der verschiedenen Produkte. Bei vielen der farbigen Glasuren auf dem gemeinen Töpfergeschirr, deren Hauptbestandteil immer Bleiglätte ist, wird Kochsalz zugesetzt. Beim »Steingut« (»englische Fayence«) setzt man der Glasur zuweilen Soda zu. Eigentümlich ist die Benutzung des Kochsalzes bei sogenannter »gefritteter«[116] Ware, dem »Steinzeug«. Der Ofen wird hier sehr stark geheizt, um einen beginnenden Schmelzprozess des Tones einzuleiten, und um das aus der Oberfläche zu befördern, wirft man bei der stärksten Glut Salz in den Ofen, welches sich sogleich in Dämpfe verwandelt, die sich an die Oberfläche der Geschirre anlegen,

115 In S ü d b r a s i l i e n heißen sie X a r q u e d a s .

116 d.h. halbgeschmolzen

das Chlor entweicht und es bildet sich auf der Oberfläche ein Überzug von kieselsaurem Natron (Glas), wodurch die Geschirre nicht nur wasserdicht, sondern auch luftdicht werden[534].

Man hat eine Menge von Hilfsmitteln, um Substanzen selbst bis zum Gefrieren abzukühlen und darunter sind die sogenannten Kältemischungen die am meisten benützten. Sie bestehen aus Schnee oder zerstoßenem Eis und Kochsalz, oft noch mit Zusatz von anderen Salzen; so z.B. sinkt das Thermometer in einem Gemisch von 12 Teilen Schnee, 5 Kochsalz und 5 salpetersaurem Ammoniak bis auf -40 °C. Solche Mischungen (und dazu Kochsalz) braucht man auch in den Konditoreien, um das künstliche Eis zum Genuss herzustellen. Zu diesem Zwecke verbraucht jede der Hauptkonditoreien Berlins täglich ½ bis 1½ Zentner Salz[535].

Ein bedeutender Salzverbrauch findet auch bei der Darstellung der Feilen statt. Derselbe war früher noch kostspieliger als jetzt bei verbesserten Methoden. Beim Härten der fertigen Feilen im Feuer bedürfen dieselben eines Überzuges, um sie gegen Oxidation zu schützen und dieser Überzug wird aus Kochsalz und Bierhefe oder Mehl bereitet.

Die übrigen oben genannten Gewerke brauchen entweder Chlor oder Soda zu verschiedenen Zwecken und stellen sich beide oft selbst im Kleinen aus Kochsalz dar. Außer den genannten sind aber noch manche Gewerbe zu erwähnen, die wesentlich zu ihrem Betrieb von der Benutzung des Kochsalzes abhängen, ohne die Vergünstigung der Steuerfreiheit zu genießen. Darunter stehen in Bezug auf Quantität des Bedarfs die Bierbrauer obenan, die für ihre Eiskeller das Salz nicht entbehren können. Nach der Größe ihres Verbrauches würden sie in dem obigen Verzeichnis die vierte Stelle einnehmen. Auch die Tabakfabriken und die Verfertiger künstlicher Mineralwasser nehmen eine große Menge Kochsalz in Anspruch. Endlich will ich noch erwähnen, dass auch bei der Darstellung des reinen Silbers im Hüttenprozess eine beträchtliche Menge von Kochsalz verbraucht wird. St. Clair Dupont hat die Kosten des reinen Silbers in Prozenten des Silbers selbst berechnet und danach kommen 6,5% des gewonnenen Silbers auf das verbrauchte Kochsalz[536].

Ich nähere mich dem Ende meiner Betrachtungen, indem ich nur noch die Stellung des Salzes zur Steuergesetzgebung ins Auge zu fassen habe. Ich kann in dieser Hinsicht sehr kurz sein, denn einesteils ist Politik nicht mein Fach, andernteils kann ich hier mit großer Sicherheit auf die gründliche Arbeit von Alfred Schmidt über das Salz verweisen, in der die Steuerverhältnisse gerade die Hauptsache sind. Wenn ich einige abgerissene eigene Bemerkungen hier noch hinzufüge, so wird man ihre Zerstreutheit und Abgerissenheit damit entschuldigen müssen, dass es eben die Bemerkungen eines Laien sind. Meine Grundansicht wird man schon aus dem Schluss des ersten Teils dieser Arbeit ersehen haben; sie stimmt vollkommen mit der Ansicht Liebigs überein, der die Salzsteuer für »die hässlichste, den Verstand des Menschen entehrende und unnatürlichste aller Steuern« erklärt[537]. Den 15. April 1848 dekretierte die französische Regierung die gänzliche Abschaffung der Salzsteuer und bezeichnete in dem Dekret dieselbe als eine Steuer, »die vorzüglich die Armen drücke, die die lästigste und ungerechteste sei, deren Abschaffung von der Gesundheit des Volkes, dem Gedeihen der Landwirtschaft, der Entwicklung der Industrie und des Handels unabweislich (impérieusement) gefordert werde«[538]. Freilich wurde dieses Aufhebungsdekret, so treffend es auch die Salzsteuer charakterisiert, vom geldbrauchenden Finanzminister suspendiert und ist noch heute nicht zur Anwendung gekommen. Zu allen Zeiten und an allen Orten haben die Völker die Salzsteuer für die empörendste und hassenswerteste angesehen und wenn irgendwo, so ist hier vox populi vox dei. Wenn Menschen sich in moralischer Entrüstung über das frivole Wort der Pompadour: »après nous le déluge« ergingen, habe ich immer im Stillen lachen müssen, weil meines Wissens noch keine Regierung, bewusst oder unbewusst, nach einem anderen Grundsatze gehandelt hat[117], und insbesondere die Finanzminister nie einen besseren Maßstab ihres Tuns angewendet haben und noch alle Tage anwenden. Man verlangt Geld und der Finanzminister nimmt es, wo er es am schnellsten und mit dem wenigsten Nachdenken erhalten kann[539], ohne zu fragen, ob er damit den Wohlstand des Volkes beeinträchtigt und so für die Zukunft auch seine Besteuerungsfähigkeit ver-

117 Wenn erst einmal die Menschen sich bei allem, was sie vornehmen, fragten: was werden die Enkelgeschlechter dazu sagen, so wäre das goldene Zeitalter gekommen.

mindert[118]. Die Finanzleute kommen mir immer vor, wie der Mann im Märchen, der die Henne schlachtete, die die goldenen Eier legte. Er hatte allerdings auf einmal noch die ganze Zahl unreifer goldener Eier im Eierstock, aber mit den regelmäßig gelegten goldenen Eiern war es nun auch für immer vorbei. Das erste und unantastbarste Prinzip eines ehrlichen Finanzmannes muss sein, dass nichts besteuert werden darf, was die Fähigkeit des Volkes, Steuern zu bezahlen, erhält oder erhöht. Dazu gehört außer den Verkehrsanstalten vor allem das, was eine gesunde und kräftige Ernährung des Volkes erhält oder erhöht, denn davon hängt die Arbeitskraft ab und ebenso das, was der Arbeitskraft das Material bietet, um sich daran produktiv zu betätigen, also das Rohmaterial für die Arbeit. In beider Beziehung ist die Salzsteuer durch und durch verwerflich. Es gibt aber auch noch einen Grundsatz der Gerechtigkeit, der die Finanzwirtschaft beherrschen muss, wenn sie sich nicht als eine moralisch verworfene darstellen will, und das ist die Regel oder das Gesetz der Menschlichkeit, dass keine Steuer zu rechtfertigen ist, die den Armen in schwererer Weise belastet als den Reichen. Nun ist allerdings unser ganzes soziales Leben, trotz des heuchlerischen Christentums, gar nichts anderes als die Ausbeutung der Armen und Schwachen durch die Reichen und Mächtigen und dafür ist die Salzsteuer eins der schlagenden und schändlichsten Beispiele, das fühlt auch das Volk leicht heraus und daher die allgemeine nur zu gerechtfertigte Erbitterung gegen diese Auflage.

Eines der grauenhaftesten Beispiele lieferte die e n g l i s c h e Regierung am Ende des vorigen Jahrhunderts. Die Infamie der Salzsteuergesetzgebung führte den vollkommenen Ruin eines großen Teils der Bewohner des nordwestlichen Großbritanniens und Irlands durch Unterdrückung ihres einzigen Nahrungszweiges, des Fischfanges, herbei. Die geradezu blödsinnige Dummheit der Gesetzgebung, verbunden mit der schurkischsten Erpressung, hatten den schönen Erfolg, dass von 936.000 Pfund St., welche die Untertanen an Salzsteuer bezahlen mussten, nur 261.000 Pfund in die Staatskasse gelangten[540].

Wie schon früher erwähnt, kann der Mensch eine gewisse Quan-

118 Im Kriege mag das sich vielleicht entschuldigen, in einem 50-jährigen Frieden ist es nur Beweis für die Unfähigkeit oder Gewissenlosigkeit dieser Herren.

tität Salz als Zusatz zu seiner Nahrung nicht entbehren und auf der anderen Seite kann er auch nur wenig über diese Quantität hinausgehen. Die Salzsteuer wird also für Arm und Reich im absoluten Betrag die gleiche, was schon ein Fehler ist. Aber selbst diese Gleichheit ist nur eine scheinbare, denn relativ zu seiner Einnahme zahlt der Arme bei Weitem mehr als der Reiche. Nehmen wir die zum Unterhalt einer ländlichen Arbeiterfamilie notwendige jährliche Einnahme nach der Enquête des k. preußischen Landesökonomiekollegiums im Jahre 1848 zu 105 Taler, so beträgt davon die Ausgabe für Salz 2,62%, bei einer jährlichen Einnahme von 300 Talern ist die Ausgabe nur noch 0,7%, bei 900 Talern Einnahme 0,3%, bei 17.000 Talern und darüber nur 0,02%. Es wird also geradezu in der infamsten Weise der Arme geplündert, um dem Reichen das Leben behaglicher zu machen[541]. Aber es ist noch schlimmer. Während bei vielen Steuern der Arme sich die Steuerlast durch Entsagung erleichtern kann, ist es bei dem Salz umgekehrt. Er muss mehr davon genießen als der Reiche wegen seiner Nahrung. Die Wohlhabenden genießen viel frisches, gebratenes Fleisch, die Armen mehr Brot, Hülsenfrüchte und Kartoffeln. Letztere fordern aber gebieterisch einen größeren Salzzusatz. Nach Schäfer stellt sich somit der Bedarf für eine wohlhabende Familie (von 11 Personen) pro Kopf auf 10,5 Pfund, für eine Handwerkerfamilie (von 6 Personen) dagegen auf 19,6 Pfund Salz pro Kopf. Bei einer Tagelöhnerfamilie würde das Verhältnis noch ungünstiger sein[542]. Aus denselben Gründen wird die ländliche Bevölkerung stärker in Anspruch genommen als die städtische. Ja die Sache wird noch viel ärger, wenn wir die Steuernachlasse berücksichtigen. Der arme Mann, der um nur leben und gesund leben zu können des Salzes bedarf, muss sein Salz versteuern, aber der Fabrikherr, der reich oder doch wohlhabend ist und jedenfalls sich die Salzsteuer als Unkosten seines Betriebes von seinen Konsumenten wieder ersetzen lässt, der geht frei aus. Die Sache wird geradezu bodenlos abscheulich, wenn wir ein spezielles Verhältnis herausgreifen. Die Konditoreien, ohnehin Luxusanstalten ohne volkswirtschaftliche Bedeutung, bekommen ihr Betriebssalz unversteuert, damit der näselnde Junker sein Ananaseis etwas billiger auslöffeln kann, die Bierbrauereien aber, die ein, man kann wohl jetzt sagen, notwendiges Nahrungsmittel und den einzigen Erquickungstrank für den Armen bereiten, müssen ihr Betriebssalz versteuern. Die Steuereinheiten sind aber auch zum Teil bloße Possenspiele, da die Denaturierung[119] das Salz und zwar ohne dass der Staat den geringsten Vorteil davon zieht, wieder bedeutend verteuert und zum Teil, wie in neuerer Zeit sich für das Viehsalz herausgestellt hat, dasselbe fast unbrauchbar macht, da das Vieh sich möglichst weigert, es zu genießen und es nur mit Nachteil für seine Gesundheit hinunterschluckt. Kann man, wenn man auch noch so ruhig und verständig denkt, solchen Tatsachen gegenüber den Sozialdemokraten auch selbst ihre ärgsten Ausschreitungen verargen und wagen, sie als grundlos hinzustellen? Es ist in der Tat nichtswürdige Ausbeutung der Armen durch die Reichen.

Es ließe sich hier noch gar manches berühren, was für den Menschenfreund ein schmerzliches Interesse hat, so die Unmöglichkeit für den Arbeiter diese Last der Salzsteuer auf seinen Arbeitgeber, den Konsumenten seiner Produktion, abzuwälzen, die unvermeidliche Verführung zur Immoralität, zu Unterschleif und Schmuggel, die mit einer so tyrannischen Verteuerung eines der notwendigsten Lebensbedürfnisse verbunden ist, der kostbare, Staatsmittel vergeudende Apparat, den die Erhebung und Kontrollierung einer solchen Steuer erfordert, so wie endlich die Verzehrung der Staatskraft zum Aufsuchen und Bestrafen des vom Staate doch erst hervorgerufenen Unrechts. Aber das alles liegt meinem Standpunkte zu fern und ich kann das zum Glück berufeneren Federn überlassen, die die Sache zur Genüge in meinem Sinne besprochen haben.

Ich werde zufrieden sein, wenn es mir gelungen ist, meinen Lesern klar zu machen, wie ein so unscheinbarer Gegenstand, wie das Salz, sich in der wunderbarsten Weise mit der ganzen menschlichen Kultur, ihrem Entstehen und ihrer Fortentwicklung verflicht, wie es ein Gegenstand ist, der eine ganze Reihe der anregendsten Fragen und Betrachtungen hervorruft und daher wohl verdient, die Aufmerksamkeit jedes Gebildeten, mehr als gewöhnlich geschieht, in Anspruch zu nehmen.

---

119 Das Salz wird durch verschiedene fremdartige Beimengungen so verdorben, dass es nicht mehr als Nahrung für Menschen gebraucht werden kann, das nennt man »denaturieren«.

Endnoten

1 vgl. Humboldt, Aus der Natur. 3. Aufl. I, 231 ff. und G. Klemm, Das Feuer, die Nahrung, Getränke, Narkotika. Leipzig 1855, S. 255 f.

2 Homer Odyssee XI, 121-3 und XXIII, 268-70.

3 Pausanias, Descr. Graec. Lib. I, c. 12.

4 Suidas s.v. ἁλώνητον

5 Annales Fuldenses ad Ann. 892 bei Pertz Mon. Germ. T. I. p. 408.

6 Sallust Jugurth. 87.

7 Karsten, Salinenkunde. Berlin 1846, Bd. l. S. 752.

8 Azara, voyage dans l'Amérique Mérid I, 54. Dasselbe gilt von den Caraiben, Waitz Anthropol. d. Naturvölker Bd. 3. S. 377.

9 Ch. Lassen, Ind. Alterthumsk. 1. Aufl. Band I. S. 249

10 Th. Waitz, Anthropol. d. Naturvölker Bd. 6 S. 582, S. 762

11 A.v. Wrede, Reise in Hadramaut, herausg. v.H.v. Maltzan, S. 94.

12 Vgl. hierzu auch M. Müller, Essays, deutsch Bd. 2. S. 40 f.

13 Über die Begründung der hier in Frage kommenden chemisch-physiologischen Verhältnisse beziehe ich mich auf:

Lehmann, Lehrb. d. Physiol. Chemie, 3 Bde. Leipzig 1853, insbes. I, 403–6 und III, 211–15.

Ludwig, Lehrb. d. Physiol. d. Menschen. Leipzig 1865, insbes. Bd. 2, 5–8 und 347–430.

Virchow über Nahrungs- und Genussmittel 1868.

Bunge, Über die Bedeutung des Kochsalzes im menschl. Organismus. München 1873.

Settegast, Tierzucht.

Liebig, Chem. Briefe, Brief 32.

14 Nach Bunge a.a.O. S. 10.

15 Athenäus Deipnos, Lib. XIV, c. 23 p. 661.

16 Dahin gehört das Wort des Plutarch (script. moral. ed. Dübner Paris 1841 Vol. II, p. 812 ff.), dass eben wegen der Zusammengehörigkeit von Brot und Salz Neptun und Ceres in demselben Tempel verehrt würden. Dann finden wir bei den griechischen Opfern, οὐλόχυτα (ulochyta) und ἀλφίτον ἀκτὴ (alphiton acte) das nach einigen gesalzenes Opferbrot, d.h. Dinkel oder Spelzmehl mit Salz gemischt bezeichnet, was mir freilich nicht glaublich ist, da weder die Wortbedeutung, noch irgend eine andere Äußerung des Griechen das wahrscheinlich macht. Horat. Satyr. II, 2, 16 hat: »cum sale panis« (Brot mit Salz). Ovid. Fasti I, 127: »mixta farra sale« »Mehl mit Salz gemischt«. Auch Persius Sat. III, 25; Plin. H.N. XXXI, 41 führt »salem cum pane« als Sprichwort an, sowie gesalzenes Mehl beim Opfer. Statius Sylv. 1.

Wir Deutschen haben das alte Wort:

Salz und Brot
Macht die Wangen rot.

17 2. Moses XXV, 28; XXXVII 16; 3. Moses II, 13; 4. Moses IV, 7; VII. 15, 19; Esra VI, 9; Philo, de vita Mosis, 1. III, pib. 669.

18 Hesekiel XLIII, 4.

19 Aristoteles Meteorol. lib. II. (p. 359); Plinius H. N. XXXI, 40.

20 Varro de re rust. l. 1, c. 7; Tacitus Ann. XIII, 57; Plinius H.N. XXXI, 39 u. 40; Nonnus de re cibaria, Antwerp. 1646, 1. III, c. 9.

21 Von den Seeländern (Zeland) erzählt Levinus Lemnius (de occultis Naturae miraculis L. III, c. 9), dass sie früher Erdschollen der Küste (glebas maritimas) verbrannten und

aus der Asche durch Auslaugen ein feines, glänzendes Salz gewannen, und dass sie diese Art der Salzgewinnung bis zum XVI. Jahrhundert beibehielten.

22 5. Moses XXIX, 23; Hiob XXXIX, 6; Jeremias XVII, 6; Zephania II, 9; Psalm CVII, 33–34; Samuel VIII, 13, 1; Chron. XVIII, (XIX), 12; Psalm LX, 2, 2; Könige XIV, 7.

23 Hesekiel, XLVI, 11.

24 Plinius H.N. XXXI, 39. Die große Bucht am Kaspischen Meere, der Kara-Boghas, ist eine natürliche, riesige Salzpfanne, die später einmal eine große Salzmulde werden wird. (Th.v. Baer, kaspische Studien. St. Petersb. 1859, S. 22 f.) V. Hehn, Das Salz, S. 18 f. Karsten, Lehrb. d. Salinenk. I. 578 behauptet, Plinius habe das kaspische Meer für süß ausgegeben. Er muss die Stelle bei Plinius nicht genau angesehen haben, auch gibt er selbst leider kein Zitat.

25 Caillé in seiner Reise nach Timbuktu und Jenné erwähnt noch solche von Steinsalz erbaute Häuser bei den Gruben von Tudeini. Caillé, Journal etc. Paris 1850, II, 404; 418.

26 Herodot IV, 181–185. J. Solinus Polyhistor. XXVIII, 1: »Auch die Dächer machen sie von Salz.« Plinius H.N. XXXI, 39 u. V, 5, vergl. auch Denham und Clapperton, Reise durch Mittelafrika. Chardin, Reise nach Persien II, 361; Jaubert, Voyage en Armenie et en Perse II, 117. In Sibirien werden Statuen aus Salz gehauen. Solinus Polyhistor. XXXIII, 19. Aristoteles beschreibt (de mir. ausc. 134) die Salzlager von Utica und bemerkt, dass man dort Tierbilder und allerlei Geräte daraus arbeite.

27 Strabo 1. I, c. 3, §4; vergl. auch Dioscorides Opera 1. V, c. 126, Arrian. Anab. III, 3, 4; Solinus Polyhistor. c. 28; Plinius H.N. XXXI, 39; Plinius H.N. V, 5. Noch im V. Jahrh. rühmt Bischof Synesius (epist. 2, 147) den Salzreichtum beim Tempel des Ammon.

28 Herodot IV, 53; A. Gellius N.A. II, 22, 29; Plin. H.N. XXXI, 39; Apoll. Sidonius, Opera. Epist. lib. IX. ep. 12.

29 Plin. H.N. edit. Pankouke T. XXIII, p. 288. Ausführliches darüber in Ritter, Erdkunde Bd. XII (Asien VIII.) S. 438.

30 Strabo l. XVI, c. 4, §14; Plin. a.a.O.

31 Dioscorides Opera 1. V, c. 126; Plin. a.a.O. Für den südlichen Zweig der europäischen Indogermanen scheint überhaupt das Seesalz das ursprüngliche, anfänglich alleinige, gewesen zu sein. Lycophron (Cassandra 133) nennt das Salz das »heilige Eis des Poseidon«. Plutarch noch führt (Symp. IV, 4, 3) das Salz unter den Gaben des Meeres auf.

32 Plinius a.a.O.

33 Plinius H.N. XXXI 40; Tacitus Ann. XIII, 57.

34 Aristoteles Meteorol. II. (S. 359); Plin. a.a.O.

35 Diogenes Laertius VIII, 1, 35.

36 Tacitus Annal. XIII. 57. Vergl. Plinius H.N. XXXI. 46. 1: »Quo apparet soli naturam esse quae gignat nitrum.« (Daraus wird klar, dass es die Natur des Bodens ist, von der die Erzeugung des Salzes abhängt.)

37 Plinius H.N. XXI, 40.

38 Hippocrates über Winde, Wasser und Ortslagen, §11 am Ende und 12.

39 Hierfür ist im Allgemeinen zu vergleichen: L. Diessenbach, Keltika und Zeuß, Keltische Grammatik.

40 Grimms Deutsches Wörterbuch unter »Hallor«. Pott, etymol. Forsch. auf d. Gebiete d. indogermanischen Sprache, Tl. II. Abt. 3 der 2. Aufl. (nach dem Nebentitel: Indogermanisches Wurzelwörterbuch, Bd. II, Abt. 1) S. 666.

41 1. Moses X, 14; G. Ebers, Ägypten, und die Bücher Moses S.120–23; Herodot II, 15 u. 113; Plinius H.N. XXXI, 39; Shakespeare Hindust. Dicrion. p. 737. Könnte das Wort vielleicht mit dem semitischen mâlach »einsalzen« zusammenhängen?

42 Arnobii Afri Disput. advers. Gent. Pars I, lib. II, cap. 38. Gruter inscript. p. 1114.

43 Sole heißt überall das Wasser der Salzquelle, Salzwasser. Das Wort Salzsole ist spätere Verderbnis im Munde solcher, die die Bedeutung von Sole vergessen hatten, wie jetzt ja auch wohl manche närrischer Weise »Zitronenlimonade« sagen.

44 Ch. Keferstein, Die Halloren als eine wahrscheinlich Keltische Kolonie, Halle 1843.

45 helez (welsch) a place, where salt is made. J. Ray English words.

46 Heilbronn hat nichts mit heilen zu tun, so wenig wie Heil mit Salz; beides sind ganz verschiedene Wortstämme (Grimm, Wörterbuch unter »Heil«). Das wunderliche Sprachgefühl des Volkes vermeidet aber gerne Worte, bei denen es sich nichts (und wäre es auch nur ein Unsinn) denken kann. Wie es aus Mullwurf, was es nicht mehr verstand, Maulwurf, aus bîbîz Beifuß, aus Cambrayleinen Kammertuch, aus Aventura Abenteuer, aus dem nicht mehr verstandenen Rank (Umweg, Krümme; jemandem den Rank ablaufen) Rang usw. machte, so veränderte es das längst unverständlich gewordene Halesbrunn in Heilbronn.

47 V. Hehn, Das Salz, S. 48 f. Pott, Personennamen S. 500 Anm*.

48 vgl. hierfür die schöne Arbeit von Victor Hehn, Das Salz, eine kulturhistorische Studie; insbes. S. 40–56. Die entgegengesetzten Ansichten siehe Grimm, Deutsches Wörterbuch unter halle 3) S. 232 und Pott, Personennamen S. 500

Anm*. Nur eine andere Form aus derselben Sprache, der das Wort Halle entstammt, ist der in Thüringen an der Saale und anderwärts so häufige Ortsname Sulza. Dem Halle entspricht auch das in England noch vielfach vorkommende wych oder wich (z.B. Greenwich, Woolwich, Middlewytch, Northwich, Droitwich usw.) Ray Collection of English words S. 207. Ebenso der Salso bei den Italienern, z.B. östlich von Alessandria, in Sardinien und in Parma am Aveto.

49 Zeitschrift der deutschen zoologischen Gesellschaft, Bd. VII, (1855) pag. 250.

50 V. Hehn, ebenda S. 65; Ausonius Mosella, vers 127.

51 Wilson, Sanscr. Diction. u.d.W. Sara; Pott, briefl. Mittlg.

52 Spiegel, brieflich.

53 Noch 1556 heißt sie bei E. Brotuff, Chronika von Marsburg: Salah.

54 Klapproth, Asia polyglotta p. IV. u. 376.

55 Böthlingck und Roth, Sanskrit. Wörterbuch. Tl. VI, Sp. 579 ff.

56 Pott, Die Zigeuner. Bd. 2, S. 336.

57 S. Ebers, brieflich.

58 Arrian III, 3, 4. Auf eine wunderliche Angabe bei Athenaeus Deipn. II. 25 p. 67 will ich hier noch aufmerksam machen: »Dinon in seiner persischen Geschichte erzählt, dass die persischen Könige sich das Salz vom Ammonium und das Wasser des Nils zusenden zu lassen pflegten.« Es erinnert das an die Sage, dass Kaiser Nicolaus sich auf seinen Reisen immer Newawasser habe nachschicken lassen.

59 Strabo l. XV. c. 1 §30.

60 A. Böckh, die Staatshaushaltung d. Athener. Bd. 1. Berlin 1817, S. 109.

61 Livius Hist. I. 33.

62 Plinius H.N. XXXI, 41; Festus de verb. signif. s. o. »Salaria«; Livius Hist. II. 9; Plutarch quaest. conviv. V, 10, 4.

63 Noch jetzt verkauft man in Enarea (Abessinien) 2 junge Sklaven für 20 Amoles (Salzstücke). Abbadin in Augsb. Allg. Z., 11. Dez. 1844, S. 2762.

64 Strabo XV, 1, §30.

65 Ch. Lassen, Indische Altertumsk. Bd. 1. S. 249.

66 Lassen, ebendaselbst.

67 Die Reisen des Venezianers Marco Polo, herausg. v. A. Bürk u. K.F. Naumann, 2. Aufl. Leipz. 1855. Buch 2, K. 38 (S. 387); K. 39 (S. 392); K. 50 (S. 424); K. 56 (S. 440); K. 59 (443); K. 69 (S. 485).

68 Arbeiten d. K. russischen Gesandtschaft zu Peking über China. A.d. Russ. v. Abel u. Mecklenburg. Bd. 2 (Berlin 1858) S. 495-505.

69 Vollmer, Vollständiges Wörterbuch der Mythologie unter »Phelon«. Merkwürdig bleibt es immer, dass die einzigen Völker, die eine Salzgottheit kennen, gerade die Chinesen und die Mexikaner sind.

70 Herodot IV, 108–185.

71 Vergl. Ritter, Erdkunde, Bd. XIII. S. 609–759 zur Geschichte des Kameles.

72 Siehe Movers, Phönizien in Ersch und Gruber, S. 363 f.; S. 369 und Movers, Die Phönizier, Bd. 2. c. 9 u. 10. S. 412–554.

73 Zu vorstehenden ist zu vergleichen: Barth, Reisen in Afrika. Bd. I. S. 571; Bd. II. S. 49, 152; Bd. V. S. 23. 26; Dr. C. Andrées vortreffliche Darstellung des Karawanenhandels in Afrika in Geografie d. Welthandels Bd. 1. S. 176 ff., besonders 179–80.

74 Th. Waitz, Anthropol. d. Naturvölker Bd. 4. S. 90. 98.

75 Vollmer, Vollst. Wörterb. der Mythologie unter diesem Worte.

76 K. Andrée, Geograf. d. Welthandels. Bd. 2. S. 869.

77 Th. Waitz, Anthropol. d. Naturvölker. Bd. 3. S. 85.

... die Indianer Nordamerikas. Leipz. 1865, S. 97.

78 Dr. Schmidt, Zur Urgeschichte Nordamerikas in Archiv f. Anthropol. Bd. V. (1872) S. 236. f.

79 Carl Rau, Tauschverhältnisse der Eingeborenen Nordamerikas in Archiv f. Anthropol. Bd. V. S. 8.

80 Waitz, Anthropol. d. Naturvölker Bd. 3. S. 85.

81 K. Andrée, Geograf. d. Welthandels. Bd. I. S. 235.

82 Herodot IV, 17.

83 »ταριχόπλεως Βόσπορος« (»Der salzfischreiche Bosporos« bei Athenaeus Deipnos L. III, c. 84). Man muss sehr oberflächlich lesen, wenn man nach dieser Stelle den Hesiod zitiert, denn die Verse werden ausdrücklich als untergeschoben und nur vom Athener Euthydemos herrührend anerkannt.

84 Man sehe die vortreffliche Charakteristik nach den Quellen in Movers Phöniziern in Ersch und Gruber, Enzyklopädie, und in Movers, Die Phönizier.

85 L. Diessenbach, Celtica Heft 2, S. 284.

86 Wer sehen will, was dabei herauskommt, wenn man mystischen Blödsinn in die Wissenschaft hineinträgt, der lese Herrn C. Schweiggers Abhandlung über das Elektron der Alten, worin er das Elektron (Bernstein) und das Kassiteron (Zinn) beides für Platina erklärt.

87 Homer Odyssee XV, 402–483. Wenn Müllenhoff, Deutsche Altertumskunde, Bd. 1. S. 221 sagt: »nach Herodot III, 115 kommen Zinn und Bernstein auf demselben Wege nach Griechenland«, so ist das ungenau, Herodot sagt nur, sie kommen aus den äußersten (ihm gänzlich unbekannten) Ländern nach Griechenland, auf welchen Wegen das geschieht, davon weiß er nichts, wenigstens sagt er nichts davon. Nur weil der Bernstein mit dem Zinn zusammengenannt wird, hat man geglaubt, dass beide zusammen von demselben Ort durch dieselben Schiffer gebracht wurden. Aber das ist schon durch die obigen Bemerkungen über den Homer widerlegt.

88 Movers, Phönizien in Ersch und Gruber, S. 363–4 u. S. 369.

89 Man vergl. hierzu Müllenhoff a.a.O. S. 211 ff. Aeschylos bei Plinius XXXVII, 11. 1; Theophrast Eresii quae supersunt ed. Schmieder I, S. 693 (über d. Steine).

90 K.E. von Baer, Historische Fragen mit Hilfe der Naturwissenschaften beantwortet. Petersburg 1873, S. 13 ff.

91 Kohl, Die Marschen und Inseln der Herzogtümer Schleswig u. Holstein. Bd. 3. S. 244 ff.

92 Vgl. Schleiden, Das Meer. 2. Aufl. Berlin 1874, S. 222 ff.

93 Herodot IV, 32–36; IV, 17.

94 Herodot IV, 53.

95 Man muss hierzu auch noch die klassische Arbeit von K.E. v. Baer vergleichen in »Historische Fragen mit Hilfe der Naturwissenschaften beantwortet«. Petersburg 1873, S. 62–112.

96 C.F. Wiberg, Einfluss der klassischen Völker auf den Norden, usw. a.d. Schwedischen von J. Mestorf, S. 36.

97 Grewingck, Das Steinalter der Ostseeprovinzen. Dorpat 1865, S. 95.

98 Plinius XXXVII, 11, 2; Wiberg a.a.O. S. 45 u. 50.

99 Man vergl. hier Schleiden, »Das Meer« 2. Aufl. Was ich dort bei Gelegenheit des Bernsteins gesagt habe, ist hier nur nach einigen Seiten weiter ausgeführt und nach weiterem Studium auch in einigen Punkten modifiziert. W. Helbig (Im neuen Reich von Reichard 1875, R. 1, S. 21) bemerkt: »In den ältesten Gräbern von Alba longa, deren Inhalt durchaus keine Spur von überseeischen Verbindungen erkennen lässt, finden sich bereits rohe Perlen aus nordischem Bernstein.« Das könnte eine sehr interessante Bestätigung meiner Ansichten sein, wenn der Bernstein selbst auch nur die geringsten Merkmale darböte, um seinen Ursprung zu bestimmen. So aber hat jener Fund nicht einmal so viel Wert als die Nachricht bei Homer. Es kann ebenso gut Bernstein aus Sizilien (Oskar Schneider im Ausland 1872, S. 841 ff.) als vom Samlande oder der Nordseeküste sein.

100 Cassiodor lib. XII, ep. 24.

101 Hüttmann, Geschichte des byzantinischen Handels, S.116, 126 usw. S. 44.

102 Dr. Th. Hirsch, Danzigs Handels- und Gewerbsgeschichte. Leipzig 1858, S. 155, 171, 188.

103 Herodot IV, 33; Dio Chrysostomus Orat. XXXVI; Borysthenes p. 75, 1, 34 ed. Reiske.

104 Herodot a.a.O., auch Cratinus bei Athenaeus Deipnos 1. III, c. 88: »pontica salsamenta«. Pomp. Mela II, 1, §6; Skymnos Chius Fragm. v. 66: (Hudson I, 47) sprechen zwar vom Fischreichtum, aber kein Wort vom Einsalzen, wofür sie von einigen Schriftstellern zitiert werden.

105 Strabo XI, 2. §4 p. 374–5. Die Salzfische wurden an der Mündung des Don bei Tanais und in den Baien von Sei und Atchujeff (der große und kleine Rhombites der Alten) bereitet; Nikephor. Gregor. Hist. Byzant. 1. IX, c. 5 §6 und 1. XIII, c. 12, §7. pag. 429 c.

106 Movers, Phönizien in Ersch und Gruber, Enzyklop. S. 359, Lukian Toxaris c. 4. Die Phönikier trieben auch einen großen Handel mit spanischen Salzfischen. Movers, ebenda S. 361.

107 Strabo VII, 3, §48, p. 388, Athen. Deipn. 1. III, c. 84.

108 Libanios epist. 84 p. 45 ed. Wolf, III, 87; ibid. VII, 21, p. 37, 1. II; Siehe auch Strabo VII, 4, §6.

109 Athen. Deipnos, III, 84; III, 88 (p. 119); VII, 7.

110 Demosthenes in Lacritum p. 934, 1. 24 ed. Reiske; Aelian de natura animal. XV, 5. Schilderung des Thunfanges.

111 F. Simony, Alte Leichenstätte auf dem Hallstädter Salzberge in Oberösterreich in Sitzungsber. d. K. Akad. d. W. in Wien, phil. hist. Klasse Bd. IV, 1850, S. 338 f.; E. von Sacken, Das Grabfeld von Hallstadt in Oberösterreich und dessen Altertümer, Wien

1868, S. 146 ff. Vergl. auch J.A. Schultes, Reisen durch Oberösterreich. Tübingen 1809, Tl. I. S. 97.

112 Das Kronland Salzburg usw. Salzburg 1851, S. 9; A. von Muchar, Beiträge z.e. urkundl. Gesch. d. altnorischen Berg- und Salzwerke in Steiermärkische Zeitschrift Heft XI, S. 7.

113 Dr. Herm. Genthe, Über den Etruskischen Tauschhandel nach dem Norden. Frankfurt a. M., 1874.

114 Aristoteles de mirabil. auscultationibus 138, meteorolog. 1. II, p. 359.

115 Victor Hehn, Das Salz, S. 39 f.

116 M.V. Lipold, Der Salzberg am Dürnberg nächst Hallein in Jahrb. d. K.K. geolog. Reichsanst., V. Jahrg., S. 590 ff.

117 Zeitschr. d. deutsch. geolog. Gesellsch. Bd. VII, (1855) S. 280; U.F.C. Manecke, Kurze Beschreib. u. Gesch. d. Stadt Lüneburg. Hannover 1816, S. 101 ff.; W.H.G. Eisenach, Das Sulzer Tal usw. Naumburg 1821, S. 10; I. Rep. Hradina, Gesch. d. Wieliczkaer Saline. Wien 1842, S. 11.

118 Dr. Ch. Keferstein, die Halloren als eine wahrscheinlich keltische Kolonie. Halle 1843.

119 Über die Grabfunde bei Nauheim in Archiv für Hessensche Gesch. und Altertumsk., hgb. v. Dr.Ph. A.F. Walther, Bd. X, Heft 3, S. 447 ff.; Das Solbad Nauheim von Otto Weiß. Friedberg u. Nauheim 1871, S. 1 f.

120 W.H.G. Eisenach, Das Sulzer Tal usw., S. 3.; U.F. Kopp, Beitr. z. Geschichte d. Salzwerkes Soden b. Allendorf. Marburg 1788.

121 Keferstein a.a.O.

122 Victor Hehn, a.a.O., S. 45.

123 Saxo Grammaticus Hist. Daniae edit. P.E. Müller, lib. VI. p. 264.

124 J.C. von Dreyhaupt, Beschreibung des Salzkreises, T. I, S. 9, 667, T. II, S. 435; Fr. Henr. Witzendorff, Disquis. de etymol. et primord. Lüneburg. in parerg. Götting, T. I, L. II, §8, S. 177; §12, S. 184; Dipl. Joh. D. Lauenb. apud Lünig, Reichsarchiv P. sp. Abs. 11 p. 641 (nach F.C.J. Fischer, Gesch. d. deutschen Handels, 2. Aufl. Hannover 1793, T. I, S. 819, 855, 950, 954.).

125 Scheible, Die gute alte Zeit. Stuttgart 1874, S. 274. 288.

126 J.E. v. Koch-Sternfeld, Gesch. v. Berchtesgaden. München 1815, S. 20, 21.

127 V. Hehn a.a.O., S. 46 f.

128 Fischer, Gesch. d. deutschen Handels S. 124, 392. Urkunde bei Lünig spicilegium Eccles. P. II, c. 4, p. 214.

129 V. Hehn a.a.O., S. 5 f. Vita Ottonis ap. Ludwig, script. rer. Bamberg, T. I, p. 690.

130 W.H.G. Eisenach, Das Sulzer Tal usw., S. 9; L. Bechstein, Thüringen. Leipzig 1847, S. 109.

131 Dr. J.B. Weiß, Gesch. Alfreds d. Gr. Schaffhausen 1852, S. 340. Du Gange Glossar. Lat. s.v. Salagium, Salinaria und Sal aquaticum et terrestre.

132 U.F.C. Manecke, Kurze Beschreib. u. Gesch. d. Stadt Lüneburg. Hannover 1816, S. 90.

133 Karl Müllenhoff, Deutsche Altertumskunde, Bd. 1, Berlin 1870, S. 211 ff.: Pytheas von Massilia; Tacitus Germania, cap. 45; J.G. Kohl, Die Marschen und Inseln der Herzogt. Schleswig und Holstein. Dresd. u. Leipz. 1846, Bd. 3, S. 244 ff.

134 Strabo, L. III, c. 5, §11, pag. 175, sq.

135 J.H. Voß, Beschränkte Weltkunde der alten Griechen in Jenaische Lit. Ztg. 1804, Bd. 2, S. III. seqq.; Humboldt, Kosmos, Bd. 2, S. 409 f.; C.F. Wiberg, Der Einfluss der klassischen Völker auf den Norden durch Handelsverkehr, a.d. Schwed. von J. Mestorf, Hamburg 1867; Karl Müllenhoff, Deutsche Altertumskunde, Bd. 1, S. 211 ff.; Schleiden, Das Meer, 2. Aufl. »der Bernstein«, S. 222 ff.

136 Caesar de bello gallico 1. III. c. 8 u. 13.

137 Cimbern: Plinius H.N. IV, 37; Chauken: Tacit. Ann. XI, 18; Franken: Nazarius in panegyr. ad constant. Aug. Lips. 1650. p. 244; Zosimus Histor. L.I, c. 7; Vopiscus vita Probi c. 18; Eumenius in panegyr. IV, c. 18; VI, c. 6; Franken und Sachsen: Eutropius Epit. Hist. Rom. Lib. 13; Ptolemaeus Geogr. 1. I, c. 11 und weiteres bei Fischer, Gesch. d. deutschen Handels, S. 136 ff.

138 Schafarik, Slawische Altertümer, I, 452; J. Schumann, Geologische Wanderungen durch Altpreußen. 1869, S. 24.

139 K. Lohmeier in Preuß. Jahrbücher, März 1874, S. 235; Adam Bremens., hist. ecclesiast. Lugd. Bat. 1595, cap. LI., bei Pertz, in der Redaktion von Leppenberg ist es Lib. I, c. 62.

140 Man vergl. hierzu die ausführliche Entwicklung bei Fischer, Gesch. d. deutsch. Handels, Kap. XX. und XXI. (S. 269–299.)

141 Dr. Th. Hirsch, Danzigs Handels- und Gewerbsgeschichte. Leipzig 1858, S. 5, 83, 92, 96, 120, 146, 152, 171.

142 D.J.B. Weiß, Gesch. Alfred d. Gr., Schaffhausen 1852, S. 298; The Anglo-Saxon Version from the Historian Orosius. By Alfred the Great. London 1773. Dazu die Anmerkungen von Reinhold Forster auf S. 256 f.

143 Ich finde diese Angabe mehrfach mit Beziehung auf Marcian L. VI, §666 (edit. U.F. Kopp). Mir erscheint an der angegebenen Stelle nur die absolute Verwirrung unverstandener Nachrichten durch einen geografischen Ignoranten.

144 Forster, Geschichte der Entdeckungen … im Norden. Frankfurt a.O. 1784, p. 66; Nennius Eulogium britan. (in Monumenta histor. britan. 1848) c. 25.

145 Die ältesten Handelswege Hamburgs v. Dr. Karl Koppmann in Zeitschr. d. Vereins f. Hamb. Gesch., Neue Folge, Bd. 3, Heft 3, S. 406 ff.; Th. Hirsch, Danzigs Handels- und Gewerbsgeschichte. Leipzig 1858, S. 190; Dr. J.C.W. Möhsen, Gesch. d. Wissenschaften in der Mark Brandenburg usw. Berlin u. Leipzig 1781, S. 216.

146 (Anderson) Historial and chronological deduction of the Origin of Commerce etc. etc. London 1787. Vol. 1. p. 77. 84. Leider führt Anderson die Quelle, aus welcher er seine Nachricht schöpft, nicht an, auch ist dieselbe bis jetzt noch nicht aufgefunden worden. Indessen ist Anderson durchweg ein so gewissenhafter Schriftsteller, dass man ihm wohl vorläufig aufs Wort glauben darf.

147 Snorre Sturluson, Hist. Regum Norwegicorum. Hafn. 1777; Saga af Olaf Hinom Helga, cap. 168; Saxo Grammaticus edit. P.E. Müller, Historia Daniae lib. VI, p. 264.

148 (Schmidt) Allgemeine Geschichte der Handlung und Schifffahrt, Bd. II. S. 878 (nach Fischer, Gesch. d. deutschen Handels, T. I, S. 147.)

149 V. Hehn, Das Salz, S. 69.

150 Herbordi, Vita Ottonis (Pertz monum.) 1. 36 u. 3. 1.

151 Vita S. Ottonis in Ludwigii scriptor. rerum. Bamberg, p. 93.

152 Vgl. auch Dr. Lindemann, Der schottische Heringsfang, in der Gartenlaube 1875, S. 359.

153 Wer längere Zeit in Edinburgh war, dem klingt gewiss noch das »Kaller herring« (frischer Hering), der Ausruf der auf den Straßen hausierenden Fischfrauen von Newhaven (mit ihrer teilweise hochschottischen Sprache) in den Ohren, oder er hat in Newhaven bei Ms. Clarc bei einem »Fish dinner«, die mannigfachen Delikatessen kennengelernt, die sie aus dem frischen Hering bereitet. Dass die schottischen Küstenbewohner die gewaltigen Mengen gesunden Nahrungsstoffes, den ihnen die Nordsee im Hering darbot, nicht verschmäht haben und für diesen so häufigen Fisch auch schon ihren Namen hatten, kann wohl nur Gedankenlosigkeit bezweifeln. Man hat häufig gesagt, die Nord-

schotten hätten keine Fische genossen und sich dafür auf Dio Cassius, Hist. Rom., L. LXXVI, c. 12, berufen. Jedenfalls spricht die Stelle nicht von den Küstenbewohnern; sie scheint mir aber auch gründlich korrumpiert zu sein, da sie einen wunderlichen Widerspruch in sich enthält. Es heißt: »Die Meatae und Caledonii diesseits und jenseits der Pictenmauer bewohnen auf beiden Seiten die Berge, die dürr und wasserlos sind (was bekanntlich durchaus falsch ist), dann die Einöden mit großen Sumpfstrecken« und dann fährt Dio fort: »Fische, deren es daselbst (ibi wo? auf den wasserleeren Bergen oder den sumpfigen Einöden?) eine ganz unzählige Menge gibt, genießen sie nicht.«

154 M. A. Valenciennes, Histoire naturelle du Hareng. Paris et Strasbourg 1847, S. 63; F.S. Bock, Versuch einer vollständ. Natur- und Handelsgesch. d. Heringe. Königsb. 1769, S. 67; Nic. Humble de piscatura harengor. In Roslogia. Upsala 1744, S. 22; I.M. Mitchell, The herring its natural history and national importance. Edinburgh 1864, p. 129 f. 132, 136; W.Th. Gevers Deynort de magno sive halecum piscatu belgico. Leyden 1829, p.5; Holmberg in Bull. d.l. Sociét. Imp. des Natural. de Moscou. 1862 No. 1, p. 171: »Frisch gefangen ist der Hering am delikatesten, gesalzen hält er sich länger;« Hist. Olai Magni de gentium septentr. Var. Condit ... Basel 1567, cap. XXIX.

155 Nennius Eulogium Britannicum (858 vollendet) in Monumenta histor. brit. 1848, p. 78; Chronicon Abbetiae de Evesham ed. W.D. Macray. London 1863, ad Ann. 721.

156 Th. Wright, the homes of other days. London 1871, nach Ausland 1874, S. 625 f.

157 Skye: Valenciennes Hist. natur. du Hareng. Paris et Strasbourg 1874, p. 99; Helgoland: Ul. Aldrovandi de piscib. II, 10; Gesner de piscis. fol. m. 6; Happelius relationes curiosae, pag. 67; Bohuslän: Valenciennes a.a.O., pag. 97 f.; Evesham: Valenciennes ebenda, p. 183 f.; Holmberg in Bull. d.l. Soc. Impér. des Narus. d. Moscou, 1862 No. 1, p. 167 f.; I.G. Bertram, The harvest of the sea. London 1865, p. 49; Chronic. Abbat. de Evesham ed. W.D. Macray. London 1863; Alexander III.: Keine Urkundensammlung der norddeutschen Küstenstädte hat eine solche Bulle, unter den Urkunden Alexander III. (Regesta Pontificum Romanorum von Jaffé, pag. 679–827) ist diese Urkunde nicht; weder in Sartorius und Lappenbergs Gesch. d. Hanse noch in Fischers Gesch. d. deutsch. Handels (I, 689 ff. Gesch. d. Heringsfangs) noch in Lindemanns arktischer Fischerei wird diese Sache erwähnt. (Ich verdanke diese Nachweise, die ich nur teilweise selbst nachschlagen konnte, der liebenswürdigen Gefälligkeit des hamburgischen Archivars Dr. Otto Benecke.); Alter des Räucherns und Einsalzens der Heringe: Zuerius Boxhorn apologia pro navigat. Holland, p.m. 241: Ordonnances des Rois de France 1030 Statut. der Abtei St. Catherine (hareng salé).

158 Snorri Sturlufon Heimskringla, übers. von Dr. F. Wachter, 2 Bde. Leipz. 1853–6, Bd. 2; Harold Grafeld, kap. 18; Olaf Frygwason, kap. 16; Valenciennes hist. nat. du Hareng, Paris et Strasbourg 1847, p. 155. – I.M. Mitchell, the herring, Edinb. 1864, p. 134. – Auberti Miraei Opp. diplomat. Tom. I. Lovanii 1723, p. 69 – Mitchell a.a.O., p. 132. In der Urkunde Davids I. heißt es; »et ibi Renfry piscariad allechtia libere« (eine seltsame Pluralform); – Mitchell ebenda, p. 134. – Delamare Traité de la Police, Tom. III, Paris 1729; Liv. V, Titre XXVII, ch. 4, p. 305. – Martene et Durand, Thesaur. novus Anecdot. Tom. III, Paris 1717, Spalte 665. 668. – Martene u. Durand, Veter. script. et monum. ... ampliss. Collectio Tom. I, Paris 1724, Spalte 881. – Mart. et Dur., Thesaur. nov., Tom. I, Spalte 632. – Du Cange, Gloss. s.v. Harenga nach Brusset de usu feudorum T. 2, p. 188. – Mitchell a.a.O., p. 136. – Chronicon Abbat. de Evesham ed. W.D. Macray. London 1863, ad annum 1206. Die drei Verfasser lebten Ende des XII. und Anfang des XIII. Jahrhunderts. Im Texte selbst kommt der Hering gar nicht vor. Zum Jahre 1206 erwähnt ein Zusatz am Rande des Codex zu den Einkünften des Klosters: »et annuatim in capita

jejunii quatuor millia allocium«. Ebenda im Kontext bei den Pflichten des Kellermeisters: »Auch soll der Kellermeister jedem Armen am Tische des Herren ein Brot und 3 Heringe und Bier so viel nötig geben.« – Mitchell, the herring, p. 136; Yairs acount oft he Scoth trade in the Netherlands. p. 55.

159 Die dieser Berechnung zu Grunde gelegten Zahlen habe ich Holmberg a.a.O., Mac Culloch's Dictionary of Commerce u. J.J. Sturz, Der Fischfang auf hoher See, 1862, entlehnt.

160 Nach Thietmar von Merseburg und Dreger bei V. Hehn, Das Salz, S. 69.

161 Martinus Gallus (Chronikon. Warschau 1824, 1. II, c. 28, p. 192) singt, dass man früher nur gesalzene Fische zugeführt erhalten habe, jetzt aber (bei der Eroberung Kolbergs durch Boleslaus III.) auch die lebendig springenden bekommen habe. Siehe Hehn a.a.O.

162 Das sagte Saxo um 1200. Die vom Parlament niedergesetzte Untersuchungskommission sagte 1863: »Ein Acre guten Bodens bringt jährlich eine Tonne Korn oder 3 Zentner Fleisch oder Käse. Ein Acre Fischereigrund der Nordsee bringt ebenso viel Nahrungsstoff in jeder Woche.« So sprechen kluge Männer, aber Thoren sind taub dafür.

163 Herbord vita Ottonis 2, 40; Helmold, Chronic. Slavor. 2, 12; Arnold Lubec., Chronic. Slavor. 3, 5; Saxo Grammticus Historia Danorum regum, praefatio.

164 So erzählt Caspar Schott, Physica curiosa, L.X, dass Helgoland noch 1530 einen reichen Heringsfang hatte; aber nachdem einige Einwohner einen Hering aus Übermut mit Ruten gestrichen, sei der Fisch ausgeblieben.

165 Gewiss ist nur, dass 1411, 1412, 1416 und 1425 der Heringsfang nur geringen Ertrag gab; schon 1432 werden aber wieder reiche Ladungen erwähnt und bis 1500 versorgte Danzig von Schonen aus ganz Polen und Litauen mit Heringen. In 1485, 1486 und 1492 war der Fang so reich, dass die Fischer einen großen Teil wegen Mangel an Absatz wieder ins Meer werfen mussten. (Dr. Theod. Hirsch, Danzigs Handels- und Gewerbsgeschichte 1858, S. 146).

166 Raczinscy, Histoire naturelle de Pologne, p. 165.

167 J.J. Sturz, der Fischfang auf hoher See usw., S. 53 ff.

168 Ausland 1874, S. 358.

169 Auch unter den Bücklingen stellten die Feinschmecker schon früh eine Rangordnung her, Neukrantz de harengo 1654 p. 42 schreibt: »Die Schleswiger Bücklinge sind von vorzüglichem Geschmack, nicht schlechter sind die Stralsunder, dann folgen die Rostocker, dann die Wismarschen, den letzten Platz nehmen die Lübeckischen ein.«

170 St.v. Schonevelde, Ichthyologie, Hamburg 1624, S. 36: »Der Hering (Harengus) wird mit Salz oder Salzbrühe eingemacht, davon heißt der eingemachte (conditaneus) oder gepökelte Hering: Gesalzener Hering, Pökelhering, harenc salé usw.«

171 Pauli Neucrantzi de harengo exercitatio medica. Lubecae 1654. pag. 9 sqq.

172 Columella de R.R. sagt: Auch pflegte man in Salz aufgelöste (tabentes) Aleculas (?) und darin verzehrte (exesam) Chalcidem (?) darzubieten.

173 So Geoponica XX, c. 46, p. 1271 sq. offenbar aus einer alten, aber nicht angegebenen Quelle.

174 Ovid. Fast. VI, 173–4.

175 Aldrovandi de piscibus II, 10.

176 Plinius H.N. XXXI, 44; id. IX. 74 und Harduin zu dieser Stelle. Man braucht nur die Stelle des Martial (Epigr. III, 77, v. 5.) und Seneca (Natur. quaest., L. III, c. 17, §2) anzusehen, um zu wissen, dass garum und alec bei den Römern nie etwas anderes als eine Flüssigkeit bedeutet haben können. Dieser sagt: »einige lassen den Mullus (einen

Fisch) im Garum sterben«, jener spricht von »Kapern und Zwiebeln, die im fauligen alec schwimmen.«

177 Columella de R.R. Lib. VIII, c. XV, §6; c. XVII, §12 und 14. Auch L. VI, c. VIII, §2.

178 Prisciani Caesar. Opera ed. Krehl, Pars II, p. 233. Ich halte den ohnehin gar nicht an diesem Orte passenden kurzen Satz: »Es ist aber alec eine Art Fisch« für ein Einschiebsel eines späteren unwissenden Mönchs, der ihn abzuschreiben hatte. Vergl. auch Forcellini s.v. alec. Forcellini hat, wie es scheint, den Satz vom piscis nicht im Priscian gefunden.

179 Von den Wolfenbütteler Handschriften des Isidor hat die älteste (aus dem XI. Jahrhundert) und die vorzüglichste (aus dem XIV. Jahrhundert) »Allec« und so hat Vincenz von Beauvais gelesen, der sich für seine Allec-Faseleien ausdrücklich auf den Isidor beruft. Übrigens sagen weder Isidor noch Vincenz, dass Allec ein eingesalzener Fisch sei. Ich werfe es keinem der geistlichen, mittelalterlichen Schmierer vor, dass sie nicht selbst beobachteten und untersuchten, dazu war ihre Zeit noch nicht reif und wenn ein Mann wie Albert der Große in dieser Beziehung wenigstens in der Pflanzenkunde eine rühmliche Ausnahme machte, so wurde doch diese seine beste Arbeit sehr bald wieder vergessen, während ihm untergeschobene Sudeleien wie die Mirabilia mundi zahlreiche Auflagen erlebten. Aber dass die geistlichen Herren in den ihnen vorliegenden Klassikern nicht einmal das lesen konnten, was mit klaren Worten darin steht, zeigt unwiderleglich, zu welchem pfäffisch verdummten Geistespöbel sie gehörten.

180 Über das Verhältnis der hier genannten vier Männer zu einander vergl. man E. Meyer, Gesch. d. Botanik. Bd. 4, Königsberg 1857, Zwölftes Buch und S. 198 ff.; Vincentius Bellovac. Speculum natur., s.l. et a., gr. fol. L. XVIII, c. 30 de Allece. Die sehr seltene Ausgabe des Albertus magnus, in welcher allein die Zoologie aufgenommen ist, habe ich mir leider nicht verschaffen können. Konrad von Megenberg, das Buch der Natur, hrsg. v. Dr. Franz Pfeiffer. Stuttgart 1861, S. 245, 2.

181 Martial III, 77 vers 5, Ausgabe von Dr. F.G. Schneidewin. Grimma 1842; Nonius Marcellus de compendiosa doctrina edit. F.D. Gerlach et. C.L. Roth. Basel 1842, S. 82

182 Ul. Aldrovandi opera; Rondelet, de piscibus marinis; K. Gesner, historia animalium; Levin. Lemnius de miraculis occultis naturae. Frankfurt 1590, S. 320; Gerhard Johann Vossius Opera, T.V. de origine et progresso idololatriae 1700, lib. IV, c. 2 u. 27; Pauli Neucrantzi de harengo 1654, p. 6–14; J.Th. Klein, Historia piscium nat. Danzig 1740, Miss. X, p. 69; Nicol. Humble de piscatura harengorum in Roslogia. Upsala 1744; Fr. Sam. Bock, Versuche einer vollständigen Natur- und Handlungsgeschichte der Heringe. Königsberg 1769, S. 1–8. Vergl. auch noch Naturgeschichte der Heringe in Dekon. Physik. Abhandlungen, Tl. IX, Leipzig 1756, S. 105 ff.

183 Die alte Sage von den Zügen der Heringe aus den Polargegenden nach dem Süden ist längst bei allen sorgfältigen Beobachtern antiquiert. Sie findet sich noch bei Anderson, Nachrichten von Island usw. Hamburg 1746 und bei Pennant, british Zoologie. London 1763–4; Catteau Calleville, Gemälde der Ostsee. Weimar 1815 S. 190, war wohl der erste, der dieser Ansicht widersprach. Die richtigere Auffassungsweise ist vollständig durchgeführt von J.M. Mitchell, the herring its natural history and national importance. Edinburgh 1864. Vergl. auch noch Valenciennes, Histoire naturelle du Hareng. Paris et Strasb. 1847, p. 53. Eine gute Übersicht gibt der Globus, Bd. 1 (1862), S. 125 f.

184 Schon Steph. von Schonevelden führt in seiner Ichthyologie, Hamburg 1624, S. 36, eine ganze Anzahl lokaler Varietäten des Herings an. J. Anderson, Nachrichten von d. Hebridischen Inseln (a.d. Engl. Berlin 1789, S. 253, 374) bemerkt, dass zu jeder Jahreszeit zwischen den Inseln und längs der Küsten im Norden von England ein Überfluss an

Heringen zu finden sei und teilt einige hübsche Beobachtungen über die Verschiedenheit der Heringe aus verschiedenen Lochs mit.

185 Solini Collectanea ed. Mommsen. Berl. 1864, p. 234.

186 J.M. Mitchell, The herring usw. p. 130; J. Anderson, Nachrichten von den Hebriden. A.d. Engl. 1789, S. 313.

187 Ebenda p. 131.

188 Snorri Sturluson. Heimskringla, übers. v. Wachter an vielen Stellen, besonders Sage von Harald Grafeld, Kap. 17 u. 18; Saga von Olaf Trygwason Kap. 16; S. Laing Journal of a residence in Norway, Sec. Edit. 1837, p. 370. Was die Saga hier vom Sigurd Sir erzählt, geschieht nach Laing noch jetzt in Nordschottland, auf den Orkneys und Shetlandinseln.

189 J.B. Weiß, Gesch. Alfred d. Gr., Schaffhausen 1852, S. 245.

190 J. Solini Collectanea ed. Mommsen, pag. 234; Dr. J.B. Weiß, Gesch. Alfreds d. Gr. S. 341; J.M. Mitchell, The herring usw., p. 129 f.; Pinkerton a.a.O.; vergl. auch Sidonius Apollinaris, c. 7.

191 Nemmich, Polyglottenlexikon unter Clupea harengus; Macleod and Dewer Diction. of the Gaelic. language. London 1844; Edw. O'Reilly, Irish-English Dictionary. Dublin 1817.

192 Zeuß, Keltische Grammatik, 2. Aufl. S. 807.

193 Mitchell, the herring usw. p. 136.

194 J.F. Bock, Versuch einer vollst. Natur- und Handelsgeschichte des Herings, S. 51. Ähnliche gesetzliche Bestimmungen finden wir 1388 in einer Urkunde des Herzogs Johann zu Görlitz für Küstrin (Buchholz Brandenb. Gesch. T.V, Urkundensammlung S. 161).

195 Boethius, Scotorum historia, Paris 1857, lib. II, Fol. 29 init.

196 Nennius, Eulogium Britanniae (in Monumenta histor. britan. 1848) p. 78; Mitchell the herring usw., p. 131.

197 Mitchell, the herring usw., p. 131.

198 Claus Magnus, hist. de gent. septentr. variis condit. L. XX, c. XVIII; Histoire naturelle de la Pologne, pag. 165.

199 B. Thorpe, Analecta anglo-saxonica. London 1834. Glossary, p. 220; C.W. Grein, Sprachschatz der angelsächsischen Dichter. Göttingen u. Kassel 1861 u. 63, Bd. II, p. 37. Eine Analogie zu der gegebenen Abstammung bietet von Schonevelde (Ichthyologie p. 36): »Eine in der Schlei gefangene Heringsart wird von den Fischern »Stüemhering« genannt vom dänischen Worte »Stüem = grex«, weil der Hering nicht anders gefunden werde, als wo auch andere sich in großen Scharen vereinigen.«

200 Wachter, Glossarium germanicum, Leipzig 1737, s.v. Hering, I. Anderson, Nachrichten von Island usw., S. 51.

201 Einige gute Beiträge hierzu findet man in Zuerii Boxhornii Apologia pro navigationibus Hollandorum. Als Appendix zu J. Seldeni, Mare clausum, abgedruckt.

202 Fischer, Geschichte d. deutschen Handels, Tl. I, S. 257, S. 264 ff.; Du Chesne, Script. Franc., T. III, p. 246.

203 Du Cange, Glossarium s. vv. Harenga, Harengaria; Littré, Dictionaire de la langue française, hareng, harangère, harengerie; die Ordonnances des Roys de France usw. vom Jahre 1258 [1320], 1322, 1326, 1360.

204 J.S. Bock, Versuch einer vollständigen Natur- und Handelsgeschichte der Heringe, Königsberg 1769, S. 65: »Heringe in schottisches Salz gelegt, verderben sehr bald. Die Norwegischen mit französischem Salze in Tonnen von Tannenholz werden säuerlich und schlecht. Die Holländer salzen mit portugiesischem Baysalz und deshalb sind ihre Heringe die besten.«

205 K. Koppmann in Zeitschr. d. Vereins f. Hamb. Gesch., Bd. III (1874), S. 406 ff.
206 Sartorius u. Lappenberg, Geschichte des Ursprungs der deutschen Hansa, Bd. I, S. XIX, S. 8; II, S. 60, S. 74, S. 187, S. 449, S. 470; Bd. I, S. 5, S. 275; II, S. 118, S. 188.
207 Fischer, Geschichte des deutschen Handels, Tl. I, S. 692, 669 f., 766; Sartorius und Lappenberg a.a.O., Bd. II, S. 66, 68, 449, 470 … S. 229; Fischer a.a.O., S. 691 usw.
208 Wachter, Glossarium germanicum unter »Hering«.
209 Helmoldi Chron. Slavor. edid. Bangert et Moller, Lübeck 1702, Lib. II, c. XII, §10.
210 Als Boleslaw III.1107 Colberg überfiel, wird es als etwas Besonderes hervorgehoben, dass er hier frische Heringe erbeutet:
»Pisces salso et foetentes apportabant alii,«
»Palpitantes et recentes nunc apportant filii.«
Mart. Gall. II, 28.
211 Th. Hirsch, Danzigs Handels- und Gewerbsgeschichte, Leipzig 1858, S. 331; James H. Bertram, The harvest of the sea, London 1865, p. 49.
212 James H. Bertram, The harvest of the sea, p. 49.
213 Mitchell, The herring. Edinburgh 1864. Über den holländischen Heringshandel im XVI. u. XVII. Jahrhundert kann man noch Fruin, Tien jaren van de tachtig 1856, und Müller, Mare clausum 1872, vergleichen.
214 Paterikon des Kiewer Höhlenklosters nach V. Hehn, Das Salz S. 59. Hehn nennt hier Paremyschl am Pripet; ich kann einen solchen Ort nicht auffinden, sondern nur ein Paremisl im Gouvernement Kaluga. Sollte es vielleicht eine Verwechslung mit dem ebenfalls in Westgalizien liegenden Przemysl sein? Das Original, worauf Hehn sich beruft, ist mir nicht zugänglich.
215 Hehn, Das Salz S. 61 nach: »Russische Denkwürdigkeiten«, Tl. I, (Moskau 1815), S. 84.
216 Es ist interessant zu sehen, wie spät sich noch Anklänge an das ursprüngliche Verhältnis an einzelnen Orten erhalten haben. In Corrientes (La Plata) liefen noch 1815 eine Menge Jungen auf der Straße umher, welche »Salz für Lichter«, »Salz für Lichter« u. dergl. ausriefen. W. Roscher, Grundlag. d. Nation.-Dekon., 3. Aufl. 1858, S. 206, Anm. 1.
217 Marco Polo, 2, 47; Rosenmüller, das alte und neue Morgenland, Bd. 2, Leipzig 1818, S. 149.
218 Dr. K. Andrée, Geografie des Welthandels, Bd. 2, S. 123; Abbadin in Allg. Ztg., 11. Dez. 1844, S. 2762.
219 Allgemeine Historie der Reisen, Bd. III, S. 37, 41, 46, 116; Bd. IV, S. 67.
220 Die Reisen des Marco Polo ed. A. Bürck, 2. Aufl. 1855, Buch 2, Kap. 38, S. 387.
221 Vergl. auch noch Roscher, Grundlag. d. Nation.-Dekon., 3. Aufl. 1858, S. 217, Anm. 12.
222 Du Cange, Gloss. s.v. Hallenses. V. Hehn, Das Salz, S. 72. In ähnlicher Weise prägten die Bierbrauereien in Salzungen wegen mangelnder Scheidemünze sogenannte »Biergroschen« von Blei, die sich bald in der ganzen Umgegend als willkommenes Aushilfsmittel verbreiteten. In den vierziger Jahren waren sie noch dort in Kurs.
223 Königii regnum mineral., Basel 1703, Sect. IV, c. 3, p. 320.
224 Plinius a.a.O.
225 Plinius H.N. XXXI, 45; Rodigini lection. antiq., lib. X, p. 265 B. (Leipzig 1866.)
226 Horat. Satir. II, 2, 16–17.
227 Das neue Blatt 1871, No. 34, S. 128. Leider kann ich hier keine bestimmteren Nachweisungen geben. Der Artikel, auf den ich mich noch ein paar Mal beziehen muss, ist von Dr. F. Hirsch. Ein freundlicher Brief, in welchem ich denselben um Mitteilung seiner Quellen bat, ist unbeantwortet geblieben.
228 J.C. Beckmann, Histor. orbis terrarum, Frankfurt a. M. 1680, p. 675

229 Früher war es in den Weinländern Gebrauch (und kommt auch wohl jetzt noch vor) dem Gaste zum Wein Brot mit Salz und Kümmel hinzustellen. Auch diese Verbindung der beiden Gewürze ist uralt und kommt schon sprichwörtlich beim Plutarch (Quaest. conviv. V, 10, 1) vor. Sehr wunderlich aber (um nicht zu sagen albern) ist der Versuch von Becker (Charikles II, 264) nachzuweisen, dass die Griechen das Salz nur zum Weine genossen hätten, um dessen Geschmack angenehmer zu machen. Die erste von ihm selbst zitierte Stelle des Plutarch (quaest. conviv. IV, 4, 3) »aber nicht nur bei der Speise, sondern sogar beim Trank dient das Salz als Würze« widerlegt ihn. Vor allem zum Essen wurde Salz gebraucht. Die andern Stellen (Plautus Curc. IV, 4, 5; Persius III, 3, 23; diogenes Laertius VI, 57), wo nur vom Salz oder Salzkuchen lecken die Rede ist, kann nur lächerliche Willkür auf den Wein beziehen. Noch absurder ist die Berufung auf Horat. (Sat. 1, 3, 14; und Oden II, 15, 14) besonders wenn man Sat. II, 2, 16–17 damit zusammenhält; ebenso ist rein aus der Luft gegriffen, wenn er die mit unfruchtbarer Gelehrsamkeit zusammengestellten Stellen über gewürztes Salz und Salzkuchen nur auf das Weintrinken bezieht.

230 Chevalier d'Arvieux, Memoir. T. III. (Paris 1735), p. 194, Rosenmüller, Das alte und neue Morgenland, Bd. 2, No. 299.

231 K.C.W.F. Bähr, Symbol. d. mosaisch. Glaubens, Bd. II, S. 324; Rosenmüller, Das alte und neue Morgenland, Bd. 2, No. 299.

232 Vollney, Reise nach Syrien und Ägypten, Tl. I, S. 314; Tl. II, S. 59.

233 Herbert, Biblioth., oriental. Artik. Dschelal-eddin und Art. Jacub ben Laith.

234 Schulz, Leitungen des Höchsten auf Reisen usw. Tl. V, S. 246.

235 3. Moses II, 13; 4. Moses XVIII, 19; 2. Chron. XIII, 5.

236 Archilochos, Epod. V, 111, (ed. Hartung); fragm. 94 (ed. Bryk).

237 Demost. orat. contr. Aeschin (ed. Vaemelius, Leipzig 1862, p. 567), 191.

238 Aristoteles Ethik. Eudem. 7, 2, 46 und Ethik. Nikomachia 8, 3, 8.

239 Cicero Laelius XIX, 67.

240 Esra IV, 14.

241 Parkhurst, Hebräisches Wörterbuch S. 448; Harmer, T. IV, S. 548 f.; bei Rosenmüller, Das alte und neue Morgenland, Bd. 2, S. 149 ff. zu No. 299.

242 Festus v.s. sal; Nonnus de re cibaria, Antwerp. 1646, L. I, c. 48, p. 153; J.W. Stuckius, Antiquit. convivales, Zürich 1597, L. I, c. 30 (p. 112 b.); Laurent. de prand u. coena veter., cap. 11.

243 Dr. A.F. Pott, Die Zigeuner usw., Halle 1847, Bd. II, S. 336.

244 Diogenes Laert. VIII, 1, 35; Philo de victimis (ed. Mangey) II, 240 u. sonst; Grimm, Kinder- u. Hausmärchen No. 179.

245 Homer II. IX, 214; Plato Timaeus, §25 (p. 60); Lycophron Cassandra 35; Arnobius Disput. advers. gentes, P.I, 1. II, c. 67.

246 Plutarch, quaest conviv. IV, 4, 3, (edid. Dübner, Paris 1841, Vol. II, p. 812 ff.)

247 Horat. Satir. I, 3, 13.

248 Horat. Oden II, 16, 13 sq.; Porphyrius ad hunc locum; Persius III. 26; Livius Hist. L. XXVI, c. 36; Plinius H.N. XXXIII, 54; Valer. Maxim. Memorabil. IV, 4 de paupertate laudata §3; Arnob. Afr. advers. gent., P. I, L. II, c. 67.

249 Das neue Blatt 1871, No. 34 S. 128.

250 Winer, Bibl. Realwörterb. S. 177.

251 1. Moses I, 29 hier heißt's: »Ich gebe euch alles samentragende Kraut, das auf der ganzen Erde ist, und alle Bäume, auf welchen samentragende Baumfrucht, euch sollen sie sein zur Speise«. Aber vorher geht: »Herrschet über die Fische des Meeres und

das Gevögel des Himmels und alle Tiere, die sich regen auf der Erde«. Sollte etwa der Mensch über die Fische herrschen, damit sie ihm das, was er ins Wasser fallen lasse, apportieren könnten? Gleich Vers 30 sagt ja schon, dass die Tiere in der Hingebung zur Speise eingeschlossen sind. 1. Mos. IX, 3 wiederholt nur den Vers I, 30 und fügt das Verbot des Blutgenusses hinzu. Ist es nicht traurig, dass man den Theologen, die doch die sog. Bibel kennen sollten, noch solche Albernheiten korrigieren muss?

252 Solche mystische Faseleien theologischer Ignoranz, wie in von Meyers Blättern für höhere Wahrheit. Neue Folge, zweite Samml., S. 48 ff. u. 58 wirft man am besten in den Papierkorb.

253 2. Moses XXX, 35; 3. Moses II, 13; 4. Moses VII, 13 u. 19; XVIII, 19; 2. Chron. XIII, 5; Esra VI, 9; VII 22; Hesekiel XLIII, 24; Fl. Joseph. Antiq., Jud., Lib. III. c. 9, §1. Wer ein hübsches Ragout von Ignoranz und Blödsinn lesen will, sehe in den Blättern für höhere (!!) Wahrheit von J.F. v. Meyer, Dr. Theol., Neue Folge, Zweite Sammlung, S. 48 ff. das Geschwätz über die Salzanwendung beim Opfern an. – Es ist nicht der Mühe wert, die absurde Ansicht, dass das sal sodomiticum des Talmud Asphalt gewesen sei, welchen Unsinn der Engländer Lightfoot ausheckte, sowie die weitläufigen darüber geführten Kontroversen hier mit mehr als einem Worte zu erwähnen. – Erst sehr spät, als die Bedeutung des Salzopfers als eines Bundesmahles mit Gott längst vergessen war, oder in seiner Einfachheit nicht mehr verstanden wurde, kam bei den Theologen eine verkünstelte Symbolik des Salzgebrauchs beim Opfer aus: Geschwätz, das keiner Untersuchung wert ist.

254 2. Moses XXIX, 2 und 40; 3. Moses II, 1–8 u. 15; VI, 21; VII, 12; 3. Mos. XIV, 10, 12 u. 15–18, 24, 26–29 (Öl bei Tieropfern); 4. Moses. VI, 15: VIII, 8; Micha VI, 7.

255 2. Mos. XXV, 28: das Wort Schüssel (patella); XXXVI, 16; 4. Mos. IV, 7; und dazu Philo de vita Mosis, lib. III, p. 669; Carpzov. Opp. hist. crit. Antiq. sacr. Cod. S. 716 ff.

256 Joseph. de bell. Judaic. V, 13, 6; Joseph. Antiq. jud. XIII, 3, 3, Der Talmud erwähnt einer besonderen Salzkammer im Tempel.

257 Arrian Anabasis III, 4; Plutarch d. Isid. u. Osir. XXXII.

258 Plutarch de Iside et Osiride V.

259 Herodot II, 62.

260 Ezechiel XVI, 4.

261 Origenes Homilia 6 super Ezechiel; Sacrament. Eccles. Roman., L. I, c. 31; Isidor de divinis Officiis c. 20; Concilium Carthaginense cap. 5. Damit in völligem Widerspruch steht die Benennung des Teufels als »creatura salis« in der Exorzisationsformel bei Assemann, cod. liturg. II, p. 45. Ich bin unfähig, diesen Widerspruch zu heben. Sollte jene Formel vielleicht aus der alexandrinischen Schule stammen und eine Erinnerung an das ägyptische »spuma Typhonis« sein?

262 Augusti, Denkwürdigkeiten der christlichen Archäologie, Bd. 7, S. 301; Sacramentarium Gregorii M., wo auch die Benediktionsformel des Salzes. Assemann, Codex liturgicus etc.; A.E. Mirus, antiq. eccles. p. 784; Du Cange, Glossarium s.v. Salinarius u. Sallinarium. Die Geistlichen weihten das Salz im Voraus und hatten ein eigenes Salzfass für das geweihte Salz. Auch Scheffels Ekkehard S. 280.

263 Augustinus Confessiones L. I, c. 11, §1: »condiebar sale Christi« (mit dem Salz Christi wurde ich eingemacht); Galen de Sanitate, L. I, c. 7. Dieser fügt einen recht medizinisch-rationalistischen Grund hinzu: »Sale modico insperso cutem infantis densiorem, solidioremque reddi.« (»Durch mäßiges Bestreuen mit Salz wird die Haut des Kindes fester und kräftigen.«)

264 Mannhardt, Germanische Mythen, S. 273 ff.

265 Zeitschrift f. deutsch. Mythol. I, 203; Müllenhoff, Sagen usw., S. 564 No. DLXXI; Mannhardt, Germanische Mythen, S. 397 f.

266 Siehe Jac. Sim. Assemann, Orient. Biblioth. im Auszug von Pfeiffer. Erlangen 1776, Bd. I, S. 233 u. 241; Renaudot, Liturgiarum oriental. Collect. Ed. 2 correct. Frankf. 1847, T. II, p. 64 ff.

267 Horst, Daemonomagie, Tl. 2, S. 212; Grimm, Deutsche Mythologie S. 590.

268 J.W. Wolff, Deutsche Märchen und Sagen S. 267; vergl. auch Grimm, Mytholog. 3. Aufl. 1854, Bd. 2, S. 1001 f.

269 Du Cange, Gloss. s.v. sal juxta.

270 Mannhardt, Germanische Mythen S. 18 Anm. 3; Danske Viser No. 176.

271 N. Hocker, Bauernregeln und Aberglauben aus der Montagne-Noire (Cevennen) in Wolf. Zeitschr. f. deutsche Mythol. II, 418 ff. No. 14.

272 Das neue Blatt 1871, No. 34 S. 128

273 Volksgebräuche in Kempen von O. v. Reinsberg-Düringsfeld in Ausland 1874, S. 471.

274 W. Mannhardt, German. Mythen S. 7; Ad. Kuhn, Märkische Sagen u. Märchen S. 388, No. 32.

275 Ausland 1840. No. 269 S. 1075: »Pariser Aberglauben«. Etwas oberflächliches Geschwätz hierüber von echt französischen Ignoranten findet man auch in L'Illustration No. 1641 (8. Aug. 1874), S. 91.

276 Petri, Gemälde v. Liv- und Estland, Leipzig 1809, Tl. I, S. 480 f.; Hupel, Topogr. Nachr. v. Liv- und Estland, Bd. VI, S. 465.

277 W. Mannhardt, German. Mythen, Berlin 1858, S. 7.

278 N. Hocker, Aberglauben von der Mosel in Zeitschr. f.d. Mythol., Bd. 1, S. 240 No. 11.

279 Anleitung zu den kuriosen Wissenschaften Frankf. u. Leipz. 1737, S. 428.

280 Ein Schriftsteller hat behauptet, die Böotier hätten immer den größten Aal mit Mehl und Salz bestreut den Göttern geopfert. Schlägt man die angezogene Stelle (Athenaeus Deipn. VII, 50) nach, so findet man keine Silbe von Salz. Die gewissenlose Leichtfertigkeit, mit der die Alten zitiert werden, geht, wie ich auch bei dieser Arbeit wieder erfahren habe, oft über alle Begriffe. – Indessen bestreut schon bei Homer Patroklus das gebratene Fleisch für die Gesandten an Achilleus mit Salz. (Ilias IX, 212–14.)

281 Plinius H.N. XXI, 41; Plinius H.N. XVIII, 2, 2; Plautus Amphitruo Act. II, sc. 2, v. 108; Virgilius Aeneid. II, 132–3; Ovid. Fasti I, 128 u. 337–8; Statius Sylv. 1.

282 Tacitus XIII, 57. Der Ort, wo diese Kämpfe stattfanden, ist wohl nach Zeuß Salzungen an der Werra. V. Hehn, Das Salz, S. 30. Wenn Grimm (Mythologie S. 588 f.) aus der obigen Stelle des Tacitus das ganze Hexenwesen, den Salzkessel (Hexenkessel) und den Walpurgisnachtritt (angebl. nach den Höhen, wo Salzquellen entspringen) ableitet, so gestehe ich, ihm darin nicht folgen zu können. Es findet sich auch keine Andeutung dafür, dass die germanischen Frauen und Priesterinnen jemals die Bereitung des Salzes in ihren Händen gehabt hätten, vielmehr sprechen alle alten Quellen von den Römern, den Angelsachsen und (den spätesten) bei den Deutschen nur von männlichen Salzbereitern. Als Versammlungsort in der Walpurgisnacht wird nie ein Berg genannt, der sich durch eine Salzquelle auszeichnet. Auch lässt sich von der Zeit des Tacitus bis zu der, wo das Hexenwesen durch nichtswürdige Pfaffen dem Volke eingeimpft (vgl. Schleiden, Studien 2. Aufl., S. 329 ff.) bei den Germanen auftrat, schwerlich irgendeine Kontinuität der Nachrichten herstellen. – Auf Salzungen, als dem Kampfplatz der Chatten und Hermunduren vereinigen sich jetzt wohl die meisten und gewichtigsten Stimmen. – Es ist auch die Saline, die zuerst urkundlich erwähnt wird, nämlich schon 775 (Bernhardi, Beitr. z.e. hist. stat. Skizze der Saline zu Salzungen. Meiningen 1845,

S. 3). Doch nimmt Joh. Rhenanus an, dass der Kampf bei Allendorf stattgefunden habe, und Chöricke in seiner Frankenhauser Salzpostille behauptet, dass die Schlacht bei Frankenhausen ausgefochten sei.

283 Anm. Marcellin. 1. XXVIII, c. 5. Wahrscheinlich ist hier die fränkische Saale und Kissingen der Kampfplatz und das »Grabfeld« die Grabstätte für die Gefallenen. Andere denken dabei an Schwäbisch-Hall, wofür auch Gründe zu sprechen scheinen. Die Entscheidung ist wohl unmöglich und jedenfalls hier für uns gleichgültig.

284 Pandect. 1. XXXIX, tit. IV, S. 11.

285 Arrian de bello Hispanico, de bello Illyrico.

286 Karsten, Salinenkunde I, 595 nach Dubois de Montpéreux, voyage autour du Caucase I, 143.

287 Val. Maximus, Memorabil. VII, 6 externa 3.

288 Plinius H.N. XXXI, 40; Dion. Cass. H. Rom. L. 49, c. 45.

289 Plinius H.N. XXXI, 41; XXXIV, 6: »salarium dex tribuni militares«; Sueton Nero 10, Tiberius 46; Tacitus Agricola 42. Salarium dex Proconsuln; Fabretti Inscipt., p. 135, No. 104: »qui salarium per sex annos acceperat«. Digestor. II, 15, 8, §23: »salarium annuum« ebenso XLIV, 7, 61. §1; XXXIV, 1, 16, §1 »salarium eines Arztes«; L. 9, 4, §2: »salarium liberalium artium vel medicinae«. Auch Martial III, 7 ist hier noch anzuführen. Seneca epistol. XCVI, 2 kommt sogar schon etwas dem jus primae noctis ähnliches als salarium vor.

290 Matth. Flurl, Gesch. d. Saline Reichenhall in Denkschriften d. kön. Akad. d. Wissensch. zu München f.d. Jahre 1809 u. 10. München 1811, S. 153.

291 Plautus Curcul. IV, 4, 5; Persius III, 3, 23; Diogenes Laert. VI, 57; Philostrat. Epist. Apoll. Tyan. 7; Persius Sat. V, 138; Aristophanes Equit. 103, 1089.

292 Th. Waitz, Anthropol. d. Naturvölker, Bd. VI. S. 580, S. 54, S. 57.

293 Natürlich kann hierbei von einer psychologischen Erkenntnis der Notwendigkeit des Salzgenusses bei den Alten nicht die Rede sein, die Notwendigkeit erkannten sie an, beziehen sie aber nur auf das Geschmacksorgan, auf das Salz als Würze, so Hiob VI, 6; Plutarch quaest. conviv IV, 4, 3. Auch Plin. H.N. XXXI, 41 will nichts anderes sagen. Noch in der Salernitanischen Schule finden wir den Vers:

Vas condimenti praeponi debet adenti,
Sal virus refugat, recte insipidumque saporat;
Non sapit esca probe, quae datuabsque sale.
»Die Schaal' des zur Würze frommenden, setz' allemal hin für den Kommenden;
»Das Salz wehrt jedem gift'gen Geschlecke und es würzet immer das fade Gebäcke;
»Und keine Speise schmecket gut, die ohne Salz man geben tut.«

294 Indien: Manus Gesetzbuch. Ägypten, Persien: Herodot 2, 37 und 1, 140; Plutarch, Sympos. V, 10, 2 sagt: »Alles, was den Menschen gemeinsam ist und einem allgemeinen Bedürfnisse dient, wird von ihnen als göttlich angesehen, so das Wasser, das Licht, der Lenz; ja die Erde gilt nicht nur als göttlich, sondern ist selbst eine Göttin".

295 Ovid. Medicam. faciei 94.

296 Grimm, Mythol. 3. Aufl. Bd. 1, S. 567.

297 Platon Timaeus §28 (p. 65).

298 Homer Ilias IX, 214 und Eusthatius a.h.l.; Ilias I, 313–4; Odyssee II, 261–2; Euripides Iphigenia in Taurid. 1140: »Es spült die Seeflut allen Sündenschmutz hinweg«; Theokrit XXIV, 98, in welcher Stelle das ἀβλαβὲς ὕδωρ offenbar epitheton ab affectu »das unschuldig machende, reinigende Wasser« ist. So entspricht es ganz dem ἀγνίτης des Lycophron in Cassandra 135.

299 2. Könige II, 19–21.

300 Herodot II, 77; Diodor I, 36, 53; Lukian, Das Schiff oder die Wünsche, c. XVI; Pollux Onom. VI, 9; Athenaeus Deipnos III, 88, p. 469 und 93, p. 458; Synesius epist. 147, p. 285 c.

301 Herodot II, 77; Diodor III, 16; Agatarchid. de Mare rubro, p. 27 ff. ed. Hudson (L. I, c. 34, ed. E. Müller, Paris 1855; Hieronymus adv. Jovinian. L. II, c. 7, column. 334, ed. Vallars et maff.; Arrian hist. ind. c. XIX, p. 156 ff. ed. Schmieder; Starck, Hist. stat. Gemälde d. Russ. Reichs II, 5 Abschn. S. 141. »Alexander d. Gr. soll den Ichthyophagen (den Fischessern) das Fischessen verboten haben.« Dergl. Unsinn kann natürlich nur ein so urteilsloser Kopf wie Plinius irgendwo herauslesen (H.N. VII, s, 2; VI, 23, 25).

302 Diodor l, 52; Herodot II, 15 u. 113. Es ist gewiss nichts verkehrter als die Tarichaea für Mumifizierungsstätten zu erklären, denn einesteils hatte das Salz beim Mumifizieren doch nur eine für damalige Anschauungen untergeordnete Bedeutung, aber andernteils existiert auch nicht die leiseste Andeutung darüber, dass man jemals Leichen an dieses äußerste Ende von Ägypten transportiert habe, um sie hier zu mumifizieren und dann wieder zurückzuführen und beizusetzen; auch würde Herodot, der (II, 86–88) ausführlich vom Einbalsamieren spricht, gewiss nicht versäumt haben, die größeren Mumienfabriken (sit venia verbo) zu nennen, wenn es solche überhaupt gegeben hätte. Man vergl. noch Ebers, Ägypten und die Bücher Moses, Kasluchim S. 120 ff.

303 Ebers, Ägypten und die Bücher Moses S. 126.

304 Athen. Deipn. III, 88, 92; Strabo III, 4 (Neu-Carthago).

305 Athen. Deipn III, 93; Synesius Epistol. 147; Pollux Onomast. VI, 9.

306 Ovid. Fast. VI, 173–4; Varro apud Nonium s.v. Ostrea.

307 Plinius H.N. IX, 17.

308 Sostrat. bei Athen. Deipn. VII, 66, p. 107 f.; Plinius H.N. IX, 18; Aristoteles, Hist. animal. V, 15 §2, p. 372.

309 Aristophan Vesp. v. 511, ders. Pax v. 564–5; Demosth, in Lacrit. p. 533, 1. 26 ed. Reiske; Hesychius Miles de homin. doctrin. clar. p. 28 ed. Meurs; Aristophan Acharn v. 978.

310 Diogenian Paroemia Cent. I, par. 5; Michael, apostolic. paroem. Cent. XIV, par. 9.

311 Aristoph. equit. v. 1255; Macrob. Saturn. VII, 3; Platon Charmid. c. 10 (p. 163 B); Lukian Nekyom. XVII.

312 Hesychius s.v. τιλτὸν; Athen. Deipn. III, 88, p. 459 f.; III, 91, p. 465.

313 Athen. Deipn. III, 84, 85; Pollux Onomast. VII, 8 und VI, 9 s.v. ὡραῖα; Hesychius s.v. ταριχοπώλης; Sonnini hist. nat. des poisons VII, pl. 33, p. 351.

314 Plinius H.N. XXXI, 43; Geoponica XX, c. 46 (p. 1271–2); Martial epigr. III, 77 v. 5; Cato R.R. c. 58, pag. 60 (ed. Schneider).

315 Athen. Deipn. III, 93, p. 468.

316 Platina de honest. voluptat. 1. X; Paul Jovius de Roman. pisc. c. IV, 42; Aldrovand. de piscib. et aquat. 1. IV.

317 Diodor. Sic. XIX, 19; Strabo XVI. 4 §10, p. 407; Galen de aliment fas. III, 2, p. 373 f.; Agatharch. de Rubr. Mar. p. 42.

318 Strabo IV, 3, §2, p. 45; IV, 4; Varro R.R. XII, 55, p. 622 f.; Strabo IV, 4, §3, p. 58 f.; Athen. Deipn. XIV, 75. Die von mir angeführten Stellen werden genügen, um das über das Einsalzen mitgeteilte festzustellen, eine Vollständigkeit konnte hier nicht von mir beabsichtigt werden, zumal, da die späteren Klassiker, was Essen und Trinken betrifft, fast unerschöpflich sind. Was ich in meinem Werke, »das Meer« beiläufig über den Kaviar der Alten gesagt habe, muss ich nach genauem Studium der Originalquellen zurücknehmen.

319 Vergl. unter vielen anderen auch Lessep in Ann. des mines, 3. Sér. 153.
320 Dio Cassius 1. L, c. 24: ἐς δόξαν ἀθανασίας ταριχεύοντες (»Die mit Bezug auf ihren Unsterblichkeitsglauben einbalsamierenden«).
321 Herodot II, 86–88; Papyrus Rhind, edit. Brugsch I, Taf. VI, 4 nach Ebers, Ägypten und die Bücher Moses S. 122, Anm. 2.
322 Dio Cassius XXXVII, 24; LI, 2; LI, 15.
323 Plutarch, quaest. conviv. V, 10, 3.
324 Rabbi Levi nach Hottinger de juris Hebraeorum lgg. CCLXI; Philo de victimis II, 240 (ed. Mangey) und sonst; Pythagoras bei Diogenes Laertius VIII, 1, 35.
325 K. Simrock, Handb. d. deutschen Mythologie, 2. Aufl. 1864.
326 Plato Symposion 5 (S. 177).
327 Horat. Epist. II, 2, 60; Catull Carm. LXXXVI, 4 und XVI, 7; Corn. Nep. Att. 13; Cicero Brutus 34.
328 Globus von K. Andrée, Bd XI. 1867, S. 140.
329 Dr. Peiper, Stimmen a.d. Morgenland S. 150.
330 Paulus Colosser VI, 6.
331 Matthäus V, 13 und ganz ebenso Macus IX, 50.
332 Maundrells Reise von Aleppo nach Jerusalem in Paulus, Samml. d. merkw. Reisen in d. Orient, Tl. 1, S. 188 f. und ebenda S. 342 die Anmerkungen eines angeblichen Naturforschers.
333 Plinius H.N. XXXI, 39: »saliners u. 44 sal tabescit«; iners heißt hier nur »weniger scharf«, weil unrein, tabescere heißt hier nur in dem gegorenen Garum sich auflösen.
334 »Bei Salz und Kümmel wird man Freund.« sprichwörtlich bei Plutarch, Quaest. conviv. IV, 4, 3 (Script. moral. ed. Dübner, Vol. II, p. 812).
335 Plinius H.N. XXXI, 41: »conditur etiam odoribus additis«; (es wird auch durch hinzugefügte Wohlgerüche gewürzt.) Athen. Deipn. IX, p. 336 b; Pollux VI, 71; Aristophan. Acharn. v. 1099.
336 Plutarch quaest. conviv. V, 10, 4 (Script. moral. ed. Dübner, Vol. II p. 812).
337 Konrad Schwenk, Die Sinnbilder der alten Völker S. 375.
338 Desaive in Journal de Chemie Medical 1849, S. 127.
339 Jablonski, Pantheon Aegypt. L. V, c. II, §16; Plutarch de Iside et Osiride V. Eine zweite Stelle bei Plutarch [de Iside et Osiride XXXII.] darf nicht so verstanden werden, als ob den Priestern überhaupt der Salzgenuss versagt gewesen wäre, sonst hätte die erste Stelle keinen Sinn. Auch ist das undenkbar, weil reines Steinsalz beim Opfer gebraucht wurde und daher heilig war. In der erwähnten Stelle kann daher nur eine Ungenauigkeit Plutarchs gefunden werden; er hätte sagen sollen, es sei den Priestern verboten worden, Seesalz auf die Tafel zu setzen, denn wahrscheinlich war das Seesalz vom Sirbonissee und ähnlichen Salzstätten am Meere, weil es billiger war, als das von der Oase des Ammon, beim Volke allgemein in Gebrauch.
340 Volksgebräuche in Kempen von Freih. v. Reinsberg-Düringsfeld in Ausland 1874, S. 472.
341 5. Moses 29, 23.
342 Zephania 2, 9 und Ähnliches Hiob 39, 6; Jeremias 17, 6; Psalm CVII 33–34. Ein einzelnes Beispiel mag hier erwähnt sein in der Schilderung, die Maundrell, (Paulus, Samml. merkw. Reisen in d. Orient, Tl. I, S. 188 f.) von dem Salztal zu Aleppo gibt.
343 Virgilius Georgica II, 2, 38–40.
344 Plinius H.N. XXXI, 39.
345 Richter 9, 45.

346 W.H. Engel, Kypros S. 507 f.
347 1. Moses XIX, 26.
348 Robinson, Palästina etc. Bd. III, S. 23 ff.
349 Literatur bei Winer, Bibl. Reallexikon Art. Lot No. 2.
350 1. Moses XIX, 17; Ovid. Metam. 10, 50 ff.
351 Virgil Georgica 1. IV, vers. 485 ff., vergl. mit Virg. Eclog. VIII, 102 f.
352 Vergl. noch Rich. Pococke, Beschreibung des Morgenlandes. Erlangen 1791, Bd. 2, S. 55.
353 Arrian Anabasis III, 3, 4.
354 Joseph. Antiq. Judaic. L. XIII, c. 4, §9 (ed. Dindorf, S. 490); 1. Maccab. X, 29.
355 Athen. Deipn. L. III, c. 3 (ed. Schweizhäuser, Vol. I, p. 288).
356 A. Böckh, Die Staatshaushaltung der Athener, Bd. I. (Berlin 1817), S. 109, S. 325 Not. 24, S. 329 und dazu die Inschrift Bd. 2, S. 336 f.
357 Ovid. Metamorph. VI, v. 349.
358 Livius histor. I, 33; II, 9; XXIX, 37.
359 Du Cange, Gloss. s.v. Salagium, Salinaria, Salinarius.
360 Du Cange, Gloss. s.v. sal aquaticum et terrestre.
361 Reyscher, Württemb. Gesetzsammlung Bd. XVI. (Von Schwäbisch Hall 1230); Lang, Die deutschen Steuerverfassungen 1793 (von Dortmund 1231); Du Cange, Gloss. s.v. Sal amplum et minutum (v. Österreich 1359).
362 Reisen des Venezianers Marco Polo, herausg. v. A. Bürck und Neumann, 2. Aufl. 1855, Buch 2, 39, S. 392; 2. 50, S. 424; 2, 56, S. 440; 2. 59, S. 443; 2, 69, S. 485. Arbeiten d. kaiserl. russ. Gesandtschaft zu Peking über China. A.d. Russ, v. Abel und Mecklenburg, Bd. 2 (Berlin 1858), S. 495 ff.
363 K. Andrée, Geograf. d. Welthandels, Bd. 1, S. 180 Anm., Th. Waitz, Anthrop. d. Naturvölker Bd. 4, S. 90.
364 Du Cange, Gloss. s.v. Salinaria.
365 Ebenda s.v. Salina
366 Schleiden, Die Rose S. 165.
367 Athen. Deipn. L. III, c. 3, p. 73.
368 V. Hehn, Das Salz S. 59 nach dem Paterikon des Kiewer Höhlenklosters neueste Ausg. Petersb. 1872, S. CLIV.
369 Jesaias XXX, 24; Aristoteles Hist. animal. VIII, 10; Plinius H.N. XXXI, 41; Virgilius, Georgica III, 394 ff. und III, 403; Varro R.R.L. II, c. 11; Columella R.R.L. VIII, c. 8, §4.
370 Sanskrit. Wörterb. von Böthlingck und Roth, Tl. VI, S. 519.
371 Dr. H. Kopp, Gesch. der Chem. Tl. 4 (1847), S. 24. Im Papyrus Ebers aus dem XVI. Jahrh. vor Christus werden hasmen, nitrum und hema, sal unterschieden. (Brieflich von Prof. Ebers.) Auch Plinius (XXXI, 41–46) unterscheidet für Ägypten nitron und sal, beim sal Meersalz und Steinsalz aus Hammonium, beim nitrum erwähnt er die Natronseen am linken Nilufer bei Memphis, von denen er behauptet, dass sie, wie die Becken zur Herstellung des Meersalzes gebraucht, aber statt mit Meerwasser mit Nilwasser gefüllt würden. Pater Sicard (1723) behauptet, dass sie hoch über dem Spiegel des Nil lägen und beschreibt sie wie großartige Salpeterplantagen. Früher war das Produkt nach den Angaben über seine Verwertung entschieden unsere Soda. Winer, dessen Artikel »Laugensalz« im bibl. Realwörterbuch man besser ungelesen lässt, da die gänzliche reale Unwissenheit einen Schüler nur verwirren, einen Fachmann nur anwidern kann, macht aus dem »neter« der Bibel (offenbar dem nitron der Griechen) Salpeter. Luther übersetzt (Sprüche XXV, 20) sogar Kreide. Dass Salpeter nicht mit Essig aufbraust, dass

Salpeter nicht zum Waschen gebraucht werden kann, muss ein Mann, der sich anmaßt, ein Realwörterbuch zu schreiben, wissen. Das hebr. kinit erklärt nun Winer auch als Soda, sodass man den Unterschied zwischen den beiden Worten, die (Jerem. II, 22) in demselben Verse nebeneinander vorkommen, nicht versteht. Ob die Alten Salmiak gekannt haben, ist ungewiss, unterschieden haben sie ihn nicht bestimmt. Dioscorides nennt das Salz aus der Oase des Ammon (Steinsalz) sal ammoniacurn, dasselbe braucht Apicius in demselben Sinne. In der lateinischen Übersetzung der Werke des Arabers Geber (Dschafar) wird zuerst mit gewöhnlicher mittelalterlicher Ignoranz das Wort für Salmiak gebraucht; aus diesem sal ammoniacum wurde eben später zusammengezogen Salmiak. Die flos salis und spuma nitri des Plinius sind ein schönes Gebiet für Phantasien, der gewissenhaft Richtende sagt: »non liquet« (»bleibt unklar«).

372 Aristoteles de mirabil auscult. 134.

373 Dr. H. Kopp, Gesch. d. Chemie Tl. 1 (1843), S. 45 und S. 77.

374 Schleiden, Das Meer, 1. Aufl. 1867, S. 42–47.

375 Hydrographische Mitteilungen Jahrgang II, S. 295 und daraus in »Der Naturforscher« Jahrgang VIII, Nr. 7, 1875, S. 59 f.

376 Dr. C. F. Naumann, Lehrbuch der Geognosie, 2. Aufl. Bd. 1. Leipzig 1858, S. 36–65.

377 Es ist nicht ohne Interesse, zu wissen, dass die chemische Analyse in dem Meteorstein von Alabama Chlor (als Salzsäure?) nachgewiesen hat. Jackson in American Journal XLVIII, 145 und L'Institut Nr. 606 (1845), p. 291.

378 »Das süße Wasser ist überhaupt später auf der Erde als das Salzwasser«, von Bär, Kaspische Studien im Bull. d.l. Classe phys. math. d. l'Akad. imp. d.sc.d. St. Petersb. Tom. XIV, p. 3.

379 Vergl. auch Schleiden, Das Meer, 2. Auflage 1874, S. 30-44.

380 Proceedings of the Royal Soc. Vol. XXIII, Nr. 159, p. 245 im Auszug im »Naturforscher« Jahrg. VIII. Nr. 21, 1875, S. 204.

381 Für die im Folgenden gegebene Übersicht verweise ich aus Naumann, Geognosie 2. Aufl. Bd. 2, S. 285; 466 f.; 659 f.; 743; 756; 774; 796; 802; 808 f.; ferner L'Institut Nr. 532, 1844, S. 88; Karsten, Salinenkunde 1, S. 109 ff.

382 Naumann, Geogn. 2. Aufl. Bd. 2, S. 996; Blum, Lithurgik S. 354.

383 Karsten, Salinenkunde Bd. l, S. 498.

384 Karsten, Salinenkunde I, 648; Seetzen in Zachs Jahrb. XVIII, 440; Pococke, Beschreib. d. Morgenlandes, herausg. von Breyer und Schreber, Bd. 2, S. 55.

385 v. Fichtel, Geschichte des Steinsalzes und der Steinsalzgruben im Großfürstentum Siebenbürgen. Nürnberg 1780, S. 16; 32; 63; 65.

386 Franz Ritt. v. Hauer, Die Geologie und ihre Anwendung usw. Wien 1875, S. 605–7.

387 Eine ganz gleiche Bildung zeigen die höchst interessanten Salzfelsen der Salinas de Pilluana zwischen dem Huanuco und Moyobamba in Südamerika. Das Steinsalz ist ganz deutlich horizontal geschichtet, hat offenbar längere Zeit bloß gelegen, ist von Regen gletscherähnlich ausgewaschen, dann aber von Sand überlagert und sind die Zwischenräume zwischen den Kegeln und Pyramiden, so wie die Spalten im Salz von einer Sandsteinbreccie ausgefüllt. Pöppig, Reisen in Südamerika Bd. II, S. 308 ff.

388 v. Leonhard, Geognos. und Geolog. S. 324.

389 Aul. Gell N.A. II. 22. 29.

390 Ebenda. Es ist sehr unrichtig, wenn von Leonhard (Lehrbuch der Geognosie und Geologie S. 325) sagt: der Abbau würde schon 1105 erwähnt. Schon 1200 Jahre früher wurde das Salz abgebaut und dieser Salzbetrieb in Schriften besprochen. Wenn Herr Dr. Müller, über das Salz S. 23, das Salzlager von Cardona deshalb für das merkwürdigste

auf der Welt erklärt, weil es das einzige sei, was frei zu Tage liegt, so beweist das nur seine sehr mangelhaften Kenntnisse.

391 Naumann, Geognosie, 2. Aufl. Bd. I, S. 503.

392 Naumann, Geognosie, 2. Aufl. Bd. II, S. 659; G. Rose, Reise nach dem Ural II, S. 204; Herrmann im Magazin der Gesellschaft d. naturf. Freunde in Berlin IV (1800), S. 193; Borszcow in Würzburger naturwissensch. Zeitschr. I, 274.

393 Karsten, Lehrb. d. Salinenkunde Bd. 1, S. 363–403; 407–478. M. Flurl, Ältere Gesch. d. Sal. Reichenhall in Denkschr. d. k. Ak. d. Wiss. zu München für 1809 und 10, S. 149 ff.; A. v. Muchar, Beiträge usw. in Steiermärkische Zeitschr. Hft. XI, S. 1 ff.; J.A. Schultes, Reisen durch Oberösterreich. Tübingen 1809, Tl. I, S. 99; Kapf über Hall in Archiv f. Miner., Geogn. und Bergb. XV, 425; Dr. Ludwig Meyn, Das Salz. Leipzig 1857, S. 172—192

394 Siehe oben in der Abteilung I, S. 4.: Hradina, Gesch. d. Wieliczkaer Saline. Wien 1842, S. 8.

395 Karsten, Lehrb. d. Salinenkunde Bd. I, S. 500; Brogniart in Diction. des sc. natur. T. 48, p. 358, Art. sel marin.

396 Reuß versetzt die Steinsalzlager von Wieliczka nach den von ihm untersuchten Versteinerungen in die Miocen-Periode. Sitzungsberichte der k.k. Akademie der Wissenschaften zu Wien 1867, S. 17 f. Dafür sprechen allerdings die im Salze gefundenen tierischen und pflanzlichen Reste.

397 F. Ritt. v. Hauer, Die Geologie und ihre Anwendung usw. S. 611 nebst einer Durchschnittszeichnung.

398 Dresdner Konstitutionelle Zeitung d. 12. April 1867; v. Hauer a.a.O. S. 611.

399 Zoophyten, Polythalamien, Echinodermen, Anneliden, Univalven und Krustaceen aus der jüngsten Tertiärzeit nach Philippi in v. Leonhard und Bronn N. Jahrb. f. 1839, S. 630; für 1841 S. 263; f. 1843 S. 568.

400 v. Leonhard, Lehrb. d. Geognosie S. 321 ff.; Schober über Wieliczka in Hamb. Magazin Bd. VI; Guettard über W. in Mineralog. Belustigg. Tl. IV; Blum, Lithurgik. S. 355; Dr. L. Meyn, Das Salz S. 212–221; Naumann, Geognosie, 2. Aufl. I, 352–3; 503–4; 2, 987; das Knistersalz, Dumas in Ann. d. Chem. et de Phys. T. XLIII, p. 116; Rose in Poggendorffs Ann. Bd. 98, S. 353 f.; Reichardt, das Steinsalzbergwerk Staßfurt in Act. d. Leopold. Carol. Akad. Vol. XXVII [1860], S. 31 f.; Reuß, Sitzungsber. d. k.k. Akademie der Wissensch. z. Wien 1867, S. 21, 36.

401 Reuß a.a.O.; Sternberg, Versuch einer Flora der Vorwelt I, 4 p. 40; Göppert, Übersicht der Arbeiten usw. der schles. Gesellsch. f. vaterländ. Kultur 1847, p. 73; Unger, Denkschriften d. k.k. Akad. d. Wissensch. z. Wien I, p. 311-22. Ferner Andrae in Hall. Zeit. (Schwetschke), 7. Dez. 1853; Unger, Gen. et spec. plant. fossil. S. 364 f., 468; Dr. Stur, Verhandl. d. geologischen Reichsanstalt. Wien 1873, S. 6.

402 A. Hauch in Leonhard und Bronn, Neues Jahrh. d. Mineral., Geogn. usw. Jahrg. 1855, S. 208.

403 Karsten, Salinenkunde Bd. 1, S. 201 ff.; 292; 264 f.; 277 f.; 280, 285 f.; Naumann, Lehrb. d. Geognosie (2. Aufl.), Bd. 2, S. 743; 756; von Strombeck in Karstens u. von Dechens Archiv Bd. XXII (1848), S. 219; Zeitschr. d. deutsch. geolog. Ges. II, S. 304 f.; VII, S. 655 ff.; von Dechen im Neuen Jahrb. f. Miner. 1855, S. 477; E. Reichardt, Das Steinsalzbergw. Staßfurt in Act. d. Leopold. Carol. Akad. d. Naturforscher 1860, S. 8 und S. 15–18; W.H.G. Eisenach, Das Sulzer Tal usw. Naumburg 1821; Leonhard, Lehrbuch S. 17 ff. [Stotternheim]; Zeitschrift d. deutsch. geol. Ges. Bd. II. 1850, S. 304 [Liebenhall]; Physikal. Dekon. Auszüge Bd. VII, St. 1. Stuttgart 1765 S. 43 ff. [Magdeburg und Altensalza.]

404 Es ist merkwürdig, dass schon allein die Dürrenberger Quelle der Saale jährlich 175 Millionen Pfund Salz zuführt und dass doch bei Saalhorn, wo die Saale in die Elbe mündet, durch salpetersaures Silber kaum eine Spur von Chlor in dem Saalwasser entdeckt werden kann. (Karsten, Lehrb. d. Salinenkunde Bd. 1, S. 10.) Wird das Salz alles von den Uferpflanzen und den Fischen in der Saale assimiliert?

405 Karsten, Lehrb. d Salinenkunde Bd. 1, S. 201 ff.; Reichardt, Das Steinsalzbergw. zu Staßfurt [1860], S. 4.

406 Karsten, ebenda S. 235 f.

407 Ebenda S. 280 f.

408 Ebenda S. 277 f.; Leonhard, Lehrb. d. Geognosie S. 17 ff.

409 v. Dechen im Arch. für Miner. Geogn. Bergb. XI, 232; XII, ff.

410 Für Staßfurt ist überhaupt die vortreffliche, schon erwähnte Arbeit von Reichardt zu vergleichen, sowie dessen Nachträge dazu im Archiv f. Pharm. Bd. CLXXVII, Hft. 1 u. 2, S. 22 ff.; von Dechen, Die nutzbaren Mineral. usw. im deutschen Reiche. Berlin 1873, S. 690.

411 Rheinischer Kurier d. 6. Febr. 1875. Erste Ausgabe.

412 Karsten, Salinenkunde Bd. 1, S. 289–90. Besonders aber F. Bode, Nauheim, seine natürlich warmen Salzquellen usw. 2. Auflage 1853; Dr. A. Rotureau, Die Mineralquellen zu Nauheim. Nauheim u. Friedberg 1871; Salzhausen: Ph. E. Klipstein in Vorlesungen der Churpf phys. oekon. Gesellsch. in Heidelb. Bd. III, S. 389 ff.; H. Tasche, Das Solbad Salzhausen. Gießen 1853.

413 V. Hehn, Das Salz S. 51 f.

414 Karsten, Salinenkunde I, 403 ff.; (Bolzano?) Kurze Nachrichten über die Mineralquellen usw. zu Kissingen. Frankfurt a. M. 1847.

415 Karsten, Salinenkunde I, 655 und 648; Oberst Tillos Bericht über die Nivellierungsexpedition in Augsb. Allg. Zeitg. 1874, S. 4767, Sp. 1. Anders stellt sich die Sache nach den früheren Untersuchungen, nach denen das Kaspische Meer noch unter dem Meeresspiegel liegen soll (Humboldt, Kosmos I. [1845], S. 314.)

416 Die »Beschenka« [Clupea caspica]; John M. Mitchell The herring … pag. 80; »Das Meer ist sehr reich an Heringen, der Fang wird besonders bei Baku eifrig betrieben. Die Perser schätzen ihn so hoch, dass sie ihn den ›königlichen Fisch‹ nennen«. G. Keppel, Personal Narrative of travels in Babylonia usw. 3. edit. London 1827, Vol. II, pag. 204. Auch andere Seefische, Atherina- und Sygnathusarten, kommen vor. (Rose, Reise nach dem Ural Bd. II, S. 319.) Vergl. über die Fauna des Kaspischen Meeres noch Oskar Grimm in Zeitschrift für wiss. Zoologie Bd. 25, S. 323.

417 v. Bär, Kaspische Studien im Bullet. d. Petersburger Akademie, T. XIV, p. 3.

418 Wenn Karsten (Salinenkunde Bd. I, 578) sagt: wie Strabo und Plinius berichten, hielten die Griechen und Römer ziemlich allgemein das Kaspische Meer für nicht gesalzen, so hat er die beiden Schriftsteller wohl nicht genau angesehen. Strabo [XI, cap. 5–8] führt nur den einzigen Polycletus an, um ihn zu widerlegen. Plinius [VI, 19] erwähnt nur, dass Alexander der Große und Pompeius das zum Trinken geschöpfte Wasser süß gefunden und erklärt das sogleich dahin, dass an der Mündung der großen Flüsse natürlich das Salz vom süßen Wasser verdrängt worden sei. Übrigens erklären beide das Kaspische Meer für salzig und das mussten auch alle Griechen und Römer tun, die das Kaspische Meer nur für einen Busen des Ozeans hielten. Für geschlossen erklären das Kaspische Meer nur Aristoteles [Meteorologica I, 13 §29; II, 1 §10 edit. Ideler], mit ihm Diodor und viel später Ptolemäus. Aristoteles scheint allerdings das Kaspische Meer auch für süß gehalten zu haben, wohl nach derselben Erfahrung Alexanders, die Plinius anführt

und erklärt. Dass Herodot das Kaspische Meer für geschlossen gehalten, kann ich in der gewöhnlich angeführten Stelle IV, 40 durchaus nicht finden. Nach Bär, Kaspische Studien in Bulletin de l. Classe phys. math. de l'Acad. imp. d. Sc. de St. Petersb. T. XIII, p. 199 f. hat das Meer an der Wolgamündung nur 0,165 % Salz.

419 Nach der Karte des Dominik Pizigano vom Jahre 1367 [Jomard, Monumens de la Géographie X, 3] ergoss sich der Amu-Derja noch im XIV. Jahrhundert in den Kara-Bogas und so ins Kaspische Meer. Er war also zwischen dem Aralsee und dem Kaspischen Meer genau dasselbe, was der Jordan zwischen dem See Tiberias und dem Toten Meere ist. (Das Ausland d. 3. Aug. [Nr. 31] 1874, S. 610 ff.)

420 Göbel, Reise in die Steppen des südl. russlands Bd. II, 101; Rose, mineral. geogn. Reise nach dem Ural usw. Bd. II, S. 344; Eichwald, Reise auf dem Kaspischen Meere usw. Bd. I, S. 46; Rose in Poggendorffs Ann. XXXV, 145. Wie der Kara-Bogas zum Kaspischen Meer, so verhält sich Torrenssee in Australien, der 200 engl. Meilen lang und 20–30 Meilen breit ist, zum Weltmeer, mit dem er durch den Golf Spencer zusammenhängt. (Eyre Journ. of exped. of. discov. into Central-Australia. London 1845, nach Karsten, Salinenkunde 2, 827.)

421 v. Bär, Kaspische Studien in Bull. d.l. Classe phys.-math. de l'Acad. imp. d. sc. de St. Petersb. T. XIII, p. 194 f.; T. XV, p. 76.

422 Humboldt, Kosmos I, [1845] S. 314; Karsten, Salinenkunde Bd. I S. 648 ff.; Plinius V, 15; Josephus bellum judaic. IV, 18 Tom. II, p. 215, Edit. Dindorf; Diodor XIX, 90; Seetzen in Zachs Jahrb. XVIII, 44.

423 Zu diesem schon öfter angeführten vergleiche noch Helmhacker in chem. Zentralblatt 1874, Nr. 35 S. 560, Nr. 36 S. 570 f.

424 Nach den Berichten von Nik. Barbot de Marny mitgeteilt von Helmhacker im chemischen Zentralblatt 1874 Nr. 36, S. 571 f.; Rose, Reise nach dem Ural Bd. II, S. 269.

425 Karsten, Salinenkunde 1, 38 u. 40.

426 Ebenda S. 34 ff.; H.D. Inglis Spain in 1830. London 1831, Vol. II, p. 116.

427 Karsten, Salinenkunde I, 62 ff.

428 Karsten a.a.O. S. 858 f. nach Wrangel.

429 Ein klassisches Seitenstück dazu bietet die immer auf Ausbeutung des Volkes bedachte österreichische Despotie dar. Noch im X. und XI. Jahrhundert hatte die Steiermark blühende Salinen zu Ennstal, zu Hall bei Admont im Judenburger Kreise. Ebenso zu Weißenbach bei St. Gallen, sie wurden um 1550 zugunsten des Fiscas verschüttet. Die Quellen von Hall und Weißenbach brachen aber 1640 mächtig wieder hervor, sodass die Bauern sich dort ihren Bedarf holten, ja man fand beim Graben sogar Steinsalz. Aber zum Schutze seiner Kasse ließ Ferdinand III. diese Quellen abermals und zwar gänzlich verschlagen. (Karsten, Salinenkunde I, S. 436); A. von Muchar, Beiträge etc. Gesch. der altnorischen Berg- und Salzwerke in Steiermärkische Zeitschrift Heft XI, S. 25.

430 Schreiben Charpentiers an L. von Buch in Poggendorff Ann. Bd. III. [1825] S. 77 ff. – Angeblich soll auch der Hekla zuweilen Salz auswerfen (Karsten, Salinenkunde I, 25). Das ist aber auch alles, was wir von Vulkanischem Salz wissen und das angebliche Erstaunen der Naturforscher, dass Boussingault in den gasartigen Produkten der amerikanischen Vulkane kein Chlor habe finden können, jedenfalls unbegründet (Karsten a.a.O.).

431 Karsten, Salinenkunde Bd. 1, S. 486–7; von Dechen, Die nutzbaren Mineralien usw. im Deutschen Reiche S. 691. Eine sehr vollständige Sammlung aller Nachrichten über das Vorkommen des Salzes auf der Erde bis zum Jahre 1845 findet man in Karsten, Hdb. der Salinenkunde Bd. 1, worauf ich der Kürze wegen hier noch verweise.

432 Wenn Herr Dr. J. Müller, Über das Salz S. 32 die vulkanische Bildung des Salzes deshalb für unbegreiflich erklärt, weil der eine Bestandteil des Salzes flüchtig, der andere fix sei, so kann ich dem keinen Sinn abgewinnen. Natrium und Chlor sind beide flüchtig, zumal bei Temperaturen, wie sie in Vulkanen vorkommen. Die Worte fix und flüchtig sind aber überhaupt sinnlos, wenn keine Temperaturgrade angegeben sind.

433 Ann. d. Chem. et Phys. Vol. XXVII. [Paris 1849], p. 92 ff.; p. 172 ff. und ziemlich ausführlich reproduziert von Helmhacker im chemischen Zentralblatt 1874, Nr. 34, S. 543 f.

434 E. Reichardt in Archiv für Pharmazie Bd. CLXXVII, S. 27 ff.

435 v. Hauer, Die Geologie und ihre Anwendung S. 612.

436 Karsten, Salinenkunde Bd. 1, S. 77 f. 80 f.

437 Karsten a.a.O. Bd. 1, S. 106–128.

438 Naumann, Lehrb. d. Geognos. 2. Aufl. Bd. I, S. 504 ff. S. 733 ff. S. 760 ff.; E. E. Schmid und Schleiden, Die geogn. Verhältnisse des Saaltals bei Jena, Leipzig 1846; Reichardt, Das Steinsalzbergw. zu Staßfurt [Leop. Carol. Acten 1809] S. 44, S. 45 f.

439 Naumann, Geogn. 2.Aufl. I, 503 f.; II, 609; Reichardt, Steinsalzl. zu Staßfurt S. 36 Anm.; Reichardt im Archiv f. Pharmazie Bd. CLXXVII, S. 31.

440 Imbert in Héricourt de Thury, Considérations geol. et phys. sur la cause du jaillissement des eaux des puits forés etc. Paris 1829, p. 55 f.; Klaproth in Humboldt, Fragmente T. I, p. 195; von Hoff, Gesch. d. durch Überliefer. nachgewies. natürl. Veränderungen der Erdoberfläche III. Tl. [1834], S. 465 ff.

441 Karsten, Handb. der Salinenkunde I, 556 f.; Dr. K.E. von Baer, Historische Fragen mit Hilfe der Naturwissenschaften beantwortet. Petersburg 1873, S. 33–35

442 Poggendorff Ann. B. 29 [105] S. 364; Baumgärtners Zeitschr. Bd. 2, S. 284.

443 Humboldt, Kosmos II, 254; Goebel, Reise in d. Steppen d. südl. Russland 1, S. 824–27; Humboldt, Fragmente einer Geologie und Klimatol. Asiens 1832, S. 90; von Hoff, Gesch. der durch Überlieferungen nachgewies. Veränderungen a.d. Erdoberfl. III, 465.

444 Die vulkanische Theorie der Steinsalzbildung ist besonders von Karsten, Handbuch der Salinenkunde Bd. 1, S. 297 ff., ausführlich entwickelt worden. Zu welchen wunderlichen Einfällen eine vorgefasste Meinung führen kann, zeigt Folgendes: Das Steinsalz findet sich oft in größeren oder kleineren linsenförmigen nach geringerer Erstreckung sich auskeilenden Massen. Darin hat man einen entscheidenden Beweis für den vulkanischen Ursprung finden wollen. Aber ganz genau dieselbe Form des Vorkommens charakterisiert auch an vielen Orten die Steinkohle; ich meine aber zu dem Unsinn, die Steinkohlen als ein vulkanisches Produkt aufzufassen, wird sich wohl niemand erheben. Die von mir vorgetragene Ansicht ist nicht neu. Zuerst finde ich die richtige Ansicht von der Entstehung des Steinsalzes aus verdunstetem Meerwasser, 1750 von Schober (Hamburgisches Magazin Bd. VI, S. 115 ff.) ausgesprochen. Ihm folgt 1762 Guettard [Memoires de l'Academie de Paris 1762 und deutsch in den mineralogischen Belustigungen 4. Tl. Leipzig 1769, S. 169 ff.]. 1842 sagte Hradina, Gesch. d. Wieliczkaer Salinen, Wien 1842, S. 154: »Der Neptunische Ursprung des Wieliczkaer Salzes lässt sich nicht bezweifeln.« 1853 wies Schübler nach, dass sich das schwäbische Steinsalzlager in einer Mulde aus dem Meere abgesetzt haben müsse. Ähnlich spricht sich Posepny (in den Jahrb. d. geol. Reichsanstalt zu Wien Bd. XVII, S. 495 ff. und Bd. XXI, S. 123 ff.) aus. Die Grundlagen für eine wissenschaftliche Auffassung der Sache bot G. Bischoff in seinem Lehrb. der chem. u. phys. Geologie. Die genauere Erforschung der Steinsalzlager zu Staßfurt warfen dann die unbegründete Auffassung vom vulkanischen Ursprung des Salzes vollends über den Haufen. Schon Rose hatte die bessere Ansicht betont und

Reichardt in seiner vortrefflichen Arbeit über das Staßfurter Salzlager (Leopold. Carol. Acten 1860) hat sie zuerst vollständig ausgeführt. Ich habe hier nur einige Züge ausgezeichnet, einige Beispiele mehr erwähnt. Dieselbe Theorie führt 1874 im chemischen Zentralblatt Herr E. Helmhacker vor; auch durch mehrere Einzelheiten nachträglich vervollständigt. Für den, der sich etwas mit der Geschichte der Wissenschaft beschäftigt hat, ist aber nichts wesentlich Neues darin und dass der »Naturforscher« (1874, S. 405 ff.) die in diesem Aufsatz mitgeteilten Ansichten, ohne Reichardt zu erwähnen, als etwas ganz Neues reproduziert, ist völlig ungerechtfertigt.

445 Bei dem Salzton als fast konstantem Begleiter der Salzflöze wird man unwillkürlich an die aus zerstörten Organismen entstandenen Tone des Meeresbodens in der Südsee erinnert, von welchem im Anfang 1874 Wyville Thomson einen so interessanten Bericht an die Royal Society eingesendet hat. (Der Naturforscher 1875, S. 99–101; S. 226 ff.) Thomson schildert jene Tone des Meeresbodens alle als rote; aber auch im Salzgebirge kommen solche salzführende Tone vor, z.B. im Lothringer Becken bei Vic. (Oeynhausen, Dechen und La Roche, geognostische Umrisse der Rheinländer [1825] Bd. 2, S. 149).

446 Ich habe für diese Angaben die Tatsachen im Ganzen Karstens Salinenkunde Bd. 1, entlehnt und mir dazu, so gut es ging, korrespondierende Angaben über die Bevölkerungszahl zusammengesucht; für Russland verweise ich auf J.H. Schnitzler, l'empire des Tsars T. IV. Paris 1869, p. 423, für Deutschland auf Dr. Alfred Schmidt, Das Salz. Leipzig 1874.

447 Diese Angaben sind nach Karsten a.a.O. zusammengestellt.

448 J.R.M. Culloch, Dictionary of commerce usw. unter »Salt«.

449 Alfred Schmidt a.a.O. S. 48; S. 38. Karsten a.a.O. S.137 ff.

450 Karsten a.a.O. S. 278.

451 Ebenda S. 294.

452 A. Schmidt a.a.O. S. 278.

453 Ebenda S. 38; Karsten a.a.O. S. 158.

454 Schmidt a.a.O.

455 Ebenda.

456 Karsten a.a.O. S. 167.

457 Bis hierher nach Karsten a.a.O.

458 Schmidt a.a.O. S. 48; 50. Eine Reihe brauchbarer Zahlenangaben für den Zollverein finden sich auch A. Allg. Ztg. d. 16. Oktob. 1867 Hauptblatt, S. 4609 ff.

459 Karsten a.a.O. S. 405 und 500.

460 Russische Revue von C. Böttger. Petersburg 1873, IV. Jahrg. S. 802.

461 Karsten a.a.O. S. 530; Schmidt a.a.O. S. 51.

462 Karsten a.a.O. S. 132; 136.

463 Karsten a.a.O. S. 3; 89. Max Culloch unter »Salt«.

464 Karsten a.a.O. S. 128.

465 Bis 1845 entlehne ich die Zahlen Karsten a.a.O. S. 60 ff.; von 1847 an A. Schmidt a.a.O. S. 52.

466 Karsten a.a.O. S. 41 f.

467 Karsten a.a.O. S. 34.

468 Karsten a.a.O. S. 475 ff.

469 Karsten a.a.O. S. 482, 489; 490 ff.; 496.

470 Karsten a.a.O. S. 523–525.

471 Für Asien kann man Karsten a.a.O. S. 681–707, für Afrika ebenda S. 707–768 nachsehen.

472 K. Andrée, Geografie des Welthandels Bd. 2, S. 92.
473 Karsten a.a.O. S. 785 f.
474 Karsten a.a.O. S. 788 ff.; Pöppig, Reisen in Chile, Peru etc. Bd. 2, S. 308, 336; Tschudi, Peru Bd. 1, S. 308 ff.
475 Burger, Lehrbuch der Landwirtschaft [IV. Aufl] Bd. II, S. 210.
476 Liebig, Organische Chemie usw. 1842, S. 167 f.
477 C.G. Lehmann, Lehrbuch d. physiol. Chemie, 2. Auflage Bd. I, S. 406.
478 Meyn, Das Salz S. 4; A. Schmidt, Das Salz S. 8.
479 Pharmazeut. Zeitg. 1871, Nr. 76 und 79.
480 Lehmann a.a.O. I, S. 405 und 404; III, 213.
481 Lehmann ebenda Bd. III, S. 214.
482 Lehmann Bd. I, S. 101 ff.; II, S. 38, 48.
483 Lehmann II, 71 ff.; O. Funke, Lehrb. d. Physiologie Bd. 1, S. 328.
484 Lehmann, Lehrb. d. physiol. Chem. [1853], Bd. 3, S. 212 f.
485 Lehmann I, 404; II, 85 f.; II, 235 f.; III, 214.
486 Lehmann III, 212.
487 Ich teile diese Tabelle nicht mit, um etwas für mich dadurch zu beweisen, sondern nur um die Unsicherheit aller hierher gehörigen Grundlagen zu beleuchten. Wir haben noch in keiner Beziehung Musteranalysen des tierischen Körpers, die man überall als feststehende Werte zu Grunde legen könnte. Die angeführte Tabelle gibt dergleichen am wenigsten, da sie durch Rechen- oder Druckfehler gründlich verdorben ist. Beim Wiesenheu z.B. soll auf ein Äquivalent Natron 35,0 Äquivalent Kali kommen. Da nun nach Lehmanns Untersuchungen bei Settegast, Tierzucht S. 470 (A. Schmidt, d. Salz S. 12) 100 Wiesenheu 10 Lot Natron enthalten, so würden auf 100 Pf. Wiesenheu etwa 20,3 Pf. Alkali kommen, während doch das reichste Heu nach Boussingault (Die Landwirtschaft, deutsch von Gräger 1845, II, 307) überhaupt nur 6 Prozent unorganische Stoffe enthält, das vollkommen getrocknete Heu gar nur 1 Prozent (Tl. I, S. 62), was freilich dem vorigen direkt widerspricht.
488 Bunge über die Bedeutung des Kochsalzes im menschlichen Organismus, München 1873 und Bunge (aus der Zeitschrift für Biologie Bd. X, S. 295) im Naturforscher 1875, Nr. 4.
489 Siehe Pharmazeutische Zeitung 1871, Nr. 76 und 79.
490 Lehmann a.a.O. III, 76 f.; II 157.
491 A. Schmidt, Das Salz S. 11.
492 Meyn, Das Salz S. 11; Settegast, Die landwirtsch. Fütterungslehre. Breslau 1872, S. 297 f.
493 A. Schmidt, Das Salz S. 116.
494 Rose bei Moleschott, Physiol. des Stoffwechsels [1851] S. 503; Ludwig, Lehr. d. Physiol. d. Menschen 1856, Bd. 2, S. 264.
495 Barral, Mémoire sur la statique chim. du corps humain, in Ann. de Chim. et de Phys. 3. Série Tom. XXV. [1849], p. 129 ff.
496 A. Schmidt, Das Salz S. 14; Meyn, Das Salz S. 5 f.
497 Meyn a.a.O. S. 6 sagt mit großer Entschiedenheit: »Alle Nachrichten über Völkerstämme, welche den Salzgenuss verschmähen, erwiesen sich als fabelhaft.« Ich wollte, er hätte die Erweise beigebracht, denn in meiner Kenntnis der hier einschlagenden Literatur habe ich bis jetzt nichts dergleichen gefunden. Es wird wohl bei Meyn eine Phrase sein, in die er bei dem Enthusiasmus für sein Thema (er spricht wie ein Advokat, nicht wie ein Richter) und dem Bestreben, einen recht blühenden Stil zu schreiben, nur zu

oft verfällt. Nur ein paar Beispiele S. VII: »Wenn das Salz nicht so wunderbar gleichmäßig über den Erdkreis verteilt wäre.« – S. 9: »es würde das Salz zu unversöhnlichen Kriegen führen [nun das hat ja auch historisch oft genug stattgefunden], wäre es nicht auf die mannigfaltigste Weise durch alle Länder der Erde verbreitet.« Dagegen aber: S. 8 (Pflanzen und Tiere) werden gewonnen, soweit die Erde grün ist, das Salz stammt aber nur von wenigen Ursprungsstätten. – S. 12: »Alles Fleisch schmeckt im Grunde genommen fade und bedarf des Salzes« ... »Das Salz scheint nur die gröbere Seite unsers Geschmackes zu befriedigen, ohne das feinere Aroma, besonders des verschiedenen Fleisches aufzuheben.« Dergleichen ist bei der sonst recht fleißigen Arbeit sehr zu bedauern.

498 Wolff in chemischen Forschungen auf dem Gebiete der Agrikultur usw. 1847, S. 369.

499 Lehmann, Lehrb. d. physiol. Chemie [1853] II, 406 und 293.

500 Ann. de Chim. et Phys. 3. Sér., T. 19, p. 117–125; T. 25, p. 730–733.

501 A. Schmidt, Das Salz (nach Demesmay, Question du sal in Journ. d. Econom. T. 25, p. 7 f.)

502 Möglinsche Annalen II, 1847, S. 29.

503 Kirst, Das Salzmonopol p. 53 bei A. Schmidt a.a.O. S. 23.

504 Lippowitz, Das steuerfreie Salz bei Schmidt ebenda.

505 Demesmay in Journ. d. Economie T. 25, p. 30 bei Schmidt ebenda.

506 Settegast, Landwirtschaftliche Fütterungslehre p. 297 bei Schmidt ebenda.

507 Die zum Teil sehr einfältigen Ansichten der älteren Landwirte über Salzfütterung sehe man in J.v.K., Handbuch für angehende Landwirte. Leipzig 1843, §459–62 und an einigen anderen Stellen.

508 Alfred Schmidt, Das Salz S. 38, Tabelle II.

509 Aristoteles de mirabilib. auscultationibus 138; A. Schmidt, Das Salz S. 21 nach Desaive, Über den vielfältigen Nutzen des Salzes in der Landwirtschaft, deutsch von Prolz, Leipzig 1852, S. 18; Meyn, Das Salz S. 16.

510 A. Schmidt a.a.O. S. 16 f.; Jesaias XXX, 24.

511 Dr. G.L. Hartig, Lexikon für Jäger usw. Berlin 1836, S. 417.

512 Vergl. unter anderem Prestel, deutsche kulturhistor. Zeitung von Sachse, Jahrg. 2, 1847 S. 27 und Kohl, Die Marschen und Inseln der Herzogtümer Schleswig und Holstein Bd. 3, S. 212–268.

513 H. Tasche, Das Solbad Salzhausen. Gießen 1853, S. 8 f.; Dr. W.H. Schmidt von der spanischen Soda in Dekonom. physik. Abhandlungen Tl. XVII [1760], S. 534 f.

514 So bemerkt schon Levin. Lemnius de miraculis occultis natur. 1590, S. 228 f., dass durch Salz unfruchtbare und sumpfige Äcker tragfähiger gemacht werden könnten.

515 Liebig, Chem. Briefe 4. Aufl. 1859, Bd. 2, 40. Brief, S. 289 ff.

516 A. Schmidt. a.a.O. S. 14–16.

517 J. Beckmann, Anleitung zur Technologie. Göttingen 1777, S. 297; G.F. Rösler, Beiträge zur Naturg. d. Herzogt. Württemberg, Hft. 1, Tübingen 1788 (Noch 1770 Gradierung durch Anspritzen an hängende Strohwische in Sulz); Ph. Engebert Klippstein, Gesch. d. Salzwerks zu Salzhausen in Vorlesung der Kurpf. phys. ökon. Gesellsch. z. Heidelberg, Bd. III. [1788], S. 289 ff. Hier wird der Apparat »Strohleckwerk« genannt.

518 Galen. de simpl. med. facult. IV, 20; Karsten, Salinenkunde I, 95.

519 Für das im Text mitgeteilte verweise ich im Allgemeinen auf Karmarsch und Heeren, Technisches Wörterbuch, Artikel »Kochsalz«; Karsten, Lehrbuch der Salinenkunde Bd. 2 und Meyn, Das Salz S. 136–160.

520 Karsten, Salinenkunde II, 589 ff.; G.F. Rösler, Beiträge zur Naturgesch. d. Herzogt.

Württemberg, Hft 1. Tübingen 1788, S. 138 ff. über die sogenannte Hallerde und die Handbücher über Landwirtschaft von Koppe, Schweitzer, Hlubeck u.A.

521 Liebig, Chem. Briefe 4. Auflage 1859, Bd. 2, 32. Brief, S. 147 ff.; Liebig entwickelt hier zugleich, weshalb eingesalzenes Fleisch durch Entziehung des Fleischsaftes wesentlich an Nahrungswert verliert.

522 Im Jahre 1733 wurde auf Befehl der Regierung vom ärztlichen Personal der Stadt Lüneburg eine vergleichende Untersuchung der gebräuchlichsten Salzarten vorgenommen und dadurch der Vorzug des Lüneburger Salzes offiziell festgestellt. J.C. von Dreyhaupt, Beantwortung der Frage: warum das Salz ... usw. Göttingen 1733, gekrönte Preisschrift; U.F.C. Manecke, Kurze Beschreibung ... von Lüneburg S. 74.

523 Karsten, Salinenkunde II. 80 f.; Meyn, Das Salz S. 20, 35; S. 36 f.

524 F.S. Bock, Versuch e. vollständigen Natur- und Handelsgeschichte der Heringe. Königsberg 1769, S. 65.

525 Dr. K. Andrée, Amerika 1851. S. 728 f.

526 Alfr. Schmidt, Das Salz S. 26 f.

527 A. Schmidt, Das Salz, S. 28 ff.; Karmarsch und Heeren, Technisches Wörterbuch Bd. 3, S. 303 ff. (Artik. Soda); Liebig, Chem. Briefe 4. Aufl. 1859, Bd. 1, 11. Brief S. 173 ff.

528 Mac Culloch-Diction. of commerce 1844, Artikel Barilla und Kelp; Karmarsch u. Heeren a.a.O. Art. Soda.

529 Karmarsch u. Heeren a.a.O. Art. Seife.

530 Ebenda Art. Glas.

531 Ebenda Artikel: Bleichen, Chlor, Chlorkalk; Lehmann, Taschenbuch der Chemie [1853], S. 45.

532 A. Schmidt nennt als Nebenprodukte bei der Sodabereitung [S. 29] Natriumsalz und Antichlor, worunter wahrscheinlich die oben genannten Salze gemeint sind. Er hat hier offenbar mangelhafte Mitteilungen benutzt, denn »Antichlor« ist mindestens ungebräuchlich und »Natriumsalz« ein ganz sinnloses Wort.

533 Alfr. Schmidt, Das Salz S. 32; K. Andrée, Geogr. des Welthandels, 1872 Bd. 2, S. 504: ausführliche Beschreibung der Saladeros, dann ebenda S. 522.

534 Karmarsch und Heeren a.a.O. Artikel: Töpferei.

535 Karmarsch und Heeren a.a.O. Artikel: Gefrieren; A. Schmidt, Das Salz S. 33.

536 Roscher, Grundlage der Nation. Dekonom. 3. Aufl. 1858, S. 271 Anm. 7.

537 Liebig, Chemische Briefe 1851, Brief 27, S. 496.

538 Alfr. Schmidt a.a.O. S. 65.

539 So wurde eben auch das erwähnte französische Aufhebungsdekret der Salzsteuer suspendiert, noch ehe es zur Anwendung kam und gegenwärtig ist die Salzsteuergesetzgebung fast so schlimm als sie je gewesen.

540 Dr. J. Anderson, Account of the present state of the Hebrides, aus d. Englischen übersetzt. Berlin 1789, S. 175–217 und 260 ff., größtenteils nach offiziellen Aktenstücken.

541 Alfred Schmidt a.a.O. S. 113.

542 Ebenda S. 115.